# A psicologia e o mundo do trabalho no Brasil

Dados Internacionais de Catalogação na Publicação (CIP)
(Câmara Brasileira do Livro, SP, Brasil)

Motta, Júlia Maria Casulari
  A psicologia e o mundo do trabalho no Brasil : relações, história e memória / Júlia Maria Casulari Motta. — São Paulo : Ágora, 2005.

  Bibliografia.
  ISBN 85-7183-001-0

  1. Psicologia – Brasil – História 2. Psicologia social – Brasil – História 3. Trabalho – Aspectos psicológicos 4. Trabalho – Brasil – História I. Título.

05-6259                                                                   CDD-158.70981

Índice para catálogo sistemático:

1. Brasil : História : Psicologia do trabalho      158.70981

Compre em lugar de fotocopiar.
Cada real que você dá por um livro recompensa seus autores
e os convida a produzir mais sobre o tema;
incentiva seus editores a encomendar, traduzir e publicar
outras obras sobre o assunto;
e paga aos livreiros por estocar e levar até você livros
para a sua informação e o seu entretenimento.
Cada real que você dá pela fotocópia não autorizada de um livro
financia um crime
e ajuda a matar a produção intelectual em todo o mundo.

# A psicologia e o mundo do trabalho no Brasil

## Relações, história e memória

JÚLIA MARIA CASULARI MOTTA

EDITORA
ÁGORA

*A PSICOLOGIA E O MUNDO DO TRABALHO NO BRASIL*
*Relações, história e memória*
Copyright © 2005 by Júlia Maria Casulari Motta
Direitos desta edição reservados por Summus Editorial

Assistência editorial: **Soraia Bini Cury**
Assistência de produção: **Claudia Agnelli**
Capa: **Márcio Koprowski**
Diagramação: **Acqua Estúdio Gráfico**
Fotolitos: **Join Bureau**

**Editora Ágora**
Departamento editorial:
Rua Itapicuru, 613 – 7º andar
05006-000 – São Paulo – SP
Fone: (11) 3872-3322
Fax: (11) 3872-7476
http://www.editoraagora.com.br
e-mail: agora@editoraagora.com.br

Atendimento ao consumidor:
Summus Editorial
Fone: (11) 3865-9890

Vendas por atacado:
Fone: (11) 3873-8638
Fax: (11) 3873-7085
e-mail: vendas@summus.com.br

Impresso no Brasil

*Dedico este trabalho ao sr. Lizote
e à d. Laurinha, que nos ensinaram
o valor do trabalho como bem social.*

# AGRADECIMENTOS

Ao professor doutor Everardo Duarte Nunes, orientador da pesquisa que originou este livro, por ter proporcionado um acompanhamento afetivo, respeitoso, seguro e competente e ter sugerido o título deste livro; aos professores Maria Carolina Boverio Galzerani, Maria do Carmo Guedes, Leny Sato, Nelson Felice de Barros, Marilisa Berti de Azevedo Barros e Nilton Julio de Faria, por terem aceitado avaliar a tese, dando-me coragem para transformá-la em livro; à professora Aparecida Mari Iguti, por tudo o que aprendi com ela; ao M. José Gabriel da Costa, meu especial mestre; aos meus entrevistados, que tão generosamente compartilharam comigo suas memórias; à professora dra. Maria do Carmo Guedes, pelo acolhimento junto ao Núcleo de História da Psicologia da PUC-SP; ao amigo Wilson Castello de Almeida, pelo incentivo; ao IPPGC e à Febrap, onde aprendo e ensino o Psicodrama.

À minha família de origem, da qual sou a "caçulinha"; à minha família nuclear e à minha família afetiva; ao "grupo da faculdade", todos co-responsáveis por esta pesquisa ter chegado tão rápido a um final feliz. Em especial, às minhas sábias revisoras Júlia Paula e Ana

Raquel e ao meu sempre disponível tradutor Tuca; ao Caio, ao Cláudio e a Teldes, pelos incansáveis socorros com o computador; ao Maurício e à Manuela, pelas dicas astrológicas; à Manô e à Nádia, pela torcida constante; para Emanuel, Clara, Rafael, Daniel, Davi, Vítor e a todos os que virão.

# SUMÁRIO

*Prefácio* .................................................. 11

*Apresentação* .......................................... 17

*Introdução* ............................................. 21

    Agruras de uma pesquisadora ............................ 21

    A estrutura do livro ........................................... 34

**Capítulo 1 — Fundamentos metodológicos** ................... 39

    Um conceito de modernidade como cenário do século XX   39

    Criando uma caixa de ferramentas ........................... 42

    Minha caixa de ferramentas e a modernidade ............. 57

**Capítulo 2 — Psicologia no Brasil: aspectos históricos** .... 59

**Capítulo 3 — Psicologia e industrialização: a constituição
do Idort (1931)** .................................................. 79

    A presença ativa da psicotécnica e da psicologia
    da administração racional .................................... 79

    Esquadrinhando o trabalho dos psicologistas do Idort:
    a Fábrica de Louças Ceramus .............................. 102

    Conclusões parciais baseadas na psicologia do Idort .... 117

**Capítulo 4 — Psicologia e modernidade:**
**a criação do Isop (1947)** ....... 121
O polêmico Isop, seus partidários e seus antagonistas .. 121
Analisando uma contribuição de Mira y López
à seleção de motoristas ....... 149
Conclusões parciais baseadas na psicologia do Isop ...... 155

**Capítulo 5 — Psicologia e educação:**
**o Instituto de Educação e o Sosp (1949)** ....... 157
O poderoso Sosp, que virou o pequeno Cenpa ...... 157
Os saberes e poderes do teste de QI ....... 176
Conclusões parciais baseadas na psicologia do Sosp ...... 180

**Capítulo 6 — Psicologia e humanismo:**
**o DOT (1958) e os tempos de ditadura militar** ....... 185
Flexibilizando sem romper o velho paradigma ....... 185
Da psicometria à sociometria: relatório de pesquisa
desenvolvida no DOT ....... 222
Conclusões parciais baseadas no psicodrama do DOT .... 227

**Compartilhando algumas reflexões finais** ....... 231
Quem sabe faz a hora... ....... 231

*Referências bibliográficas* ....... 247
*Anexos* ....... 259

# PREFÁCIO

*Para o autor que recorda, o principal não é o que ele viveu, mas o tecer de sua recordação, o trabalho de Penélope da rememoração.*
WALTER BENJAMIN (*Obras escolhidas*, 1994, p. 37)

Conheci Júlia Motta na Faculdade de Educação da Unicamp — onde atuo como docente —, após uma palestra sobre o filósofo Michel Foucault, no ano de 2002. Chamou-me a atenção, naquele momento, o olhar atento da psicóloga — doutoranda da Faculdade de Ciências Médicas da nossa Universidade —, amadurecida pelo exercício da profissão e da vida. Estimulou-me, igualmente, o interesse aguçado que demonstrou em adentrar mais profundamente o campo das reflexões historiográficas.

Nosso convívio teve continuidade ao longo da disciplina "Memória, Modernidade Capitalista e Educação", ministrada por mim no segundo semestre de 2003, no Programa de Pós-Graduação em Educação. Nesse *locus*, aliando estudo, sensibilidade e inteligência, Júlia contribuiu muito para que tal disciplina não fosse meramente um exercício acadêmico formal, e sim uma "experiência vivida" (Walter Benjamin): experiência plena de racionalidade estética, dialogal, aberta à circulação de diferentes palavras e desejos. No caso específico de Júlia, desejo de imbricar memória, história e educação à psicologia do trabalho.

Em outubro de 2004, por ocasião da defesa de sua tese de doutorado, na Faculdade de Ciências Médicas, intitulada *Fragmentos da história e da memória da psicologia do mundo do trabalho no Brasil: relações entre industrialização e psicologia*, sob orientação do Prof. Dr. Everardo Duarte Nunes, tive a honra de ser membro da banca examinadora. Posso afirmar que a produção de tal tessitura discursiva — bem como sua apresentação e defesa — expressava uma verdadeira "aventura de sensibilidades" (Gilberto Freyre). Aventura na qual Júlia soube articular o aprimoramento das reflexões teórico-metodológicas à riqueza da pesquisa empírica. E tudo isso traduzido por uma linguagem narrativa (no sentido benjaminiano), propiciando ao leitor uma "viagem" histórica pelos meandros da conflituosa constituição dos saberes/poderes psicológicos relativos ao mundo do trabalho no Brasil.

Em *O declínio do homem público* (Companhia das Letras, 1988), o sociólogo nova-iorquino Richard Sennett enfatiza o predomínio contemporâneo "de atores sem arte", engendrado, sobretudo, com o avanço da modernidade capitalista no mundo ocidental no final do século XIX. Predomínio de seres perdidos no interior de si mesmos, incapazes de ultrapassar o esfacelamento das relações interpessoais — ou, nas palavras do próprio autor, "de uma vida pessoal desmedida e de uma vida pública esvaziada"—, incapazes de produzir sentidos, criativa e autonomamente, na relação com os outros.

Não é o caso da referida autora, na elaboração da presente obra, que constitui o aprimoramento de sua tese de doutorado. Júlia Motta, vivenciando as incertezas, as contradições e as guerras de símbolos hodiernas, soube acreditar em si mesma e no outro. Soube tecer redes de reflexão intelectual e de sociabilidade, pautadas na abertura, no diálogo, no respeito em relação a si mesma, bem como aos diferentes profissionais, a outros saberes. E, sobretudo, ao definir o enfoque teórico-metodológico desta pesquisa, ousa questionar a tendência cultural moderna, também persistente em grande parte das análises relativas ao seu objeto de estudos, isto é, a psicologia do trabalho. Tendência essa cristalizada numa dada acepção de ciência, prevalecente, principalmente, desde o final dos oitocentos. Tendência que aposta no descompromisso, ou melhor, no desenraizamento em relação às dimensões de tempo, de espaço e de sujeitos produtores.

Questiona, pois, nessa tessitura discursiva, uma das bases fundamentais da vertente dominante da psicologia moderna do trabalho, ou seja, a fantasmagoria, o mito de que essa psicologia acha-se centrada no domínio do "sempre-igual" (Walter Benjamin). Como se, naturalmente, tal psicologia constituísse a verdade absoluta, incontestável, produtora da hierarquização dos saberes e, portanto, produtora da exclusão social de inúmeras experiências vividas — catalogadas como superstições, folclores, não como saberes.

Pois bem, Júlia Motta tem o grande mérito, nesta obra, de esforçar-se por enraizar a constituição de paradigmas psicológicos, relativos ao mundo do trabalho, na historicidade brasileira. Mais precisamente, focaliza o período de 1931 a 1970 e os estados de São Paulo, Rio de Janeiro e Minas Gerais.

Nesse recorte temático, prioriza a análise de instituições de primordial importância na constituição dos referidos saberes: o Instituto de Organização Racional do Trabalho (Idort — SP, 1931), o Instituto de Seleção e Orientação Profissional (Isop — RJ, 1947), o Serviço de Orientação e Seleção Profissional (Sosp — MG, 1949) e o Departamento de Orientação e Treinamento do Banco da Lavoura de Minas Gerais (DOT — MG, 1958).

Para essa análise, apóia-se em autores como Walter Benjamin, Michel Foucault e Pierre Bourdieu, buscando teorias capazes de imbricar, dinamicamente, a constituição histórica dos saberes psicológicos às relações sociais de produção. Nesse movimento de produção de sentidos, revisita as seguintes categorias analíticas: memória e narrativa — na relação com Benjamin; arqueologia do saber, genealogia do saber e processo de subjetivação — na relação com Foucault; campo e *habitus* — na relação com Bourdieu. Categorias analíticas capazes de trazer à tona relações, tensões, conflitos, contradições, os quais implicam o questionamento das abordagens mecanicistas, deterministas, maniqueístas, unidimensionais — que, muitas vezes, preponderam no interior das práticas modernas de produção de conhecimento acadêmico. É importante enfatizar que o conceito de teoria, colocado em ação nessas abordagens analíticas, não deve ser compreendido como uma "camisa-de-força", a impor preconceitos ou prejuízos. Ao contrário, potencializa, como ferramenta exploratória, a formulação de perguntas, de hipóteses, abertas ao diálogo com as fontes.

Quanto às fontes, foram pesquisadas as orais (produzidas por intermédio de ricas "entrevistas dialogais"), as escritas (como as atas, os relatórios, as revistas, as correspondências, as obras publicadas) e as iconográficas (tais como os vídeos).

No que respeita à análise das vozes dos entrevistados, psicólogos, professores universitários em sua maioria, "considerados pessoas de notório saber por seus pares, com relação à história da psicologia", o diálogo com o conceito benjaminiano de rememoração possibilita entrecruzamentos reflexivos extremamente estimulantes, os quais merecem destaque neste prefácio. Entrecruzamentos de diferentes tempos, de diferentes lugares, de diferentes sujeitos, apresentados em suas teorias e práticas, em suas dimensões racionais e sensíveis. Tais movimentos analíticos colocam em ação, portanto, não só a ampliação psicológica e social dos sujeitos pesquisados —

os quais se revelam mais inteiros, em intensas relações com os outros —, mas também a ampliação e a reformulação qualitativa do enfoque teórico-metodológico desta pesquisa acadêmica. Propicialhe maior compromisso com a vida, com o presente — na relação com o passado e com o futuro.

Portanto, quero convidá-lo, caro leitor, a participar desta "viagem" discursiva, deixando-se "navegar" por uma linguagem narrativa extremamente envolvente, entrando em contato com capítulos bem tecidos e encadeados. "Viagem" que lhe oferece a possibilidade de desvelar significados historicamente construídos — que, em grande parte das vezes, vêm sendo naturalizados, a despeito das lutas, dos conflitos socioculturais —, relativos aos saberes psicológicos, concernentes ao mundo do trabalho no Brasil. Significados que permitem uma maior compreensão da constituição desses saberes na relação com o processo da industrialização e, mais amplamente, da modernidade capitalista no país. Significados que apostam muito mais no absoluto dos seres humanos do que no absoluto do capital, ou da razão instrumental! (José Contreras)

Fica, ainda, o convite para que esta leitura inspire movimentos mais autônomos e, ao mesmo tempo, mais dialogais, no que se refere à produção de conhecimentos no campo da psicologia. Que seja um estímulo, assim como o foi para a autora desta fértil narrativa, para a revitalização do conceito benjaminiano de "viagem" — *Erfahrung*, no original alemão —, como sinônimo de experiência vivida! Experiência vivida com direito à ida ao passado e também à volta para o presente! Experiência que se acha sempre aberta ao diálogo e à invenção de "novas" práticas socioculturais. Práticas capazes de nos "despertar" dos sonhos, dos mitos da modernidade.

*Prof<u>a</u> Dra. Maria Carolina Bovério Galzerani*
Faculdade de Educação — Unicamp

# APRESENTAÇÃO

Muitos são os destaques que podem ser feitos a este livro. Original e importante, ilustra de maneira ímpar as possibilidades que caracterizam uma pesquisa realizada na interface de diversas áreas de conhecimento e saber — história, sociologia, psicologia, economia —, retraçando uma temática que tem na perspectiva interdisciplinar a sua forma básica de melhor compreensão: o mundo do trabalho.

Ao adotar uma perspectiva histórica para reconstituir a trajetória da institucionalização da psicologia do trabalho no Brasil, a autora procurou contextualizar a sua busca de cientificização, que se inicia nos anos de 1930, no momento em que o país ingressa em uma nova fase de seu processo econômico, político e social, na qual o desenvolvimento industrial pela substituição das importações, apoiado no mercado interno e associando o crescimento da produção à expansão do consumo, torna-se a principal característica desse modelo de desenvolvimento. Os anos 1930 e 1940 serão marcantes no avanço do setor industrial, com a criação de novas indústrias e a expansão da siderurgia, além da reorganização do Estado brasileiro, pós-Revolução de 30, reordenando as relações Estado–sociedade, com maior intervenção do Estado.

Este é o cenário que permite a criação e o desenvolvimento de instituições como o Instituto de Organização Racional do Trabalho (Idort), o Instituto de Seleção e Orientação Profissional (Isop), o Serviço de Orientação e Seleção Profissional (Sosp) e o Departamento de Orientação e Treinamento do Banco da Lavoura de Minas Gerais (DOT), que a partir de 1930 e acompanhando as transformações sociais, até os anos 1970, serão balizadoras da chamada psicologia do trabalho.

A obra utiliza documentos primários, bibliografia e entrevistas, o que confere a ela uma ampla e diversificada visão do período estudado.

Sem dúvida, a reflexão que este livro oferece, além de ser fruto de uma experiência pessoal da autora no campo da psicologia, está associada a uma pertinente abordagem teórica que forneceu os instrumentos conceituais para que a análise transcendesse o material empírico levantado. Dessa forma, Foucault, Bourdieu e Benjamin forneceram elementos que estruturaram o pólo teórico da obra. A esta obra aplicam-se as palavras de Bruyne e colaboradores (*Dinâmica da pesquisa em ciências sociais: os pólos da prática metodológica*, 1977, p. 101): "Nas ciências sociais a teoria não é um luxo para o pesquisador, é muito mais uma necessidade; afirmar poder abster-se dela é uma impostura que deve ser recusada sob pena de privação do próprio fundamento de toda ciência". Nesse sentido, os autores citam Bunge: "Sem teoria não há ciência". A teoria aparece neste livro como parte integrante do processo metodológico. Há uma integração entre as diversas partes que estruturam a lógica da exposição, que busca narrar os eventos pesquisados não fazendo destes mera citação. Certamente, a lição de Benjamin, quando diz que visitamos o passado na tentativa de buscar o presente, no qual essa história se desenrola, trazendo à tona fios e feixes que ficaram "esquecidos" no tempo, foi muito bem apreendida pela autora. Mais ainda, ao entrevistar personagens dessa história, ela buscou não somente trazer informações, mas despertar naqueles que se sentem parte dessa história sentidos, nexos, relações. Ao juntar em sua narrativa "fragmentos da história e da memória", no sentido de que há não só documentos, mas relatos das experiências vividas, a obra — embora tenha como fulcro a reconstituição dos saberes que configuram a psicologia no Brasil, em especial a referente ao trabalho — traça de forma bastante apropriada os principais antecedentes que estruturam o contexto socioeconômico e político do Brasil como o grande cenário em que se projetam as instituições que tomam o trabalho como foco de atenção, visando à sua racionalização.

A complexa teia de relações gerada pelas situações históricas demonstra que os discursos que se construíram em torno da psicologia do trabalho estão claramente vinculados aos extradiscursos da economia, da política e da ciência, e não exclusivamente ao campo específico da psicologia. Foucault (*Arqueologia do saber*, 1971, p. 59) explicita bem essa questão, quando diz: "As condições para que apareça um objeto de discurso, as condições históricas para que se possa 'dizer qualquer coisa' dele e várias pessoas possam dele dizer coisas diferentes, as condições para que ele se inscreva em um domínio de parentesco com outros objetos, para que possa estabelecer com eles relações de semelhança, de vizinhança, de afastamento, de diferença, de transformação — essas condições, vê-se, são numerosas e pesadas". Em realidade, para Foucault "não se pode falar de qualquer coisa em qualquer época; não é fácil dizer alguma coisa nova; não basta abrir os olhos, prestar atenção, ou tomar consciência, para que novos objetos logo se iluminem, e que ao primeiro raio de sol lancem sua primeira claridade" (Idem, p. 59). Ele diz, ainda, que "o objeto não espera nos limbos a ordem que vai liberá-lo", porque ele "existe sob as condições positivas de um feixe de relações". Esta belíssima passagem de *Arqueologia do saber* é altamente inspiradora para a leitura deste livro. Nele, a autora buscou desvelar um objeto de discurso e revelar a sua existência como um tecido que vai sendo tramado quando homens e idéias estabelecem relações entre "instituições, processos econômicos e sociais, formas de comportamento, sistemas de normas, técnicas, tipos de classificação, modos de caracterização" que, como diz Foucault, não estão presentes no objeto, mas aparecem num campo de exterioridade.

Ao escrever essa história, Júlia revela como o campo da psicologia, ao transformar o trabalho em objeto, exterioriza as suas práticas e cria *habitus* que se reproduzem entre seus profissionais; nesse sentido, a autora procura responder à seguinte pergunta: "Afinal de que psicologia está se falando, o que é trabalho, o que é saúde?" Penso que ela conseguiu trabalhar a dispersão discursiva do tema de forma original e com os instrumentos adequados. Do meu ponto de vista, este livro entrará para a historiografia da psicologia. Parabéns!

*Prof. Dr. Everardo Duarte Nunes*
Departamento de Medicina Preventiva e Social
Faculdade de Ciências Médicas — Unicamp

# INTRODUÇÃO

## AGRURAS DE UMA PESQUISADORA

> *O tempo não é uma corda que se possa medir nó a nó, o tempo é uma superfície oblíqua e ondulante que só a memória é capaz de fazer mover e aproximar.*
>
> José Saramago (1998, p. 168)

Um dia, estudante na graduação, eu conversava com um operário, num hospital psiquiátrico, quando recebi desse jovem uma lição sobre o mundo do trabalho. Ele me disse: "Eu sei o que me aconteceu — a máquina roubou meu ritmo".

Era um jovem-velho, que aos 21 anos já trabalhara dez anos. Seu emprego mais recente, que o remetera ao hospital, era numa poderosa multinacional. Em seu posto, ele precisava olhar uma esteira que corria sempre na mesma velocidade, transportando pequenas peças iguais. Como parte do controle de qualidade, devia, entre 2 mil peças, reconhecer de uma a duas com defeito.

Uma hora, explodiu! Levaram-no para aquele hospital, onde ele estava havia duas semanas quando nos conhecemos. Era o ano de 1972, numa década que marca o início das crises do petróleo — as quais resultaram em mudanças importantes no mundo do trabalho e serão retomadas no capítulo II.

Não consegui me esquecer desse *jovem-velho professor*, e voltar-me para o estudo do mundo do trabalho, recuperando a história que operários anônimos vivenciaram, é uma forma de homenageá-lo. Escrever é estar em busca da própria *memória*, que Benjamin (1996, p. 197-221) considera a busca do futuro no passado, sem perder de vista o presente. Ao fazer esse esforço de escutar o passado, procuro afinar meus sentidos aos mais insignificantes ruídos cotidianos, pois a história é também o dissonante, o que não está contado na história do vencedor; acredito assim estar contribuindo para o projeto de libertar o futuro. Narrar e reescrever é reconhecer a *voz*, que a cada dia está mais emudecida, o que mantém em silêncio os sons e os sentidos do mundo em derredor ou do próprio átomo social. A mudez dessa voz é produto dos duelos na batalha ininterrupta pelo monopólio de informações entre as culturas. Também é fruto do esforço para o estabelecimento hegemônico de um único jeito de ser e de pensar, o qual é imposto a duras penas, visto que necessita vencer constantemente as resistências. Disso resulta, e isso provoca, um trabalho para o esquecimento, para a perda da memória, para a ausência de referência, para um mergulho no anonimato cruel do sempre igual. Escrever vai, assim, ganhando o sentido de ter *voz* dentro da multidão, e do que representa essa multidão. Ou, em outras palavras, o trabalho por uma *rememoração,* num esforço de somar ao coletivo o individual. É um esforço de reunir a percepção dessa interioridade e dessa individualidade à percepção do espaço e do tempo históricos, nunca desvinculados.

O narrar e o escrever estão intimamente relacionados, porque ambos mostram/revelam um sujeito para além do jogo de palavras.

Tais ações conseguem escancarar a experiência acumulada, individual ou coletiva, proporcionando ao narrador/escritor um reencontro consigo mesmo e, posteriormente, com o outro, de maneira modificada.

Uma motivação mais recente para esta pesquisa se deu na década de 1990, quando, em meu trabalho clínico como psicoterapeuta, comecei a receber muitas pessoas com queixas relacionadas ao papel e ao mundo profissional. Eram pessoas que, até então, haviam se sentido qualificadas, seguras no que faziam, mas que, naquele momento, passavam a se ver como possíveis escolhidos para a próxima "lista negra"[1] dos despedidos, o que as levava a pensar/sonhar com o próprio negócio, com a autonomia, com a independência. Outras, surpreendidas pelo cartão vermelho, corriam de lá para cá, de cá para lá, procurando uma nova identidade profissional. As que ficavam empregadas começavam um novo capítulo, precisavam se desdobrar para cumprir suas tarefas e as dos colegas demitidos. Tudo isso acrescido da percepção de que não deviam reclamar individualmente, muito menos coletivamente. Havia uma sensação geral de não existir saída para tão grande crise, que chegou sem aviso prévio, trazendo medo, insegurança, sentimento de rejeição, desconhecimento de respostas novas para questões tão graves e urgentes e contaminação das famílias por sentimentos de medo e insegurança e gerando cobranças dos trabalhadores por si mesmos e por seu átomo social. Casais em crise e notícias de separações deixavam de ser novidade. Faltavam os recursos para construírem novas maneiras de comunicação e a linguagem para refazerem contratos e projetos. O clima era de Babel; nesse contexto, não existe palavra comunicacional.

A matéria-prima do homem é a palavra, e a palavra detém poder, para quem fala e para quem ouve, ou para quem escreve e

---

1 Mantenho o termo "lista negra" por ser comum na linguagem de muitos dos trabalhadores com os quais tive contato.

para quem lê. Ora, como nenhuma linguagem é inocente, é preciso saber prestar atenção aos sentidos explícitos e ocultos das palavras, porque nelas estão presentes o sentido e a idéia — uma vez que o poder está sempre em jogo e no jogo, entre os movimentos de aparição e ocultamento. No século XX, Foucault amplia o paradigma da linguagem que revela sentidos e intenções nas próprias palavras do discurso. Essa importante contribuição daquele autor retira de certa gaiola limitante a busca da verdade, que até então só era procurada no oculto, no não-dito. *A priori*, as palavras ditas só eram tomadas como cortina que precisava ser afastada para ver a verdadeira cena da linguagem. Em Foucault, as positividades revelam e ocultam; para ele, a aparência também é essência: se a linguagem é máscara, ela também revela. Às vezes, a linguagem é sem palavras; constituída de expressões, criada nas imagens, nas cenas, pelo não-verbal, revela ao ocultar aquilo que, temido, a consome sem cessar — *o medo*. Cenário propício para culpas, conseqüentes depressões e desencontros.

Busquei, em primeiro lugar, a psicologia como campo de conhecimento para compreender esses fenômenos sociais que invadiam a privacidade, fazendo adoecer os homens e as mulheres, deixando famílias assustadas com o hoje e temerosas do amanhã. Voltei a estudar e fiz minha formação como terapeuta de família numa abordagem diferente daquela em que já atuava, num esforço de ampliar minha visão do mundo e do homem. Lutava contra a tentação das certezas, de uma perceptividade sólida e inquestionável, em que nossas convicções nos dizem que as coisas são como as vemos e que não pode haver alternativas ao que nos parece certo. Precisava do outro para quebrar a certeza solitária do individual; ansiava transcender reconstruindo o mundo na relação com o outro. Enfrentava meus pontos cegos, que me diziam que não via tudo o tempo todo; revelava-me ao encarar esses pontos cegos por onde via que não via. Isso não foi suficiente para responder a tantas indagações que a nova realidade social do mundo do trabalho me apresentava. A cada resposta que alcançava, surgiam muitas novas perguntas. Assim, fui descobrindo que precisava conhecer outras ciências, pois somente o que construíra com a psicologia não estava me mostrando o que queria e precisava compreender. Pensei que meu primeiro passo naquele momento deveria ser ampliar meus estudos clínicos aproximando-me da saúde pública, do olhar social sobre a saúde, em especial a saúde do trabalhador.

Voltei para a universidade já sabendo que buscava uma interdisciplinaridade através da qual, pela intersecção de vários saberes, poderia aprender modos novos de andar na vida, equipando-me para o atual fluxo do mundo. Buscava produzir um novo olhar com o ato de aprender, porque toda reflexão produz um mundo, que, para Maturana e Varela (1995, p. 68), é a consciência de que o fenômeno do conhecer não pode ser equiparado à existência de "fatos" ou objetos lá fora, que podemos captar e armazenar na cabeça. Conhecer é produzir, sim, um mundo em que o encadeamento de ação e experiência na circularidade traz uma inseparabilidade entre o ser de uma maneira particular e o mundo que nos parece ser. Mas faltava-me um objeto de estudo que, ao mesmo tempo que ordenasse minhas idéias, ampliando minha visão, também pudesse, no final, contribuir de alguma maneira com o coletivo.

Passei a me perguntar: o que já sei? O que quero saber? Quais minhas perguntas básicas sobre esse processo coletivo neste momento? Com muitas perguntas, busquei em mim e no que observava no social um objeto que fizesse sentido como plano de pesquisa. Queria não uma reconstrução, mas uma revisitação que me mostrasse que tudo o que é dito o é por alguém. Também não buscava uma docilização da história, que constrói imagens idealizadas das relações; lutava com o fantasma da modernidade como algo que não é sólido, que se desmancha no ar. Pensei ter encontrado isso quando minha atenção esteve focando por que a criatividade dos trabalhadores se mostrava tão pobre nos momentos de conflito no trabalho. O que acontecera com o trabalhador que, cristalizado num papel, não sabia onde encontrar sua espontaneidade criadora? Pensei na criança, que, brincando, descobre rapidamente um jeito novo de sair de um conflito. Lembrei-me de que, se o animal trabalha quando quer algo e joga quando está transbordando de energia, a criança joga para trabalhar na construção do simbólico; seu jogo encerra em si mesmo sua função social, sua recompensa, que é a assimilação, prescindindo de outras ações. Pensei em minhas pesquisas sobre jogos, no que já publicara sobre o tema, e veio o desejo de pesquisar a criatividade do trabalhador por meio de jogos. Nessa fase, minha pergunta básica foi: "O trabalhador que consegue se manter saudável nos momentos de crise, como ele brincou na infância?"

Tomando, aqui, o jogo como um papel em desenvolvimento, sendo este um papel orientado para o futuro, o que dele resulta traz para a criança uma preparação para o trabalho pelo desenvolvimento de qualidades, de aptidões, de contato com potencialidades antes desconhecidas. Essa ação revela o desejo muito íntimo da criança de, através da alquimia de sua fantasia, representar algo, interpretar um papel criando alguma situação nova. Para revelar o produto de sua fantasia, o jogo necessita contracenar com as regras, que são escola da vontade. A situação fictícia, portanto, é o caminho da abstração. No jogo simbólico está o ponto máximo do desenvolvimento dos jogos infantis, pois o símbolo, como idioma individual, revela o coletivo na pessoalidade da criança, constitui o meio fundamental da assimilação autoformadora. Tendo seu palco na realidade suplementar, reúne um intencional desprendimento da realidade social, mas também uma penetração desta pelos recursos imaginativos. As motivações da atividade lúdica revelam um conjunto de atos conscientes agrupados pela unidade do motivo e têm sua propriedade curativa porque, no jogo, o "eu" desforra-se ou liquidando o problema, ou tornando aceitável a solução. Para Elkonim (1998), além dessas funções, o jogo protagônico é a preparação para o trabalho.

Com essa questão básica, formulei um projeto de pesquisa e me inscrevi no processo de seleção para o doutorado em Saúde Coletiva na Unicamp. Fiz minha inscrição e esperei o dia da entrevista como alguém que, em posição de largada, aguarda o tiro de início. Na data marcada, lá estava eu, munida de lápis e papel como se fosse escrever, mas o que teria que enfrentar eram três professores desconhecidos, que me pareceram bravos e enigmáticos. Lembrei-me da minha professora de primeiro ano primário, que também me causou igual suspense. Com medo de perder a hora, acabei chegando tão cedo que pude assistir à saída da candidata anterior. Quando a porta se abriu, ela apertava as mãos dos professores, segurando um choro que caiu em cascata assim que se afastou da cena temida. Participando de tal drama, pensei em recuar, mas não era mais possível, a próxima seria eu. Mesmo que quisesse, não daria tempo, pois os temidos professores me faziam sinal para entrar. Reunindo coragem, agarrei-me ao lápis e ao papel, como a um ursinho de pelúcia que dá segurança à criança, e caminhei "destemida" para a sala do exame. Nem havia me sentado e um professor disparou a pergunta que menos queria ouvir: "Onde você fez seu mestrado?"

Enquanto meu coração disparava, criou-se um silêncio tão intenso que quase era possível pegá-lo no ar. Consegui pensar um desafio maior que a pergunta feita; estava movida pelo desejo de estudar a criatividade do trabalhador. Deveria, então, começar por mim, trabalhadora naquela situação de *seleção para treinamento*. Eu estava mergulhada num momento de conflito pela argüição. Lembrei-me de que tudo que é dito o é por alguém. Então, respondi com ares de tranqüilidade: "Professor, eu não fiz mestrado. O que é possível ver no meu currículo é que cursei todos os níveis possíveis de formação na carreira de psicoterapeuta, mas que nada do que estudei é, por enquanto, reconhecido como pós-graduação". Expliquei que estava me inscrevendo direto para o doutorado porque me sentia madura como trabalhadora para enfrentar aquele desafio maior. A partir desse diálogo tão direto e franco de ambas as partes, o que me parecia temeroso e difícil se tornou atraente. Eu queria saber daquelas pessoas mais experientes do que eu o que haviam pensado de meu projeto. Não precisei aguardar muito tempo, pois uma professora fez a primeira observação: "O nome do seu projeto não traduz o que ele se propõe fazer". Olhei com admiração para ela e, rapidamente, procurei refletir sobre o que dissera. Vi que tinha razão. Não era um bom nome, nada tinha de criativo que mostrasse meu objeto e meu objetivo para a pesquisa. Minha argüição durou mais tempo que o previsto, pois sabia, pela lista no corredor, a que horas deveria entrar outro candidato. Fui bastante sabatinada, precisei justificar minha proposta, mostrar minha determinação e clareza de propósitos. Mesmo assim, ora parecia que estavam gostando de mim, ora parecia que não seria aprovada. Com essas dúvidas, eu me despedi e aguardei o dia D. Bem, fui aprovada e soube pela lista afixada quem seria minha orientadora; era a professora da argüição. Esse fato muito me alegrou, pois nosso primeiro encontro na sala do exame de seleção me mostrou que precisaria trabalhar bastante e bem. "Este também é o meu propósito", pensei.

Começaram as aulas e, com elas, um mundo de surpresas. Descobri que precisava ser alfabetizada em sociologia, em economia, em epidemiologia, em metodologia de pesquisa, em bioestatística, em informática e em tantas outras ciências que nem sei. O mundo acadêmico era-me tão novo que, por alguns meses, pensei em desistir e voltar no ano seguinte para a seleção do mestrado. Estava descobrindo o tamanho do desafio a que me havia proposto. Todos sabiam mais e melhor do que eu. Meus colegas, na maioria mais jovens e ainda fresquinhos da graduação, circulavam com desenvoltura e intimidade pelos corredores da casa; já eu precisava do dobro do tempo para ler o mesmo texto ou descobrir onde era a biblioteca. Sem falar da necessidade de perder o medo do computador e ficar íntima da Internet. Tudo isso sem deixar de trabalhar, ler e estudar os livros de psicologia clínica, ir ao cinema e manter meus vínculos no fluxo da vida. Compreendi que estava vivendo o mesmo processo que me propunha estudar: "Onde estava a criatividade do trabalhador nas situações de crise?" Ah! pensei eu, então agora não devo desistir, porque tal intimidade com essa crise me mostrará se é possível sobreviver com saúde à globalização, ou ao retorno à universidade. Assim, terminei meu primeiro ano, já um pouquinho alfabetizada e mais próxima do mundo acadêmico.

No segundo ano, nova crise surgiu inesperadamente. Uma carta do Conselho Regional de Psicologia, subsede de Campinas, convidava para uma palestra sobre ética no mundo do trabalho.[2] Lá estava eu no dia marcado para o colóquio. Duas colegas apresentaram a palestra com o auxílio de transparências. Entusiasticamente, elas nos convenciam de que as empresas estavam mais éticas; de que os consumidores estavam selecionando os produtos pelas informações que possuíam das empresas. Mostravam quais empresas estavam reflorestando, quais não poluíam os rios, quais mantinham suas fábricas limpas e ajardinadas. Esperei que o melhor estivesse por vir, isto é, que também falassem das condições de trabalho dos homens e das mulheres empregados ou terceirizados nas *empresas éticas*. Nada foi dito sobre isso. Quando lhes perguntei sobre as condições dos trabalhadores, disseram que esse já era outro tema, que seria preciso outro dia para isso. Para concluir a palestra, propuseram fazer com o grupo — em torno de 30 psicólogos presentes — um jogo. Recebemos balões para inflar; também uma etiqueta onde deveríamos escrever uma frase sobre ética que considerássemos

---

2   O material dessa palestra me foi fornecido pela subsede de Campinas do Conselho Regional de Psicologia (CRP-06). Na ocasião, em 10 de fevereiro de 2002, pedi autorização ao CRP e às colegas, por *e-mail*, para usar o material na tese.

importante para o mundo do trabalho. Depois de colada a etiqueta no balão, fomos convidados a andar pela sala brincando com os balões, jogando-os para os colegas e rebatendo as bolas que estivessem no ar. A brincadeira estava animada, com risos e muitas trombadas nos repiques dos balões. Então, foi-nos dada a tarefa de derrubar os balões e estourá-los com os pés. Nesse momento, os risos estavam animados, e o barulho dos balões estourando fazia o meu espanto ficar anônimo naquela sala. Nenhum sinal visível de descontentamento; todos batiam palmas e cumprimentavam-se para a saída. Como não conhecia nenhum dos presentes, fui para casa sem ter com quem compartilhar o turbilhão de sentimentos e pensamentos que passavam por mim. Precisei guardar comigo tantas perguntas sem respostas que brotavam em cascatas e inúmeras hipóteses sobre a psicologia no mundo do trabalho. Quando solicitei ao CRP o material da palestra, esperava que também viessem as frases que tinham sido escritas nos balões. Somente obtive a cópia das transparências, porque as frases dormiam no lixo.

Logo chegou o tempo de reescrever o projeto da tese. Não consegui reescrever o mesmo projeto. Em mim, a pergunta mais forte havia mudado. Quando tentava escrever, era dominada pela vontade de buscar resposta para tão fortes indagações: "O que é o trabalho? O que é a psicologia para o mundo do trabalho? O que é a saúde para a psicologia no mundo do trabalho?" Conversei com minha orientadora algumas vezes, busquei saber dos colegas, refleti, tentei me convencer de que mudar de tema era insano, se não arriscado. Nenhum dos argumentos usados me convenceu. Não reescrevi o projeto sobre jogos no mundo do trabalho; simplesmente já não podia pesquisar algo que, naquele momento, não tinha ressonância para mim. Aquele jogo dos balões havia quebrado o encanto, a utopia necessária que permite a manifestação do imaginário e dos discursos, os quais formam a linha reta da linguagem, na dimensão fundamental da fábula. Aquele jogo de pisar "balões enfeitados pela ética" estava para mim como uma heteronomia. Ou, em outras palavras, aquele jogo estava nos colocando num estado/condição de quem se acha sob o domínio do outro; estávamos submetidos às leis externas de conduta.

Fazer uma tese[3] significa aprender a pôr ordem nas próprias idéias, além de ordenar os dados. É uma experiência metódica, de construção de um objeto; é buscar aquilo cuja existência ainda ignoro, mas que, como princípio, pode também servir para os outros. Nesse processo, a imaginação, que me autoriza a linguagem, me leva para longe de querer só observar como contentamento em ver. Queria de volta a minha imaginação; sentia-me como o *homo economicus* foucaultiano, "que é aquele que passa, usa e perde sua vida escapando da eminência da morte" (FOUCAULT, 2002b, p. 353). Escrevi este novo projeto sobre a história da psicologia no mundo do trabalho no Brasil. Apresentei-o à minha orientadora, e esta gentilmente me disse que ele não estava mais em sua linha de pesquisa; portanto eu deveria procurar novo professor para orientação. Fiz uma lista tríplice; comecei por minha primeira escolha sociométrica para o papel de orientador, o professor Everardo. Entreguei-lhe meu projeto em dezembro de 2002 e aguardei seu retorno. Em fevereiro, já não conseguindo esperar o protocolo da iniciativa do professor, passei-lhe um *e-mail* pedindo entrevista. Prontamente me recebeu e, com meu projeto sobre a mesa, me disse: "O nome do seu projeto não está bom". Essas palavras me acalmaram. Estava aceita!

Começava nova jornada de trabalho, outro levantamento bibliográfico, nova delimitação do objeto, novo objetivo. Fazer rápi-

---

3   Fazer uma tese é diferente de escrever um livro. A tese requer obediência a critérios preestabelecidos, pois será objeto de avaliação no final do processo. Um livro é um ensaio proposto pelo autor. Este livro resulta de uma tese, portanto tem estrutura de tese, mas busca uma linguagem mais livre. Nesta introdução, compartilho meu "diário de bordo", isto é, um pouco do sofrimento e das alegrias de tornar-me uma pesquisadora aos 50 anos.

do e bem-feito. Descobrir o que procurava me parecia buscar uma agulha no palheiro, seria tirar a sorte grande na loteria, como diria a minha avó. Quase nada sabia sobre essa história, muito menos onde procurar, quem se dedicava ao tema. Meu primeiro movimento, ingênuo, foi construir um questionário sobre os cursos de pós-graduação em psicologia, sobre teses e dissertações defendidas em História da Psicologia; pegar a lista da Capes na Internet e enviá-la aos coordenadores com uma cartinha de doutoranda pedindo informações. Dos 45 cursos registrados pela Capes no primeiro semestre de 2003, somente a Universidade de Uberlândia (Minas Gerais) me respondeu. Numa gentil carta da secretária da pós-graduação, esta me informava que o curso era novo e ainda não havia nenhuma tese ou dissertação defendida. Enquanto esperava outras respostas, descobri que a PUC-SP possuía um núcleo de pesquisa em História da Psicologia. Estive, em junho de 2003, visitando esse grupo e compreendi que esperava o impossível: os cursos de pós-graduação não me responderiam. A Internet é muito anônima, portanto fria. Minha primeira idéia de pesquisar a contribuição da academia para a constituição e desenvolvimento da psicologia no mundo do trabalho estava agonizando. Tentei o Ibict[4] por meios eletrônicos, na esperança de obter descritores melhores do que os que estava usando para levantar as teses e as dissertações sobre a história da psicologia. A secretária do Ibict me respondeu que os descritores estavam corretos, mas que não havia mesmo outros registros além dos que eu já conhecia. Passei a freqüentar a biblioteca central da Unicamp, fiz os cursos oferecidos para pesquisa *on-line* e fiquei amiga das funcionárias do Comut (Comutação Bibliográfica). Quando chegava com meus pedidos, elas brincavam: "Lá vem a moça que gosta de naftalina". Mas ainda era pouco, precisava de mais, bem mais. Meus sonhos grandiosos de escrever toda a história da psicologia no

---

4    Ibict: Instituto Brasileiro de Informação em Ciência e Tecnologia, Teses Brasileiras.

mundo do trabalho no Brasil estavam passando por muitas revoluções. Mesmo precisando ser realista nos sonhos, não chegara ainda ao domínio do campo. Estava voando mais baixo; agora queria escrever somente sobre a relação entre a industrialização e a psicologia no Brasil, que chegaram, concomitantes, a estes três estados: São Paulo, Rio de Janeiro e Minas Gerais. Mas falar com quem? Para quê? Consegui agendar uma entrevista com o presidente da Anppep[5] para conhecer a história dessa associação e saber como ter acesso às teses e aos grupos de pesquisa em história da psicologia. O professor me remeteu para a biblioteca da USP, aos cuidados da bibliotecária coordenadora, Imaculada. Esta me ajudou a acreditar que não era erro meu, não existia quase nenhuma pesquisa em história da psicologia. Voltou-me à lembrança Foucault (2002a, p. 256) quando escreveu que só há história porque o homem como ser natural é finito. Dessa maneira, nós, psicólogos, estamos quase infinitos, porque pouco registramos da nossa história.

A modernidade que oculta a finitude humana torna a psicologia míope à própria história. Foucalt também diz que se fala porque se age e não porque, (re)conhecendo, se conhece. Como a ação, a linguagem exprime uma vontade profunda que tem dois desdobramentos: a linguagem está ligada não mais ao conhecimento das coisas, mas à liberdade dos homens; e a linguagem está separada da representação, só se legitima pela história.

Busquei a linguagem dos livros, das teses, das memórias dos que, de alguma maneira, fizeram e fazem essa história. Quase todos os entrevistados são professores universitários, e alguns deles participaram ativamente da construção desse campo de conhecimento. Não houve critério estatístico para a escolha dos entrevistados; são

---

5 Associação Nacional de Pesquisa de Pós-graduação em Psicologia, fundada em 1971. O atual presidente é o professor dr. Lino Macedo, do Instituto de Psicologia Educacional da USP.

pessoas consideradas de notório saber por seus pares, com relação à história da psicologia. Tive uma grande surpresa ao descobrir que somos tão poucos os que nos dedicamos à pesquisa desse campo, pois todos os entrevistados se referiram aos mesmos nomes. Munida da carta de apresentação da Unicamp, com as entrevistas agendadas previamente, percorri alguns lugares naqueles três estados. A partir desse trabalho, portas foram se abrindo à medida que eu sabia melhor o que procurava. Uma triste notícia chegou poucos dias antes de uma entrevista marcada com o professor Seminério,[6] comunicando seu falecimento. Senti não ter andado rápido o suficiente para registrar suas memórias.

Criei alguns critérios norteadores para vivenciar o que chamei de *entrevista dialogal*. Nesta me apresento ao entrevistado expondo meus critérios de escolha, minhas relações com o que já sabia sobre aquela pessoa. Procurei me mostrar antes de pedir-lhe que se mostrasse. Estávamos juntos e éramos ambos atores no palco da cena da entrevista dialogal. Recolhi teses e dissertações sobre o tema, complementei com artigos, documentos, depoimentos gravados e filmados e construí esta versão da história e da memória da psicologia que se constituiu na relação com o mundo do trabalho, no triângulo da industrialização no Brasil.

## A ESTRUTURA DO LIVRO

A meta deste livro é revelar faces e facetas da história e da memória da chegada e da instalação da psicologia no mundo do trabalho em três estados (São Paulo, Rio de Janeiro e Minas Gerais) entre 1931 e 1970. A proposta é tomar como ponto de partida o

---

6  O professor Franco Lo Presti Seminério foi figura representativa na criação do Isop-FGV-RJ. É professor da Universidade Federal do Rio de Janeiro desde 1990, quando o Isop se transferiu para aquela academia. Será novamente citado no capítulo sobre o Isop.

movimento da psicotécnica em São Paulo, com seu crescimento e institucionalização através do Idort (1931). Em seguida, a chegada ao Rio de Janeiro (na época, capital do Brasil) da psicotécnica, que encontrou abrigo na FGV (1945) e no estabelecimento do Isop (1947). Por fim, sua chegada a Minas Gerais, com a criação do Sosp (1949). Também tratarei da criação do "novo" movimento representado pelo DOT (1958).[7] Este, nascido de uma abordagem diferente da dos outros três núcleos, tem importância para a história da psicologia porque representa o advento da psicologia fenomenológica no mundo do trabalho. A vinda da chamada psicologia científica e, posteriormente, da psicologia humanista para o mundo do trabalho no Brasil corresponde ao aceleramento do movimento de industrialização brasileira ou, em outras palavras, do nosso processo de modernização.

A psicologia é passível de vários olhares: para alguns é a arte de explicar o ser humano; para outros, é a ciência de curar; e para outros ainda é a ciência de desenvolver comportamentos. Para os que estudam a psicologia social, esta ciência tem caráter histórico-social, pois "é o social que esclarece e explica o psicológico" (LOWY, 2000, p. 105), mas é, também, o psicológico que explica o social — sem deixar de reconhecer que todo fenômeno cultural, social ou político "é histórico e não pode ser compreendido senão através de e na sua historicidade" (LOWY, 2000, p. 65), complementando que não só expressa como constitui o social.

Então, não me proponho construir nem toda a memória, nem toda a história, mas fragmentos da memória e da história dessa psicologia científica e humanista no nosso mundo do trabalho. Nesse

---

7 Idort, Instituto de Organização Racional do Trabalho, São Paulo; Isop, Instituto de Seleção e Orientação Profissional, Rio de Janeiro; Sosp, Serviço de Orientação e Seleção Profissional, Belo Horizonte; DOT, Departamento de Orientação e Treinamento do Banco da Lavoura de Minas Gerais, Belo Horizonte.

sentido histórico, trabalhamos na construção de um longo caminho, formado de vias principais e vicinais, como um conjunto que forma o fluxo da vida. Essas conquistas humanas ora se distanciam, ora se aproximam. Mas um dia, ao conhecermos o longe, nos veremos refletidos como num espelho, pois nos construímos ao construir a história. Concordando com Boaventura de Sousa Santos, vejo que o esforço de construir um método para lançar luz sobre essa história traduz o esforço de construção de uma linguagem, sem perder de vista que "a realidade responde na língua em que é perguntada" (1995, p. 38-47). Nesse olhar para os fatos, todo conhecimento se torna autoconhecimento.

Penso que a história e a memória se tornam sempre atuais, ao serem presentificadas mediante as transformações que se vão operando no autor enquanto ele constrói o texto narrativo. Neste trabalho, desenvolvi um texto que busca fazer dialogar o presente com o passado. O esforço de construção desse diálogo visou a garimpar o que nos escapou para nos ser devolvido na forma de uma unidade recomposta. Acredito na promessa anunciada por Foucault (2002, p. 14-15) de que o homem poderá, um dia, "na forma da consciência histórica, se apropriar, novamente, de todas essas coisas mantidas a distância pela diferença, restaurar seu domínio sobre elas e encontrar o que se pode chamar sua morada".

Entretanto, foi preciso lidar com o medo de pensar o outro no tempo de meu próprio pensamento; por esse motivo, foi necessário pôr o foco entre o lugar de quem fala e o de quem é falado, pois o que é dito não é dito de qualquer lugar nem por qualquer pessoa. Reconheço que existiram inter-relações circulares entre o sujeito e o objeto durante a pesquisa e construção da narrativa; por isso, o texto não é objetivo somente: está impregnado de interpenetrações múltiplas geradas pelos meus limites e pelos limites dos documentos. Neste texto, essencialmente analítico, tenho a pretensão não de propor soluções, mas de (re)construir ou, em outras palavras, de criar um diálogo com a história que nos permita visualizar o "campo" da psicologia do trabalho.

O recorte temporal escolhido tem sua justificativa no fato de que, em 1931, estabeleceu-se oficialmente o Idort (São Paulo); em 1947, o Isop (Rio de Janeiro); e, em 1949, o Sosp (Minas Gerais), todos tendo como orientação metodológica a psicologia racional. Com o campo delimitado por aquelas instituições, este trabalho visa a desenvolver uma leitura que mostre historicamente como o campo foi se constituindo até o surgimento do antagonista institucional — o DOT (Minas Gerais), criado no momento seguinte, em 1958, com uma orientação de uma psicologia humanista.

O recorte de 1931 a 1970 se deve ao fato de que o DOT não "terminou quando acabou", isto é, o DOT foi fechado em 1968 pelo Banco Real, mas os membros da equipe permaneceram em contato e, em 1970, criaram uma Associação (que será abordada no capítulo VI). É um fato relevante, pois mostra a coerência dos profissionais psicodramatistas do DOT, que se mostraram capazes de apresentar resistência ante a decisão unilateral do banco de fechar o departamento. Esse desfecho criativo dos trabalhadores difere dos encaminhamentos dados aos outros institutos estudados. É relevante assinalar que o fato se deu em plena ditadura militar, quando reunir profissionais de uma mesma categoria era considerado movimento subversivo.

Cronologicamente, reconheço que o espaço de 39 anos, embora curto como história, é longo como narrativa. Mas, em termos da constituição da psicologia como ciência e profissão no mundo do trabalho, aquele período é primordial e revela as primeiras continuidades e rupturas nesse campo.

O primeiro capítulo é a apresentação de um recorte da minha caixa de ferramentas. Uma reflexão essencial sobre o conceito de modernidade e um diálogo com os principais autores que embasam a obra.

No segundo capítulo, introduzo os saberes e poderes relativos à psicologia no Brasil — os antecedentes e antecessores da psicologia no mundo do trabalho. Esse capítulo é necessário para situar o *locus* do nosso objeto de trabalho, visto que é fragmento de um todo e que, portanto, outros fragmentos históricos que o antecederam formam um perfil dos saberes e poderes sobre o tema no Brasil.

O terceiro capítulo trata do nascimento, em São Paulo, do Idort, cujo principal patrocinador foi o jornal *O Estado de S. Paulo*; o capítulo estabelece as correlações com o momento histórico do país que definiram por que essa história aconteceu naquele estado e com aquele perfil e introduz seus principais interlocutores no empresariado local e entre os intelectuais da época, incluindo a jovem academia — a USP. Entre esses últimos, estavam alguns antagonistas do Idort.

No quarto capítulo, a criação, no Rio de Janeiro, do Isop na FGV. As semelhanças entre o Idort e o Isop e as peculiaridades deste. O cenário da capital e da psicologia antes do Isop e as reações a essa psicotécnica institucionalizada. Seus antagonistas na academia, em especial na PUC-RJ.

No quinto capítulo, veremos a constituição do Sosp, no Instituto de Educação, em Minas Gerais. As semelhanças entre o Isop e o Sosp e as peculiaridades deste. O "reinado" dessa psicotécnica e dessa psicologia preconizada pelos psicologistas.

O sexto capítulo aborda a criação de outra instituição, o DOT, pelo Banco da Lavoura de Minas Gerais (Banco Real), que trouxe o "novo", capaz de contracenar com a psicologia da administração racional. A psicologia humanista do psicodrama que revoluciona a psicometria com a sociometria.

As reflexões finais retomam os três pontos: o que é a psicologia do trabalho nessa história narrada; o que é o trabalho para essas psicologias; o que é a saúde para essas psicologias.

Seguem a bibliografia utilizada e anexos com dados sobre as entrevistas e endereços pesquisados.

CAPÍTULO 1

# FUNDAMENTOS METODOLÓGICOS

## UM CONCEITO DE MODERNIDADE COMO CENÁRIO DO SÉCULO XX

> *A psicologia, por sua vez, é um dos frutos dessa modernidade. Ao manter um desconhecimento (ativo) de sua gênese, sua falta de memória não significará uma premente necessidade de estar em movimento, de buscar continuamente o novo, de afirmar sem vacilação sua constituição moderna?*
>
> ANA MARIA JACÓ-VILELA (1999, p. 253)

Começo este capítulo reproduzindo um cenário da modernidade no século XX, visto que esse é o contexto do livro, como também é o período em que desenvolveram suas teorias Pierre Bourdieu, Walter Benjamin e Michel Foucault, os principais autores escolhidos como referencial metodológico.

Para conceituar modernidade, penso que um bom início é mencionar Jean-Jacques Rousseau, um dos primeiros a usar o termo *moderniste*, no sentido que teve nos séculos XIX e XX. No romance *A nova Heloísa*, Rousseau conta que o jovem Saint-Preux sai do campo para aventurar-se na cidade, em busca de conhecer o novo que despontava, a modernidade. Já no novo ambiente, o jovem escreve à namorada, Heloísa, contando que a cidade o embriaga; no entanto, de todas as coisas que o atraem, nenhuma lhe toca o coração.

Nessa obra de Rousseau, é possível ver o que Benjamin (1986, p. 212-213) conceitua como a diferença básica entre o romance e a narração: se o romance tem o *sentido da vida* como eixo básico, a narrativa se organiza na *moral da história*. Por ser o *sentido da vida* aquilo que mobiliza o escritor e o leitor, estes ficam solitários em suas ações. Para Saint-Preux, a solidão amorosa o consome e prenuncia sua morte emocional. Ele sente que desconhece a si mesmo, pois seus valores estão em jogo, suas verdades estão em conflito, o novo que o atrai também o horroriza. O crescimento urbano rápido lhe é catastrófico, fazendo que perca a noção do eu e do outro; naquele espaço, a noção de tempo não obedece às mesmas leis do campo, de suas origens. As diferenças angustiam Saint-Preux, e ele, por não ver opção, se mistura com o coletivo. Torna-se massa.

Nesse sentido, ser massa não é o anonimato que defende sem anular, que guarda a espera do tempo certo, num jogo em espiral da construção de uma verdade nova.[1] Massa, aqui, é como uma solução de anulamento do indivíduo pelo coletivo; de perda do eu como solução para o caos de sentimentos; de rompimento das verdades e conceitos; enfim, do não-reconhecimento da história do indivíduo como valor.

Embrenhar-se nessa massa da modernidade é resolver pela mediocridade a angústia do novo, desconhecido e maior que ele. Começa para o jovem Saint-Preux uma vida da mesmice, na qual acabaram o Isto e o Aquilo: agora, é Isto ou Aquilo.

---

1   É nesse sentido que compreendo o conceito de massa, aqui usado como proposto por Walter Benjamin em *Obras escolhidas* I (1986), II (1987) e III (1989).

A psicologia e o mundo do trabalho no Brasil

Vivemos num mundo globalizado, regido por uma realidade obediente aos princípios da modernidade, ou, para alguns, da pós-modernidade, que nos coloca numa dimensão de tempo e espaço de pouca ou nenhuma percepção do si mesmo e do outro. Tempo de busca contínua do novo que nunca está completo, porque não inclui os vínculos. Tempo de perda da nitidez necessária para a organização dos vínculos dos grupos, das pessoas e das nações. Esse momento planetário que nos promete aventuras, poder, transformações rápidas, aceleramento na velocidade que domina pessoas e nações, que rompe fronteiras globalizando homens e países, também nos alimenta com grandes descobertas nas ciências, mudando a imagem do universo e do nosso lugar nele. Ao mesmo tempo, transforma o conhecimento científico em tecnologia e nos convence de que a busca do novo é primordial; convence-nos de um projeto evolucionista, sinônimo de racionalidade. Esse é o perfil do campo da modernidade, que prima pela simplicidade do igual que se repete. Modernidade que não é sólida, que se desmancha no ar (BERMAN, 1987).[2] O campo da modernidade é palco do avanço do

---

2 Berman (1987), em sua obra, desenvolve um estudo da dialética da modernização e do modernismo. Para tanto, faz um recorte em três fases. A primeira tem início no século XVI e vai até o fim do século XVIII, período em que as pessoas não sabem o que as atingiu e tateiam em busca de vocabulário, de recursos para compartilhar suas experiências numa comunidade moderna. O grande impacto acontece com a chegada da locomotiva e a Revolução Industrial. A segunda fase começa com a onda revolucionária de 1790, na Revolução Francesa e suas reverberações. O público partilha o sentimento de viver numa era revolucionária, com explosões em todos os níveis — pessoal, social e político. As pessoas estão numa dicotomia, pois se lembram ainda de um mundo não totalmente moderno, vivem em dois mundos simultaneamente. Nesse cenário, emerge e desdobra-se a idéia de modernismo e modernização. Chegamos à terceira fase: século XX, em que o processo de modernização se expande tanto que chega a abarcar o mundo todo — é a globalização. Mas, à medida que o mundo abraça a modernidade, o público se multiplica numa multidão de fragmentos, que falam como numa Babel, ao mesmo tempo que usam a mesma língua. A modernidade perde nitidez, a capacidade de organizar a vida e dar-lhe sentido, porque está comprometida com a velocidade do novo sempre igual. Estamos numa era moderna que perdeu o contato com suas próprias raízes. Essas trans-

sistema capitalista. O estar num mundo moderno gerou um século XX rico em criações de artefatos e técnicas, mas engessador dos homens e das mulheres, pois o igual não permite mudanças. Faz do herói um Narciso preso na própria imagem, aprisionado num monólito fechado. A visão de mundo passa a ser regida por Isto ou Aquilo, pondo no esquecimento a possibilidade do Isto e Aquilo.

Este livro é sobre a institucionalização de uma ciência que é fruto da modernidade. No Brasil, essa ciência chega ao mundo do trabalho na efervescência do começo do século XX. A reunião de técnicos e empresários na formação de um grupo com poder capaz de trazer e implantar uma ciência é fruto da força da modernidade, do desejo brasileiro de se tornar uma nação industrializada, espelhada nos países desenvolvidos.

Enquanto no Brasil aconteciam essas transformações (com a importação de uma psicologia racional americana, fruto do trabalho do engenheiro Taylor e do empresário Ford), os pensadores Walter Benjamin (1892-1940), Pierre Bourdieu (1930-2002) e Michel Foucault (1926-1984) desenvolviam suas obras na Europa.

## CRIANDO UMA CAIXA DE FERRAMENTAS

Penso que, sempre que escrevemos, estamos construindo um ato social e que, portanto, nossas palavras expressam escolhas, que por sua vez revelam preferências e exclusões do autor. Oportunamente, relembro aqui uma inquietante pergunta de Bourdieu (1990, p. 47), quando escreve: "Quais as dificuldades particulares que encontramos

---

formações que a modernidade impõe ao homem e à sua organização são construídas por um discurso e geram novos discursos, como denuncia Foucault (2002b, p. 162-187). No capítulo III, "O panoptismo", em *Vigiar e punir*, quando analisa o poder do homem sobre o homem, Foucault escreve que o *status* da ciência, através do seu discurso, permite aumentar o poder direto e físico que os homens exercem uns sobre os outros; ou, em outras palavras: "outro poder, outro saber".

quando se quer objetivar um espaço no qual estamos incluídos, e quais são as condições particulares que é preciso preencher para ter chances de superá-las?" Considero essa questão básica num processo de estudo, especialmente quando está sendo desenvolvido em sociologia da saúde, sobre o tema da história da psicologia.

Para desenvolver essa reflexão e definir com quem estarei dialogando, busco o apoio de Bourdieu para conceituar *campo*. Concordo com a idéia de que o campo científico é também um campo social como qualquer outro, de que ele traz consigo suas inter-relações de força, suas disputas implícitas e explícitas, e se constitui por um sistema de relações objetivas entre posições conquistadas pelos atores naquele contexto.

Dadas essas características, o campo científico obedece a um princípio simples, segundo o qual "todo ocupante de uma posição tem interesse em perceber os limites dos ocupantes das outras posições" (BOURDIEU, 1990, p. 50). Ora, como psicóloga clínica, eu me encontro pesquisando o campo da psicologia no mundo do trabalho, fato que me põe nas fronteiras da constituição desse campo.

Ao escolher esse tema, encontro-me mergulhada no interesse em ordenar minhas preocupações, minhas informações sobre os fatos e interpretações dessa história. Ao mesmo tempo, por não ter vivência prática com aquela psicologia, estou em melhores condições de manter um distanciamento que me proporciona ver e viver o campo sem me misturar a ele, pois "há tantos campos quanto formas de interesse" (BOURDIEU, 1990, p. 65). Assim, posso me situar nas fronteiras do campo, o que caracteriza uma posição coerente com os autores que escolhi como apoio básico.

A busca metodológica em sociologia da saúde, tendo como tema a história da psicologia no mundo do trabalho, me levou a esses autores, dois deles historiadores-filósofos, o outro sociólogo. Mesmo não tendo formação em sociologia, nem em filosofia, tampouco em história, minha aproximação com eles se deve ao fato de vê-los como ricos e generosos intelectuais que nos convidam a conhecer e interpretar o mundo mais uma vez. Minha busca e meu interesse em desenvolver tal intimidade com aqueles pensadores, tendo eu essas características pessoais, levam-me a cuidar com mais atenção dos riscos próprios dos aventureiros que se lançam em semelhante empreitada. Espero, com isso, conseguir desenvolver o que Bourdieu chama de uma possível contribuição do pesquisador. Para ele, essa contribuição ocorre quando se consegue atrair a atenção para um problema, para algo que ainda não foi visto porque é evidente demais, "salta aos olhos". O que nos salta aos olhos é o que mais nos confunde, pois está impregnado pelo *habitus*, nascido do coletivo e do subjetivo. Também almejo ser capaz de objetivar, pensando que o fenômeno de objetivação significa produzir às claras, tornar visível, público, conhecido de todos, publicado. Portanto, analisar o lugar que ocupo no campo de trabalho, lançar um olhar sociológico da produção do produtor, é imprescindível.

A estruturação do campo se dá a partir da distribuição desigual de um *quantum* social, definido como capital social, na contribuição de Bourdieu. Isso determinará a posição que um agente específico ocupará no interior desse campo.

Bourdieu, numa de suas definições de *campo*, o vê como "lócus onde se trava uma luta concorrencial entre os agentes, em torno de interesses específicos que caracterizam a área em questão" (BOURDIEU, 1990, p. 89-94; MONTAGNER, 2003).

Segundo Stroili (2001), esse capital social a que o autor se refere pode ser traduzido como a constituição de conceitos que se tornam valores e que, por isso, têm o poder de determinar a pertença no referido campo.

Definir um campo necessita de maior reflexão, pois outros pontos se evidenciam nessa proposta — por exemplo, as lutas concorrenciais por determinados capitais simbólicos, as alianças e/ou conflitos entre os atores que participam dessas disputas, a hierarquia que se forma no interior de cada campo. Sem nos esquecermos da função das práticas e dos objetivos em cada campo, os quais são responsáveis pelas estruturações das relações entre seus participantes.

É necessário relembrar que, num campo, cada agente possui diferentes conjuntos de *habitus* que o adaptam a esse campo, mas que são também fatores presentes na formação dele. Com tais elementos para iniciar uma conceituação, o *habitus* pode ser tomado como um sistema de disposições duráveis e estruturadas, predispostas a funcionar como estruturas do indivíduo. Nesse fenômeno, incluem-se regras e valores oriundos dos processos de socialização (BOURDIEU, 2001, p. 99-181).

Ora, esse conceito bourdiano-aristotélico, nascido do processo socializante, possibilita que os agentes num campo façam adaptações às exigências e necessidades desse mesmo campo, pois o *habitus* mantém com o mundo social que o produz uma cumplicidade ontológica. Tal cumplicidade nasce de um conhecimento sem consciência, de uma intencionalidade sem intenção e de um domínio prático das regularidades do mundo que permite prever seu futuro (BOURDIEU, 1990, p. 22-24).

Reunindo os conceitos de campo e *habitus,* podemos ver que, nesse lugar de lutas e de forças, onde há participação legítima nas lutas, o campo intelectual é um espaço em que o poder simbólico é o poder de fazer coisas com as palavras.

Ora, sendo um campo fruto do *habitus* de seus participantes, é possível gerar tantos campos quantas forem as formas de interesse. Para esse poder simbólico do fazer coisas com as palavras, do construir conhecimentos, amplio a reflexão escutando Walter Benjamin, esse historiador-filósofo, e sua poderosa argumentação sobre narrativa histórica e memória. Para a psicologia, lembrar é lidar com o esquecimento, ficando a verdade como mera contemplação. Como desdobramento desse fenômeno, instala-se entre memória e esquecimento uma tensão, a qual necessita criar iconografias para se manter.

Essas imagens mentais nascem da necessidade de proteger aquilo que, daqui a pouco, não vai existir mais. No entanto, somente essas iconografias não satisfazem, e, para não perder a memória, é preciso contá-la. Mas as palavras dizem e escondem; revelam ao ocultar; falam e silenciam. Então, ver o que foi dito é atentar para como, por que e para que foi dito. Nesse processo, é possível reconhecer que quem define o que vai ser preservado define o que vai ser destruído. Assim, é necessário perguntar quem, no trabalho de história e memória, define o valor. Quem enxerga o valor?

Memória é, pois, também a capacidade de entrar em contato com o inconsciente, voluntária e involuntariamente. Se o conhecimento não pressupõe esquecimento, sendo certeza, a memória, por sua vez, é um trabalho como o do ator; é cena produzida — em parte como reprodução do *script*, em parte como improvisação estimulada pela platéia —, já que a memória é sempre relacional. É a ação do ator, como sujeito que produz involuntariamente, revelando que a memória é conhecimento gerado no berço da experiência; então, é também exercício narcíseo, portanto individuação. Ora, como tal, é trabalho de construção e destruição — é autoria. Para isso, necessariamente, precisa incluir o sonho, matéria-prima do vir-a-ser, elemento virtual responsável por impregnar de possibilidade criativa a memória. Todo esse processo não é uma tagarelice da fala sem experiência. É tradução: traduz uma linguagem, esta que é fruto e, ao mesmo tempo, gera vínculos.

Benjamin (1986)[3] cita que os soldados que voltaram da Primeira Guerra Mundial chegaram sem palavras; não podiam — porque

---

3  Benjamin trata desse assunto (memória e história) mediante conceitos de tempo histórico, de massa, de imagem dialética (alegorias e fantasmagorias), do conceito de leitura a contrapelo, modernidade, prática historiográfica de produção de conhecimento, memória e modernidade, valor da experiência em relação com a vivência, fantasmagorias *versus* experiências vividas, perda da aura, e seus diálogos com outros autores. Para o tema, ver: BENJAMIN, Walter. *Obras escolhidas*, vols. I (1986); II (1987); III (1989). São Paulo: Brasiliense; *A modernidade e os modernos*, Rio de Janeiro: Tempo Brasileiro, 1975.

não queriam — ter memória. Benjamin, segundo Gagnebin (1982, p. 78), adorava os livros e brinquedos infantis, o que nos deixa a possibilidade de imaginá-lo conhecedor do valor do brincar na saúde humana. Os soldados paralisados pelo horror da guerra estavam presos na imagem mental da cena temida; por isso, não conseguiam traduzir a iconografia do pesadelo numa linguagem prenhe de significados. Aqueles soldados que estavam mudos haviam perdido a capacidade de se distanciar do drama coletivo da guerra para, através de um jogo em espiral próprio da aprendizagem lúdica infantil, transformá-lo em cena, retirando-o do território da tragédia.[4] A impossibilidade de narrar dos soldados reduziu a experiência coletiva da guerra a conteúdo subjetivo, encerrando-a no refúgio da memória individual. O indivíduo como caixa de depósito do coletivo se torna personagem dos romances que nascem expressando o mundo moderno e o isolamento crescente de cada um. O romance organiza e dá significado aos sentimentos individuais, tornando público o singular — o que é diferente de coletivo — ao se pôr como passível de reprodutibilidade. O romance é história, é linguagem que traduz o individual em cena coletiva; já a memória é infância, é narrativa singular que traz a força da arte que prescinde de explicação, que assegura aos acontecimentos a força secreta que somente está presente na narrativa que nunca está completa por não ter só uma versão e, assim, manter sua força germinativa.

Para o historiador Benjamin, memória não é só ir atrás do tempo perdido. É visitar o passado em busca do amanhã, é ter a possibilidade de, mediante uma viagem rememorativa, reativar um compromisso social, portanto político, com o presente. É tirar do passado aquilo que faria a nossa história diferente, levando em consideração que aquilo que consideramos mais estranho é o melhor material para compreender uma verdade (GAGNEBIN, 1982, p. 46-60).

---

4    A importância do brincar em situação de guerra é analisada brevemente por mim em *Jogos: repetição ou criação?* (Ágora, 1995).

Benjamin, que teoriza sem fazer teoria e diz sem dizer, declara que o passado não volta em sua inteireza; chama nossa atenção para as entrelinhas plenas de historicidades. Para isso, cria alegorias que são imagens encharcadas de temporalidades, imagens dialéticas que revelam a historicidade como uma casa sem telhas depois de uma explosão. Mostra-nos que nos símbolos encontramos uma linguagem que fala de si mesma; mostra-nos que, nas alegorias, há uma linguagem que nos fala de outras coisas; e aponta que a verdade pode ser encontrada mais nas alegorias que nos símbolos. Escovar a história a contrapelo (tese VII) é buscar a história dos vencidos, aquilo que a história oficial excluiu e ficou apócrifo como documento da barbárie, a memória que não está nos livros dos vencedores e, por isso, é capaz de atualizar as esperanças de libertar os vencidos de ontem e de hoje.[5]

A história torna-se contexto do vencedor e do vencido, pondo em evidência a importância da retomada dos fracassos como experiências pelas quais se produziram relações vividas. Então, Benjamin vê o fracasso como signo de pessoas que podem ser sujeitos, mas que também são autores por deixarem marcas nessa construção. Para ele, o autor é uma pessoa em relação, e não uma função. O autor é alguém que, ao voltar-se para a interioridade, busca no subjetivo uma narrativa, traz como bagagem dessa viagem reconhecer-se nos seus referenciais e, finalmente, já modificado, retoma a relação com o outro. Benjamin toma a verdade como o que toca um ao outro, não o que o sujeito pensa e o que é pensado; o que importa como verdade é o que o indivíduo se pergunta e a relação com as

---

5 Em *Walter Benjamin,* Jeanne Marie Gagnebin escreve que a originalidade daquele autor está não em se contentar em denunciar o historicismo como visão determinista, mas em buscar ir além, colocando-nos diante de uma incômoda, mas necessária, pergunta: o que é o tempo da história? Como escrever uma história que não faça do presente um resultado previsível de um desenvolvimento necessário? O que foi possível no passado e o que é possível hoje? Ou, em outras palavras, como a história pode escapar do evolucionismo radical da modernidade capitalista?

especificidades do fato ou objeto. A memória é um recurso singular de participação no coletivo, é a possibilidade de escapar do que Foucault descreve como o sujeito homogêneo, útil mas dócil. Em Benjamin, ela é a denúncia de como tudo, transformando-se em fantasmagorias do sempre-igual, da mesmice, do efêmero, do fugaz, do desconforto diante da memória, traduz o apagamento das trajetórias. Sem trajetória, não há individuação; fica-se no ser igual a todo o mundo, que é o mesmo que não ser ninguém. É necessário buscar as alegorias em oposição às fantasmagorias, num esforço de ver que dentro do velho está o novo e que dentro do novo está o velho. É, dialeticamente, reunir numa construção histórica o velho e o novo, juntos — a tradição e a inovação num entrecruzamento do tempo passado e presente. Memória e esquecimento que traduzem coisas que se quer esconder, coisas esquecidas, eleição, escolha, o dito, o não-dito, as entrelinhas. Para Benjamin, a leitura a contrapelo da história trata de fazer aflorar do esquecimento novos fatos, iluminando a cena do antagonista do vencedor, mostrando aquilo que teria feito da nossa uma outra história. O tempo é objetivo/subjetivo, e a narrativa é que articula os tempos.

A empreitada crítica converge, assim, para a questão de memória e de esquecimento, na luta para tirar do silêncio a memória que é construção e não está aprisionada nos objetos. Como fenômeno que tem poder e pode ser usado pelo poder — e que portanto é trabalho político —, a memória pode ser vista como um recurso que nos libertará do passado, das assombrações, dos fantasmas, e nos permitirá comemorar o futuro. Desse lugar de poder, fruto de debate, tem-se um patrimônio coletivo no singular, terreno sempre em construção por visões sociais plurais. A memória e a narrativa histórica possibilitam que homens e mulheres tenham uma existência humana como pronunciantes do mundo, pois não é no silêncio, mas na palavra, que o homem se faz, e o diálogo é a vinculação entre humanos.

Já reconhecidos os conceitos de campo e *habitus*, memória e narrativa histórica, novo passo se faz necessário — buscar a contribuição foucaultiana escolhida por mim.

Para que um pesquisador defina o campo e reconheça o *habitus* com o qual buscará o lugar de onde poderá olhar e ouvir o conjunto de variáveis que comporão um objeto de discurso, é preciso que ele reconheça que a história é formada de continuidades e descontinuidades. Buscar somente a história contínua é prender-se na visão historicista, que, além de ter muitas afinidades com o positivismo, nos leva à mesmice, que é a confirmação do contínuo seriado. Assim sendo, a história pode ser vista como tradição, continuidade, mas também como dispersão, ruptura, limiar. É nas rupturas das práticas discursivas que Foucault nos propõe ler a história, nas positividades dos discursos. As positividades foucaultianas nos convocam a ler as palavras encarando-as como algo que não só esconde mas também revela. Apontam para a busca de brechas onde poderemos ver o que não foi dito no que está dito, lendo o explícito e o oculto, numa leitura a contrapelo, para insistirmos na expressão benjaminiana.

A obra foucaultiana pode ser estudada de diversos recortes. Escolhi trabalhar com o recorte que a organiza em três momentos, trazendo para o espaço do pensamento contemporâneo um novo procedimento de estudo da realidade: a arqueologia do saber, a genealogia do poder e uma reflexão sobre os processos de subjetivação (MUCHAIL, 1992).[6] A proposta foucaultiana de leitura da histó-

---

6  Segundo a professora Salma T. Muchail, a obra de Michel Foucault pode ser dividida em três momentos distintos. O primeiro está representado pelos principais livros dessa época, entre 1961 e 1969 (*História da loucura*, 1961; *O nascimento da clínica*, 1963; *As palavras e as coisas*, 1966; *A arqueologia do saber*, 1969). O segundo corresponde aos livros escritos na década de 1970 (*Vigiar e punir*, 1975; *A história da sexualidade: a vontade de saber*, volume I, 1976). O terceiro mostra novo foco de pesquisa, em que Foucault volta sua atenção para o campo da ética, na formação da subjetividade, e está composto de *História da sexualidade: o uso dos prazeres* (volume II, 1984) e *História da sexualidade: o cuidado de si* (volume III, 1984).

ria não se parece com uma descrição histórica dos discursos, porque se propõe a desenvolver uma análise lingüística dos fatos. Como resultado, obtém um novo discurso, que duplica o primeiro através da leitura das positividades, no explícito e no oculto.

No primeiro momento, a metodologia de Foucault é o contrário da análise lingüística, pois os discursos são considerados em suas positividades. Neles, que são fatos, buscam-se suas regras de surgimento e de funcionamento, sua mudança ou desaparecimento. Já que esse estudo se dá numa época delimitada, ele é histórico, sempre voltado para a constituição dos saberes e poderes, para como os conhecimentos foram se constituindo. O conhecimento é visto como temporal, e por isso há a necessidade de refletir sobre o desaparecimento de um saber numa época e o surgimento de novas formações discursivas em outra. Para Foucault, todos os discursos são suas positividades, e os alvos constantes das pesquisas desse autor foram os relacionados ao saber científico, mais especificamente os das ciências humanas. O que ele buscou são os *jogos de regras*, que variam no curso histórico segundo diferenças e descontinuidades.

Foucault perseguiu sua meta de compreender como uma sociedade autoriza o que dizer, como dizer, quem pode dizer, a que instituições esse saber se vincula — enfim, o que constitui verdade numa sociedade em determinada época.

O autor entende por *saber* todos os discursos que possuem "positividades", independentemente de sua classificação como científicos, filosóficos, artísticos, religiosos etc. Sobre esse conjunto de elementos formados de maneira regular, por uma prática discursiva que Foucault conceitua como saber, podemos perguntar: em que condições determinados saberes são eleitos como verdadeiros em detrimento de outros? Como a verdade se constitui em cada época? Como se analisa a positividade de um saber mostrando com quais regras uma prática discursiva pode formar grupos de objetos, conjuntos de enunciados, jogos de conceitos, séries de escolhas teóricas etc.?

No segundo momento, que tem início com a década de 1970, Foucault centra-se no "como" se define o poder em cada época, em que solo ele é fecundo. Foucault busca se afastar tanto da concepção jurídica quanto de certa interpretação marxista, que pensa o poder como desdobramento do aparelho do Estado, independentemente de ser exercido pela força ou pela ideologia (CAMPOS, 2003). No olhar do autor, a positividade do poder é produtora de saber, assim como o saber é produtor de poder. E Foucault propõe que vejamos o poder não só como criador de efeitos negativos (a exclusão, a repressão, a censura, a máscara etc.), mas também como produtor de campo de objeto, realidade, rituais de verdade (FOUCAULT, 2000, p. 172).

Para Foucault, o saber e o poder são modos de produção de verdade, e a verdade é um conjunto de regras — que são históricas, portanto diferenciáveis — segundo as quais se distingue o verdadeiro do falso. Com essas características, a verdade não é universal. E, ao que é instituído como verdadeiro, premia-se com o poder. Poder que é tomado como exercício, como prática, que só existe na concretude multifacetada do cotidiano, que não tem identidade teórica e que portanto não é idéia (MUCHAIL, 1992). Se nossa sociedade produz todo esse aparato de saber e poder, é com a finalidade de disciplinar e normatizar. Ao ampliar seu campo de estudo abandonando a episteme para estudar os dispositivos estratégicos, Foucault passa da arqueologia para a genealogia.

A genealogia trabalha modos de andar na vida de uma cultura, através da reflexão arqueológica do ideal dessa cultura. Já que este aparece na moral, na ciência, na religião, na política e nas lutas, o autor submete idéias e atitudes ao exame genealógico, apontando "novas vias", caminhos novos. Com a genealogia, seu criador faz uma "história—problema", pois a genealogia traz a questão do "porquê", revela que o poder não é um objeto, uma coisa, mas uma prática social; ou seja, que o poder é relacional. Então, o objeto se inter-relaciona durante todo o processo da genealogia. Das inter-relações, o objeto se ilumina no final da pesquisa, gera o olhar de diagnóstico arqueológico; também é por meio da genealogia que se criam caminhos novos, vias de acesso ao que será proferido.

Em toda a sua obra, Foucault nunca deixou de estar no presente. Não pretendeu fazer a história do passado nos termos do presente, mas, vendo o presente como a culminância do passado, entendendo fazer a história do presente, seu olhar histórico aponta sempre para as inquietações do hoje.

A genealogia revela relações de forças, intensos conflitos, saberes e poderes. Seu foco está nos poderes ligados aos saberes das ciências. A ciência, como disciplina, organiza espaços, controla tempo, cria vigilância, que é instrumento de controle, gera registro contínuo de conhecimento, exerce poderes que produzem saberes. Mas o poder não é uma relação de força que somente exclui, reprime, domina; é também produtor de domínio do objeto, rituais, verdades, convencimentos. Assim, saberes e poderes se interpenetram, pois uns geram os outros; Foucault conclui então que não há saber neutro, "todo saber é político". Fala não do macropoder, da visão economicista (que considera o poder uma mercadoria), da dominação do Estado, mas dos poderes ligados aos saberes das ciências, numa rede microfísica, algo que se espalha circulando pela esfera social como um todo. Não basta mudar o governo, porque os poderes periféricos, moleculares, os subpoderes, não são capturados pelo Estado. O poder disciplinar não destrói o indivíduo, antes o fabrica, gerando homens dóceis, com diminuição da capacidade de resistência, enfraquecendo a ação do contrapoder; por isso, é sempre uma relação de forças, campo de intensos conflitos (MACHADO, 1979, p. VII-XXIII).

Então, define-se poder como exercício, como prática, algo que acontece na concretude multifacetada do cotidiano (MUCHAIL, 1992, p. 9). Ao evidenciar verdades, ele evidencia também as lutas;

lança luz sobre o saber-poder da história-problema; também diz que esta possibilita a construção de novas vias.

A genealogia torna a produção foucaultiana uma "caixa de ferramentas", capaz de suprir material para diferentes usos. Nessa concretude multifacetada do cotidiano, dentro das ciências humanas, submersas nos tempos modernos, o homem, este que constrói e limita os fatos, tem a possibilidade de viver dois papéis: estar presente nas positividades e/ou estar presente nas coisas empíricas. Nesse contexto, ter uma caixa de ferramentas é singularizar, diversificando as possibilidades de participação.[7]

Até aqui, Foucault analisa, com a arqueologia, como se dá o conhecimento; e, com a genealogia, como esse conhecimento gera poder. Mas, nesses dois períodos, o sujeito é sempre assujeitado e fica, portanto, sem saída.

No terceiro momento, Foucault rompe com uma postura estruturalista mais pessimista, ao transcender determinados limites metodológicos do estruturalismo para alçar vôos mais altos e livres, que apontam para a formação do sujeito, não só assujeitado, mas também assujeitante, pois capaz de resistências. Vejamos: na terceira fase, sobre o *processo de subjetivação*, ele nos expõe como é possível fazer a análise das problematizações através das quais se dá o ser. Este pode e deve ser pensado em suas práticas, das quais as problematizações se formam.

Nesse período, a obra foucaultiana se põe a elaborar uma história da subjetividade (FOUCAULT, 1984). O autor muda a cronologia e produz mudanças teóricas e deslocamentos. Busca como o indivíduo constitui a si mesmo, enfatizando a ética e mudando a catego-

---

7 Foucault, em *As palavras e as coisas*, apresenta a tese de que, a partir do século XIX, com a criação das ciências humanas, o homem passou a ser capaz de viver dois papéis, nas positividades e nas coisas empíricas, ao se tornar objeto científico (FOUCAULT, 2002, cap. X).

ria de sujeito, antes somente assujeitado, agora protagonista de sua história. Ao recuperar a idéia da arte de viver (a ascese dos gregos) como auto-elaboração, Foucault se propõe a criar um conceito de ascese como método de investigação, da elaboração de si mediante o cuidado contínuo com a verdade. Volta à Antiguidade, estuda os gregos e os correlaciona com a atualidade. Nessa proposta, é possível ver também uma preocupação com a estética e a ética. A inclusão da ética torna possível juntar estes dois pontos cronologicamente distantes, a Grécia e a atualidade, na busca da subjetivação. Nessa fase, correlaciona a *História da loucura* (1961), em que buscou estudar como o homem governa os loucos (o outro), com a *História da sexualidade* (I, 1988; II, 1984; e III, 1985), em que trata de como governar a si mesmo.

Entre o primeiro livro da *História da sexualidade* (*A vontade de saber*), o segundo (*O uso dos prazeres*) e o terceiro (*O cuidado de si*), transcorrem oito anos. No segundo volume, inaugura-se o terceiro eixo dos estudos históricos de Foucault. Ele explica que aborda a sexualidade como experiência historicamente singular, portanto não universal, mas construída. Foucault toma experiência como correlação, numa cultura, entre campo de saber, tipos de normatividade e formas de subjetividade. Define a sexualidade com base nos três eixos: a formação dos saberes sobre ela; os sistemas de poder que definem sua prática; e os elementos que o homem encontra para reconhecer-se como sujeito dessa sexualidade.

Conclui Foucault que, para compreender como o homem moderno vive e se reconhece em sua sexualidade, é preciso olhar como o homem ocidental, ao longo dos séculos, foi construindo o reconhecimento de si vendo-se como sujeito do desejo (FOUCAULT, 2001, p. 9-13). Para o autor, o foco está no sujeito não como "curioso objeto" do domínio do saber, mas como sujeito ético, indivíduo que se constitui a si mesmo, sujeito do desejo, capaz de ser seu próprio autor, construtor de sua dimensão histórica.

É preciso estudar a formação do sujeito mediante essas "artes de existência", essas "técnicas de si", "analisar não os comportamentos, nem as idéias, não as sociedades, nem suas 'ideologias', mas as problematizações através das quais o ser se dá como podendo e devendo ser pensado, as práticas a partir das quais essas problematizações se formam" (FOUCAULT, 2001, p. 15).

Dessa forma, a dimensão da análise visará ao sujeito como espaço de referência: a conduta individual, o comportamento, as práticas de si, a reação diante da dimensão jurídica, do bom uso dos prazeres, no exercício da temperança, no domínio de si e dos outros, na aquisição da liberdade e da verdade, nas formas de vinculação. E, por ser "arte de existência", é também "estética de existência". Metodologicamente, reúne a dimensão arqueológica, que permite analisar as formas de problematização, e a genealógica, que evidencia como as problematizações se formaram das práticas e de suas modificações. A formação do sujeito inaugura novo uso da caixa de ferramentas, em que o leitor se coloca no ponto de intersecção entre a arqueologia das problematizações e a genealogia das práticas de si.

É nesse momento que Foucault correlaciona a *História da loucura*, o estudo das formas de governabilidade que as diferentes épocas foram criando para dominar os outros, com a trilogia da sexualidade, em que analisa historicamente o processo do homem ocidental no domínio de si. Dos dois pontos diversos, chega a uma questão comum: numa experiência, como ligar o si mesmo aos outros?[8]

Nas palavras de Foucault:

> [...] em torno dos cuidados consigo toda uma atividade de palavra e de escrita se desenvolveu, na qual se ligam o trabalho

---

8 Vejo em Muchail a primeira a evidenciar e analisar esse ponto de correlação. Ela lança luz também sobre os pontos de intersecção entre as três fases da metodologia foucaultiana (MUCHAIL, 1991).

de si para consigo e a comunicação com outrem. Tem-se aí um dos pontos mais importantes dessa atividade consagrada a si mesmo: ela não constitui um exercício da solidão; mas sim uma verdadeira prática social. E isso em vários sentidos. (Foucault, 2002, p. 57)

Podemos pensar que, para Foucault, o homem que se constrói é o mesmo homem que se relaciona; e que, portanto, *viver é um ato social*. A busca da constituição histórica dos modos pelos quais o ser humano se faz sujeito aparece no volume II da *História da sexualidade*, quando Foucault escreve sobre seu objetivo naquela fase da pesquisa: "tratava-se de ver de que maneira, nas sociedades ocidentais modernas, constitui-se uma 'experiência' tal que os indivíduos são levados a reconhecer-se como sujeitos de uma 'sexualidade'" que se abre para campos bastante diversos e que se articula num sistema de regras e coerções. O projeto era, portanto, uma história da sexualidade como experiência — se entendemos por experiência a correlação, numa cultura, entre campos de saber, tipos de normatividade e formas de subjetividade (FOUCAULT, 2001, p. 10).

## MINHA CAIXA DE FERRAMENTAS E A MODERNIDADE

Atentando para a proposta dos três autores com os quais formei minha caixa de ferramentas (Benjamin e seus conceitos de história e narrativa; Bourdieu e os conceitos de campo e *habitus*; e Foucault em seus três momentos — a arqueologia como constituição do saber, como formação do conhecimento; a genealogia como reconhecimento do poder que advém desse saber e gera mais saber; e a constituição do sujeito como prática social, portanto relacional, tudo isso ocorrendo no mundo da modernidade em estágio de globalização), corremos o risco de passar a considerar "normal", historicamente constituído, sermos homens e mulheres terceirizados nos nossos vínculos, isto é, desconhecidos uns dos outros. Para aqueles autores, a reinvenção do mundo está nos cuidados consigo mesmo e com a comunicação com o outro. Navegamos num mar globalizado, onde tempo e espaço estão desvinculados. Em tal realidade, falta o outro. Sem o contrapapel, não existe papel; portanto, ficamos privados das possibilidades vinculares, pressuposto para as relações, necessárias à constituição do sujeito. *Sem o outro estamos desligados, deixamos de existir também.* Uma sociedade que não oferece motivações aos seres humanos para se ligarem uns aos outros precisa ser revista em sua legitimidade. *Mas não só uma sociedade, como também as ciências que se prestam a ser reduzidas a técnicas a serviço do capital.* E aos profissionais cabe a tarefa de apontar o que "salta aos olhos", porque evidente demais, e buscar assim desnaturalizar o óbvio.

Essa caixa de ferramentas, apoiada sobretudo naqueles três autores, será o principal alicerce das análises dos exemplos de trabalhos desenvolvidos em cada instituição pesquisada. Essa arqueologia, numa leitura a contrapelo de um campo de saberes e poderes, mostrará o porquê dos três autores reunidos. Considero que, após narrar a criação e o desenvolvimento de cada instituto, a tarefa de esquadrinhar um relatório de pesquisa e/ou trabalho dessas organizações é o ponto alto do desafio da minha pesquisa. Nesse momento, ponho à prova o quanto aprendi e o quanto me transformei com a experiência de buscar desnaturalizar o que salta aos olhos.

No próximo capítulo, ao revisitar a história dos saberes e poderes da psicologia brasileira, proponho-me a contar fragmentos de seus antecedentes e antecessores.

CAPÍTULO 2

# PSICOLOGIA NO BRASIL:
# ASPECTOS HISTÓRICOS

*Se "a mudança é a maior história do mundo", como foi
dito algures, e se, no panorama brasileiro, estamos na década das modificações pelo desenvolvimento tecnológico, pelas
transformações sociais, pela expansão do conhecimento,
pelo crescimento demográfico, pela multiplicação dos meios
de comunicação, pela presença maior no contexto internacional etc. — o psicólogo age, agora, dentro de um ambiente bastante outro daquele anteriormente existente.*

SALDANHA (1979, p. 1), in: *O novo código
de ética da psicologia*

Estamos vivendo num Brasil antecedido de muitos Brasis e for-
mador de outros tantos Brasis; fundamentalmente, somos história e
fazemos história. A psicologia tem sido parte desses Brasis, ao mesmo
tempo que também é expressão e instituinte do social. A psicologia
de hoje cria e é criada pela psicologia de ontem; a psicologia de hoje
faz mais sentido quando se compreende como ela chegou a ser o que
é. A história determina, até certo ponto, os problemas estudados, a
maneira de estudá-los e, mesmo, a linguagem a usar ao escrever a res-

peito dos problemas. A história pode auxiliar a perceber que todas as coisas geram e são geradas por decisões sociais, tomadas muito tempo atrás mas que se inter-relacionam com o presente. Portanto, o estudo da história pode oferecer perspectivas, indicar diretrizes, mostrar a genealogia das práticas sociais, ajudar a evitar enganos antes cometidos por outros e mostrar de que maneira coisas variadas ajustam-se entre si.[1] "Em última instância, porém, a história, como a arte, não precisa de defesa" (WERTHEIMER, 1972, p. 10).

Durante muito tempo, para sabermos da história da psicologia brasileira, tivemos como literatura básica os escritos do professor Pfromm Neto.[2] Ele trata o tema mais do ponto de vista da filosofia, trazendo informações mais gerais, porém ainda assim participando na formação do nosso pensamento psicológico. Em 1985, o pensamento psicológico no período colonial foi tomado como objeto de estudo quando Marina Massini, orientada pelo professor Isaias Pessotti, apresentou na USP a primeira dissertação de mestrado sobre o assunto. Ela mostra que, de 1500 a 1800, durante a Colônia, uma "psychologia nativa" esteve presente de forma especial na vida dos brasileiros. O estudo revela que foram os índios que a desenvolveram e que ela contém procedimentos educacionais. Dentre os temas mais ricos, estão a educação das crianças e o papel da mulher. Como exemplo, a relação dos pais com os filhos e a maneira espontânea com que as crianças passam a incorporar as funções do trabalho dos adultos; ou as formas de punição amorosa dos pais para com os filhos. Tais recomendações da pedagogia-psicologia indígena coincidem, ainda hoje, com orientações desenvolvidas pela psicologia cha-

---

1 Este capítulo difere um pouco dos demais, mostrando que a forma de fazer história da psicologia nem sempre revelou os conflitos nas inter-relações entre saberes e poderes das ciências humanas. Não é uma arqueologia dos saberes, uma episteme; é muito mais história das idéias. Por não ser tema direto desta obra, escolhi escrevê-lo no clima da "história das idéias" e não fazer uma escavação genealógica do período abordado.

2 PFROMM NETTO, S. "A psicologia no Brasil". In: FERRI, M. G e MONTOYANA, S. (orgs.). *História das ciências no Brasil.* São Paulo: EPU/Edusp, 1979-1981, p. 235-276.

mada científica.[3] A pesquisa revela mais: no mesmo período, a preocupação com temas ligados aos fenômenos psicológicos aparece em obras de outras áreas do conhecimento. Com o intenso movimento civilizatório no Brasil, o interesse pelos assuntos psicológicos nas obras literárias dos religiosos dos séculos XVII e XVIII é constante, associando pensamentos psicológicos à educação, à moral e à religião. A preocupação com os fenômenos psicológicos se revela em obras de outros campos do saber, como teologia, pedagogia, medicina, política e arquitetura, em que temas de cunho psicológico são tratados e analisados e denotam, segundo Massini (1985, p. 66), que:

> [...] o interesse [desses autores] pela psicologia [...] se coloca num contexto mais amplo, constituído, de um lado, pela influência do pensamento europeu da época acerca deste assunto, e, de outro, por uma necessidade pragmática (de controle, ou de formação de indivíduos, de sua adaptação ao ambiente), no âmbito de um projeto político ou pedagógico.

Os autores a que Massini se refere são, na maioria, brasileiros e portugueses e viveram aqui boa parte da vida. Tiveram suas formações em colégios jesuítas e universidades européias, particularmente na de Coimbra. Vários são religiosos (na maioria jesuítas) ou políticos, tendo alguns ocupado cargos importantes na área clerical, administrativa, educacional e cultural no Brasil e em Portugal. Suas obras foram impressas na metrópole, já que ainda não tínhamos

---

3   Para o tema, ver: MASSINI, M. *História das idéias psicológicas no Brasil em obras do período colonial.* Dissertação de mestrado, orientada pelo professor dr. Isaias Pessotti, USP, 1985 (Mimeo).
___. *História da Psicologia brasileira: da época colonial até 1934.* São Paulo: EPU, 1990.
___. "As origens da Psicologia brasileira em obras do período colonial". In: *Cadernos PUC*, nº 23, p. 95-117. São Paulo, Educ, 1987.
PESSOTI, I. "Notas para uma história da psicologia brasileira". In: CONSELHO FEDERAL DE PSICOLOGIA. *Quem é o psicólogo brasileiro?* São Paulo: Edicom, 1988.

imprensa. Mas são consideradas por Pessotti (1988, p. 17-31) uma demonstração de erudição e competência acadêmica, pois "a maioria das obras do período são publicações na Europa e parte delas se destina originalmente ao público da metrópole ou aos ambientes eclesiais ou universitários europeus, e não à edificação da sociedade na colônia". Mesmo assim, o processo educacional dos meninos é imprescindível para o projeto de evolução do país, porque eles serão seus futuros dirigentes e trabalhadores. O fracasso das tentativas de aculturar os índios como trabalhadores levou a atenção dos colonizadores civis e religiosos a se deslocar, no século XVIII, para os escravos. Nesse período estão algumas das raízes formadoras das bases da psicologia, que depois será instituída como profissão.

Com a vinda da Corte (1808), a sociedade começou a mudar rapidamente. Durante o Brasil-colônia, circulavam no país dois papéis-moedas: o bilhete de extração e o de permuta. Com a vinda da Corte e, principalmente, a abertura dos portos, que trouxe uma série de problemas nessa área, criou-se o primeiro Banco do Brasil (1808), para ser banco emissor.[4] No esforço de atualizar o país para adequá-lo à nova posição de centro do Império português, também se adotaram medidas efetivas para instalar o ensino superior, com a criação de academias e cursos. Dentre estes, estão a Academia Real de Marinha (1808), a Academia Real Militar (1810), o curso de Cirurgia na Bahia (1808), o de Cirurgia e Anatomia no Rio de Janeiro (1808) e o curso de Medicina também no Rio (1809). A medicina brasileira já nasce atrelada ao exercício militar da profissão: os médicos deveriam dar assistência, em primeiro lugar, aos

---

4  BANCO ABN AMRO SA. *História das instituições financeiras e sua contribuição ao progresso econômico dos povos.* São Paulo: Estrela Alfa (Biblioteca do Grupo Real). Nesse interessante livro, é possível conhecer o desenvolvimento dos bancos desde sua origem na Antiguidade e a evolução do dinheiro no Brasil, o que tem real importância para o processo de industrialização, modernização e instalação de um tipo de psicologia no mundo do trabalho no Brasil.

homens da Marinha e do Exército, sendo apenas facultativo exercerem a profissão liberal. Outras áreas também são escolhidas para abertura de cursos superiores, como Agricultura, Economia, Química e Desenho Técnico. Inaugura-se a Academia de Belas-artes (1816). (Depois, já no Brasil independente, estabelecem-se em 1827 os cursos de Direito em São Paulo e Olinda e o Observatório Astronômico no Rio.) É criado, ainda, o aparato policial para receber a Corte.

O Estado, a Igreja e a medicina associaram-se no uso dos pensamentos psicológicos com o triplo objetivo de educar para a ordem e obediência civil; converter para a salvação; e manter saudável o brasileiro. Esse triângulo do poder aparece num mesmo movimento de obediência política; Estado, Igreja e medicina associam-se na busca de saberes e poderes para o controle dos diferentes aspectos da vida humana, e por isso cada vértice é complementar. Aos médicos, a salvação do corpo; aos sacerdotes, a salvação da alma; e ao Estado, o controle da força de trabalho. Entretanto, é preciso não confundir o papel do Estado com essas instâncias menores nele contidas. O Estado usa as instituições, mas não se equivale a elas; é mais do que as relações produtivas, se mantém e é mantido por elas; portanto, o Estado brasileiro não é somente o governo. Compreendo que o Estado (formado pelo capitalismo em contraposição ao poder feudal), o direito civil (em contraposição ao direito da nobreza) e a ciência (em contraposição ao conhecimento popular) são o que podemos denominar as positividades nacionais.[5] A formação do Estado e dessas instituições citadas pode ser comparada à segunda fase foucaultiana da formação do poder.

---

5    Essas idéias sobre o Estado estão em SANTOS, Boaventura de Sousa. *A crítica da razão indolente: contra o desperdício da experiência.* São Paulo: Cortez, 2000. Assinalo a importância da reflexão sobre a formação do Estado nacional e a presença das ciências humanas nesse processo, mas, por não considerá-la primordial para a obra, essa reflexão não será desenvolvida.

Até a proclamação da independência política (1822), o Brasil ainda não podia ser visto como povo definido nem como nação, o que traduzia o desenraizamento de suas populações, transplantadas durante dois séculos e meio e incorporadas pela violência do trabalho escravo. A demografia nacional calcula que foram acima de 4 milhões os africanos importados desde o século XVI até 1855. E em torno de meio milhão os portugueses que vieram no século XVIII. Tudo isso mais o paulatino extermínio da população de 2 milhões de índios que aqui viviam em 1500. Com a Independência, a construção do Estado nacional passou a ser tarefa de suas elites dirigentes, os senhores de escravos (barões, fazendeiros e comerciantes) e a alta burocracia do Império. Uma das transformações imediatas foi a instalação da ordem jurídica brasileira, com a criação de dois cursos de Direito. Essa ordem jurídica está presente, na Constituição do Império (1824), com a questão da *liberdade consentida*, ou o direito ao voto para o analfabeto, defendido por José Bonifácio (1827-1886); e, no fim do Império, quando trabalhadores associados a setores dominantes da vida política, social e intelectual passaram a postular a extinção do regime de trabalho escravo (LINHARES, 1990, p. 2-13). No período imperial, o liberalismo no Brasil mostrou-se diferente da tendência dominante na Europa, pois tomou como meta combater os entraves ao livre-comércio. Para os liberais, não havia dificuldades em aceitar a escravidão. Já os positivistas declaravam-se contra a escravidão, "tomando uma posição que podemos chamar de progressista", explica Antunes (1991).[6]

Este capítulo difere dos outros, como já disse, porque apresento a história das idéias, a maneira pela qual alguns pensadores e pesquisadores vêem a história e a psicologia. Tais posições são aqui

---

6 ANTUNES, Mitsuko Aparecida Makino. *O processo de autonomização da psicologia no Brasil, 1890-1930. Uma contribuição aos estudos em história da psicologia.* Tese de doutorado orientada pela professora dra. Maria do Carmo Guedes, PUC-SP, 1991 (Mimeo).

A psicologia e o mundo do trabalho no Brasil

apresentadas, mas há um divisor de águas entre estas duas tendências, o Estado unitário, como um ideário do autoritarismo dos conservadores, e a Federação, como desejo de liberdade e progresso dos liberais. O tema da liberdade permanece presente em todo o século XIX, na Constituinte de 1823, nas revoluções que explodiram por vários cantos do país de 1817 a 1840, mas, principalmente, nas discussões sobre o trabalho, o maior de todos os problemas do período. A necessidade de extinguir a escravidão (que afetava a unidade do país) e as propostas de modernização da sociedade, da economia e das instituições, como movimentos políticos, revelaram várias tendências e mesclas de sentimentos que mostraram o que havia de melhor e pior na qualidade política das lideranças no Brasil. Temas ligados à psicologia se mantiveram presentes nas diferentes disciplinas já implantadas, notadamente na medicina. Em pesquisa de doutorado, Massini (1989)[7] buscou, nas teses em medicina, o que elas revelam de temas psicológicos, caracterizando um período novo em que a psicologia aparece como matéria acadêmica mesmo que ainda não seja reconhecida como disciplina. Situa-se aí o início da institucionalização da psicologia no Brasil. Em 1854, segundo documento do CRP-06,[8] o médico Ferreira França escreveu *Investigações em psicologia*, primeiro livro publicado no país com o termo no título. Nessa fase, os temas mais comuns são as emoções, o conhecimento de si, as sensações e os sentidos, as crianças e o desenvolvimento educacional, a mulher (estará aqui a presença de matizes românticos?), o trabalho, a adaptação ao ambiente e a aplicação do conhecimento psicológico à medicina.

Novamente conforme a pesquisa de Antunes (1991, p. 57-60), a formalização do ensino da psicologia, em 1890, trouxe referências

---

7    MASSINI, M. *A psicologia em instituições de ensino brasileiras do século XIX.* São Paulo, tese de doutorado, orientada pelo dr. Isaias Pessotti, USP, 1989 (Mimeo).

8    O Conselho Regional de Psicologia (CRP-06) divulga um cartaz que denomina *Linha do tempo,* em que aparece esta informação.

a Wundt e William James.[9] Após a Lei Áurea (1888), a reforma de ensino de Benjamin Constant (1890), ocorrida já na República, troca a tendência humanista da educação pelos princípios positivistas, tendo como meta a instrução cientificista. Essa mesma reforma desmembra a disciplina Filosofia em Filosofia e Psicologia Lógica; e a cadeira de Pedagogia em Pedagogia e Psicologia, a última aparecendo pela primeira vez como disciplina autônoma. Antes, a educação, fortemente definida pelos religiosos, tinha como meta primordial a salvação das almas, justificando a abordagem humanista. Com a reforma de 1890, o Estado toma para si a função educadora, pois o desejo desenvolvimentista objetivava a industrialização do país equiparando-o aos grandes países europeus. A educação passa a ter como meta profissionalizar o brasileiro, com vistas à modernidade capitalista. Para obter o crescimento nos moldes dessa modernidade, precisava trocar a mão-de-obra escrava pelo trabalhador livre, mas obediente, portanto dócil; para tanto, era preciso educá-lo nos parâmetros instituídos pelo projeto do Estado. A Lei do Ventre Livre (28 de setembro de 1871) e, posteriormente, a Lei Áurea (13 de maio de 1888) já haviam trazido novos fatores até então desconsiderados para o cenário do desenvolvimento industrial e para o conceito de cidadão — e, portanto, para o de trabalhador, que é um dos

---

9    A psicologia, como ciência clínica, tem também origem no capitalismo. É sistematizada com os trabalhos de Sigmund Freud, em Viena, entre o fim do século XIX e início do século XX, tendo como um estudo básico a histeria em mulheres. Apesar de ser fruto de pesquisa clínica e ter sido criada como método clínico, a psicologia se inter-relaciona com a história, tendo como cenário um contexto político em que o mundo do trabalho é efervescente, carregado de significados e crises entre o público e o privado. Os estudos de Freud foram precedidos pelos de Charcot, em meados do século XIX.

Já a psicologia experimental tem em sua história Fechner como seu arauto, quando, em 1860, publicou seu livro *Elementos da psicofísica*, "onde demonstra como fazer medidas precisas de eventos e quantidades mentais e de que modo as quantidades mentais e as quantidades psíquicas se relacionam com as físicas" (WERTHEIMER, 1972, p. 17). Mas é atribuído a Wilhelm Wundt o título de fundador desse ramo da psicologia em 1879, quando este declarou ter, pela primeira vez, realizado novas pesquisas no primeiro laboratório de Psicologia Experimental, fato que conferiu à Psicologia Experimental o *status* de ciência independente (WERTHEIMER, op. cit., p. 67-69).

temas centrais da psicologia enfocada nesta pesquisa. Naquela fase, começam a chegar ao Brasil as teorias raciais como desdobramento da abolição da escravidão, fato irreversível. Ora, tivemos durante mais de três séculos uma situação em que a presença do imenso contingente de escravos alterara as cores, os costumes e a própria sociedade local, "legitimando a inferioridade" e inibindo toda discussão sobre cidadania. O trabalho limitado aos cativos autorizava a violência sobre eles, fazendo do Brasil um país de desigualdades, onde a lei era para poucos e os escravos, tidos como "coisas", permaneciam à margem das benesses do Estado. Os senhores tinham sobre seus "bens privados" o direito de vida e morte, mantendo-os fora da ingerência do Estado. Os escravos eram "não-cidadãos" por serem "propriedade" dos senhores, o que definia um Estado baseado em relações pessoais. Isso, mais a história oficial contar ter sido pacífica a forma pela qual ocorreu a Abolição da escravidão, passou a estar na construção da raça brasileira, como fenômeno a ser solucionado com a miscigenação, como projeto de "branqueamento". Em 14 de dezembro de 1890, a queima de todos os documentos oficiais sobre a escravidão foi ordenada pelo então ministro das Finanças, Ruy Barbosa, "limpando" os arquivos nacionais, o que revela como se construiu a verdade sobre a Abolição "pacífica". Após esta, a liberdade não significou a igualdade, e o "jeito brasileiro" de resolver os conflitos buscou pelo não-dito o registro histórico daqueles séculos de cativeiro humano. A partir dessa fase, um esforço de transformação da história em narrativa romanceada passa a falar das relações dos senhores com seus escravos já não como "donos" e "bens privados", e sim como senhores bons, ainda que severos, e escravos submissos, mas prestativos, quando não heróis no servir aos senhores.[10]

---

10 Em 1928 nasce o clássico de Mário de Andrade, *Macunaíma*, como uma releitura das três raças formadoras da nação: o índio, o negro e o branco. Tem como herói um negro que vira branco, enquanto um irmão vira índio, e o outro, negro.
Também em 1928, Paulo Prado escreve *Retratos do Brasil — ensaio sobre a tristeza brasileira*.

Esse movimento dominante ficou registrado no tema da primeira tese de medicina que trata de assuntos psicológicos, escrita por Manuel Ignácio de Figueiredo Jaime (1836), com o título *As paixões e afetos d'alma, em geral, e em particular sobre o amor, amizade, gratidão e o amor à pátria*. Dentre os afetos estudados, o destaque está nesse último, confirmando o propósito de povo uno e patriótico, capaz de lutar por amor à nação. A medicina, no esforço de criar uma sociedade normalizada, faz para tanto aliança com o Estado, em especial com as Forças Armadas. Estas, instituições geradoras que abrigaram os primeiros cursos de medicina, deixaram como herança das raízes da profissão os métodos disciplinares militares.

O século XX, com tantas mudanças, mostrou que a urbanização trouxe avanços também no modo e na produção do capital. A República[11] desenvolveu uma economia agrário-comercial cafeeira exportadora, que será a base para a industrialização do Sudeste. Pela história oficial, pode-se ver que o plano de fazer do Brasil um país liberal é mantido e realizado fielmente. Declara o presidente Juscelino que "a transferência da capital para o planalto Central é parte deste plano desenvolvimentista brasileiro, com oficialidade desde 1789" (OLIVEIRA, 1962).[12] Tornar o Brasil uma República é

---

11 A idéia republicana é antiga no Brasil; nós a vemos na Guerra dos Mascates (1710); na Inconfidência Mineira (1788); na Revolução Pernambucana (1817); na Confederação do Equador (1824); na Sabinada (1837); e na Guerra dos Farrapos (1835-1845). Durante a Guerra do Paraguai, o descontentamento dos militares, integrantes principalmente do Exército, enfraqueceu muito o prestígio do Imperador. Aproveitaram-se disso os republicanos para lançar à Nação um manifesto, que é tido como ponto de partida para o movimento de 15 de novembro de 1889. Com o manifesto, constituiu-se também o Partido Republicano (CASTRO, 1968, p. 229).

12 Juscelino Kubitschek de Oliveira (1962, p. 57) escreve sobre a construção da nova capital: "Desde 1789, até minha posse na Presidência da República, nestes 167 anos, a idéia veio amadurecendo no país. Em todas as constituições foi posta em destaque: na de 91, na de 34 e na de 46". O ano de 1789, provavelmente, se refere ao movimento da Inconfidência Mineira, que tem como uma de suas bases o desenvolvimento do interior do Brasil. Esse tema será retomado no capítulo referente à criação do DOT.

A psicologia e o mundo do trabalho no Brasil

inscrevê-lo no rol dos países adeptos da modernidade capitalista, mas esse processo não acontece automaticamente; é preciso construção e convencimento. Da parte dos grupos organizados, começando na segunda metade do século XIX, há a construção de um cenário em que acontecem a decadência das oligarquias tradicionais, o incentivo à crescente imigração de trabalhadores livres, o definhamento da escravidão. Eram fenômenos que levariam ao aprofundamento de relações capitalistas no campo, à industrialização e à urbanização. Lutam nesse espaço os monarquistas, os republicanos, os federalistas, o número cada vez maior de militares que aderem ao positivismo. Os positivistas se tornam responsáveis pelo ato da proclamação da República, em 15 de novembro de 1889, dando ao Brasil seus primeiros presidentes militares (FRAGOSO *et al.*, 1990, p. 177-187). No contexto de criação de um novo trabalhador para um novo Brasil, a medicina, que abrigava a psicologia-psiquiatria e havia nascido na intimidade da caserna, adere ao movimento dominante ditado pelos primeiros presidentes militares. A pesquisa de Antunes (1991, p. 85-104) aponta que o projeto psiquiátrico visava a ações repressivas contra o movimento dos trabalhadores. Ora, dado que a psicologia estava chegando como argumento científico da medicina e da educação, a psicologia médica e a educação passaram a ser aplicadas à organização do trabalho.[13] Já em 1903, aprova-se a primeira legislação sobre a "assis-

---

13 Acompanhando o levantamento histórico da psicologia do trabalho feito por Zanelli (1992), este declara que se convencionou estabelecer o período de 1860 a 1912 como fase pioneira da psicologia do trabalho, desenvolvida, sobretudo por Wundt, na Alemanha. Esta emancipou-se da Psicologia Geral na seqüência do desenvolvimento como ciência. Tem-se como marco histórico o lançamento, na Alemanha, do livro *Psicologia e Eficiência Industrial*, de Flechner, seguido de *Fundamentos Básicos da Psicotécnica*, em 1913, de Hugo Munsterberg. Ainda em 1913, surgiu a primeira versão em inglês do *Psicologia e Eficiência Industrial*. Munsterberg foi discípulo de Wundt, em Leipzig, e viveu seus últimos 20 anos na Universidade Harvard, nos Estados Unidos (GABASSI, 1979, p. 16-17).

tência aos alienados". Em torno das fábricas, a cidade se torna também espaço de concentração de enorme contingente de despossuídos, que requeriam controle, assistência e disciplinação, agora que desenvolvíamos a monetarização das relações de trabalho. O parentesco entre loucura e crime aparece nas teorias psicológico-psiquiátricas que justificam a expansão do alienismo.[14] Ao pesquisar a formação do Hospital do Juqueri e o processo de aceleramento da industrialização, Cunha (1986) denuncia que a fonte de conhecimento da psicologia é concomitantemente usada como forma científica de controle dos indivíduos.

Na época, o conceito de eugenia ligado a Kraepelin[15] é bem aceito nos meios eruditos da saúde e da educação. A aliança entre Estado, educação e medicina autoriza algumas medidas de contenção dos trabalhadores. Da educação, vem o desejo de alfabetizá-los; do Estado, a meta de que, sendo eleitores, revertam os quadros políticos, derrubando a oligarquia cafeeira. No entanto, o trabalhador alfabetizado representa crescente risco de querer mais. Para esse impasse, a medicina oferece uma solução — a psiquiatrização dos

---

14 Para esse tema, ver o excelente livro da professora do Departamento de História da Unicamp, Maria Clementina Pereira Cunha: *O espelho do mundo. Juquery, a história de um asilo*. Rio de Janeiro: Paz e Terra, 1986.

15 Baseado nesse autor alemão, desenvolveu-se no Brasil um conceito de raça inferior para a raça negra e a justificativa de que o atraso industrial no Brasil se devia a esse fato. De tais idéias nasce o conceito de "higienização social da raça". Essa proposta apregoa que a raça melhorada será mais forte, implicando uma pregação nacionalista, com o fortalecimento militar e o anticomunismo. Na proliferação das teorias que justificavam a expansão do alienismo para além-muros do hospício, o Brasil estuda a "monomania" de Esquirol, a "loucura moral" de Pritchard. Também esta que foi o grande aporte do alienismo, a teoria da "degenerescência", criada por Morel na década de 1950, quando assume uma origem organogenética das doenças; reverte a posição dos fundamentos clássicos da loucura de Tuke e Pinel, permite que a psiquiatria se volte para a cidade, identificando sinais da degenerescência em práticas anti-sociais como a vagabundagem, o jogo, o vício, a prostituição, "os perigosos". A psicologia-psiquiatria passa de individual para social, referendando que o contingente cada vez maior de "degenerados" é fruto não de questões sociais, políticas, econômicas e morais, mas de determinações hereditárias, portanto individuais.

trabalhadores grevistas, ou rebeldes. Está pronto o tripé: educação, psicologia-psiquiatria, racionalização do trabalho. Eis o triângulo das ciências humanas participando do aceleramento da industrialização no Brasil: a divisão social do trabalho e a divisão das ciências dos homens trabalham para somar esforços e atender às necessidades desenvolvimentistas do país.

Na virada do século XIX para o século XX, a economia internacional sofre uma série de transformações. A Inglaterra deixa de ser a "oficina do mundo", sendo superada pelos Estados Unidos e pela Alemanha. A mudança de primazia do setor têxtil para o químico, elétrico e mecânico e a fusão do capital bancário com o industrial, originando o chamado capital financeiro, são movimentos rápidos demais para ser acompanhados por um país recém-transformado em república, com uma economia ainda agrária e o desenvolvimento de fenômenos como o coronelismo e, depois, já em meados do século XX, o populismo.

Mesmo não sendo o objeto principal desta pesquisa, não posso deixar de registrar que esses dois movimentos políticos se inter-relacionam no processo de modernização brasileira. Resumidamente, o coronelismo é uma forma de relação de dominação, por atuar em âmbito local, em especial nos municípios rurais que mantêm certo isolamento social e não acompanham as mudanças do poder público, garantindo que as massas se orientem por "pessoas", não por idéias. Nessa forma antiga de governabilidade brasileira, há forte incursão do poder privado no poder público. Como fruto republicano do período de ditadura getulista, também do processo de urbanização e aceleramento das relações trabalhistas de cunho liberal, o populismo carismático e legal, fantasiado de nacional, apregoa que, ao contrário do que acontece no coronelismo, aqui as pessoas são livres e seguem seus líderes por escolha. Do populismo nasce a postura de que o povo não deve refletir, mas de que ele tem sempre razão.

Enfim,

> o "coronelismo" expressa um compromisso entre o poder público e o poder privado do grande proprietário de terras, enquanto o populismo é, no essencial, a exaltação do poder público, é o próprio Estado colocando-se, através do líder, em contato direto com os indivíduos reunidos na massa. (WEFFORT, 1980, p. 28)[16]

Assim, a Primeira República (1889-1930) configura um período de transição iniciado um pouco antes, no Império, com a abolição do trabalho escravo e a passagem para relações capitalistas de produção. Para alguns autores, é o início dessas relações; para outros, é a expansão delas.[17] A indústria tem no Sudeste um contexto privilegiado para expansão, marcando fortemente as desigualdades regionais. Como já se disse, os países europeus e os Estados Unidos estavam remodelando seus interesses industriais, passando a se dedicar às indústrias pesadas. Essa reorientação internacional abre para a indústria nacional a possibilidade de se dedicar à fabricação dos produtos em baixa, como tecidos de algodão, sacarias etc. Na primeira metade do século XX, o Brasil conjuga fatores excepcionais

---

16 Esse autor desenvolve uma interessante reflexão sobre formas de governo no Brasil, centrando sua pesquisa sobre o populismo e o coronelismo. WEFFORT, F. C. *O populismo na política brasileira*. Rio de Janeiro: Paz e Terra, 1980.

17 Apesar de não ser desenvolvido mais cuidadosamente aqui, para esse tema é necessário registro: essa visão economicista de que somente com o trabalho assalariado uma sociedade pode ser considerada modernamente capitalista não é compartilhada por todos os historiadores brasileiros. A partir da década de 1980, com os trabalhos de Maria Silvia Carvalho Franco, que desenvolveu uma original reflexão de que o trabalho escravo era uma expropriação do outro, que este recebia menos do que produzia, a relação escravo-patrão pode ser considerada uma relação trabalhista capitalista. Acrescido com os fatos de que para o grupo de intelectuais afinados com essa posição, da qual compartilho, o capitalismo não é somente as relações economicistas, mas práticas sociais que vão além disso.

como capital, mão-de-obra, mercado relativamente concentrado, matéria-prima disponível e barata, capacidade geradora de energia e sistema de transporte ligado aos portos. Esses fatores têm no Sudeste — em São Paulo, sobretudo — sua melhor conjugação, e ele, à medida que cresce e melhor se integra, vai receber os maiores investimentos, liderando a corrida industrial ante as demais regiões do país. Segundo Monteiro (1990, p. 227), o desequilíbrio setorial representado pelo predomínio do café durante um século gerou as condições para a industrialização, a concentração demográfica e a urbanização do Sudeste, em particular, mais uma vez, São Paulo. A historiografia enfatiza os conflitos entre capital e trabalho ou a presença dos anarquistas como o principal problema paulista resultante do crescimento urbano e industrial, mas outras questões "esquecidas" revelam que a ameaça urbana no começo do século XX são "as epidemias, levas de forasteiros, negros libertos com pobreza exposta, ladrões, prostitutas, jogadores, bêbados, escroques, aventureiros, pobres amontoados em cortiços" (CUNHA, 1986, p. 40). Esses fatos geram aumento de disparidade entre o Sudeste e as outras regiões à medida que cresce o parque industrial; o fenômeno também se reproduz no próprio Sudeste, onde os outros estados não conseguem acompanhar São Paulo. O Rio de Janeiro seguirá mais de perto, porém sempre em posição inferior, e Minas terá desenvolvimento industrial mais tardio e precário. Num dos desdobramentos acadêmicos desse crescimento industrial, cria-se ainda, em 1894, a Escola Politécnica de São Paulo, para dar suporte técnico e resolver as necessidades de crescimento da cidade, inclusive a expansão ferroviária. Em 1913, a Politécnica trará o engenheiro suíço Roberto Mange, um dos idealizadores do Idort, tratado no próximo capítulo.

O século XX vem definir a psicologia, que teve seu início nas Escolas Normais, sob a égide da pedagogia, a qual, por sua vez, conhece crescimento acelerado e fortemente atraído para o mundo do trabalho, com a possibilidade de participar no processo de indus-

Júlia Maria Casulari Motta

trialização do país. A participação da psicologia na industrialização nacional dá a essa ciência a primazia sobre a pedagogia. Os testes e a psicometria conquistam grande espaço na indústria. Percebe-se e aceita-se a técnica como produto da ciência. Por isso, ela traz consigo argumentação de dimensão objetiva, apregoa a neutralidade e passa a assumir o poder de autoridade científica. Mais especificamente, os conflitos de classes são dissolvidos com argumentação científica, pela participação ativa da psicometria.

Descreve assim Americano (1957, p. 104) o conseqüente crescimento da indústria na cidade de São Paulo: "Nascia a cidade industrial. Do viaduto do Chá, viam-se os bairros industriais do Bom Retiro e Luz. Do pátio em frente à igreja do Carmo, na esquina da rua com a ladeira do Carmo, via-se todo o restante, Brás e Mooca". Já em 1900, a cidade ganha bonde elétrico, inicia-se o alargamento do perímetro urbano, a população cresce desordenadamente, aumentam os cortiços, algumas fábricas constroem vilas operárias, e o tempo passa a ser controlado pelo apito das fábricas. Com a diversificação das atividades produtivas, as mudanças nas cidades, a urgência no processo de urbanização, vive-se um período de eclosão de conflitos e situações que requerem um poder controlador, para reprimir os movimentos contestatórios. Nesse contexto, a medicina social veio desempenhar importante papel através dos projetos profiláticos de saneamento e higienização das cidades; tais ações são, em última instância, um exercício de controle sobre o comportamento dos homens e do povo, mediante a criação de modelos higiênicos de vida social, gerando mecanismos de manutenção da ordem estabelecida. Toda essa ação visava principalmente ao contingente de trabalhadores, uma vez que os movimentos destes eram considerados agitação e classificados como patologias.

Ora, nossa sociedade, até então de caráter agrário-comercial exportador, trabalha para ingressar no processo de industrialização. Nisso, a psicologia tem sua contribuição, assim descrita por Lourenço Filho (1929, p. 3) no prefácio a um livro de Léon Walther,[18] *Techno-psychologia do trabalho industrial:*

> Nada mais característico de nossa época que a aplicação da ciência a toda actividade humana. Essencialmente experimentalista e pragmático, o homem de hoje tudo procura submeter ao domínio da experiência sistematizada, à verificação e controle científico. Essa tendência se manifesta no campo social, nas novas formas de educação, de prevenção do crime, de organização tributária. Mas é ainda no terreno econômico que encontra seus mais prementes problemas. Na verdade, o estado em que se veio a encontrar o mundo, depois da guerra européia, impôs aos povos cultos a necessidade de maior e mais rápida produção, para contrabalançar, tanto quanto lhes fosse possível, o desequilíbrio dos longos e terríveis anos de luta.

De início, o Brasil se declarara neutro na Primeira Guerra Mundial.[19] Com o prolongamento do conflito e a entrada dos Estados Unidos na guerra, os dirigentes brasileiros sentiram-se em dívida com aquele país, que sempre se solidarizara com nosso governo, e o presidente Venceslau Brás, em pronunciamento ao Congresso Nacional em 26 de maio de 1917, justificado pelo torpedeamento dos navios *Tijuca* e *Panamá*, torna sem efeito o decreto de neutralidade. Em 17 de novembro daquele ano, o Brasil também passou a beligerante, tomando as necessárias medidas com o decreto de *estado de sítio*, comunicado aos governos estaduais. A partir da parceria na guerra, intensifica-se o intercâmbio de conhecimento e tecnolo-

---

18 A vinda de Léon Walther ao Brasil e suas inter-relações com a constituição da Psicologia brasileira será mais bem explorada nos capítulos sobre Idort (São Paulo) e DOT (Minas Gerais).

19 Para estudos mais detalhados dos documentos da história da Brasil, pesquisar em: CASTRO, T. *História documental do Brasil.* Rio de Janeiro/São Paulo: Record, 1968.

gia entre os Estados Unidos e o Brasil. Empresários conhecidos como "industrialistas", alguns deles ligados à Escola Politécnica, viajam para os Estados Unidos e ficam conhecendo os modernos sistemas de organização do trabalho, a psicometria e a psicologia. Enquanto a industrialização se acelera, também se busca o gerenciamento moderno, fundamentado nos progressos científicos da psicologia. Jorge Street, Roberto Simonsen e Paulo Nogueira Filho foram alguns dos mais destacados representantes do empresariado industrial brasileiro que defenderam e apadrinharam essas idéias. No final da década de 1920, a cidade de São Paulo já assumia ares de metrópole, o número de veículos automotores aumentava, e os paulistanos mudavam seus hábitos de consumo. Entre os intelectuais e industriais que aderem às novidades científicas da psicologia americana do trabalho está Monteiro Lobato. Os Estados Unidos anunciavam um novo homem, individualista, isolado em seu trabalho seriado, tendo este, antes de ofício, se transformado em emprego seriado. A formação desse novo homem também traduz o crescimento daquela psicologia atrelada à industrialização. Tal ciência psicológica é fruto das pesquisas do engenheiro Frederick Winslow Taylor, que em 1911 publicou seus famosos *Principles of scientific management*, livro no qual propõe a racionalização, a economia de tempo, a supressão de gestos e comportamentos desnecessários no processo produtivo. Sua teoria se baseia no cálculo do tempo necessário, que introduz o cronômetro na oficina; na criação de uma ciência do trabalho, que propõe selecionar, treinar e ensinar cientificamente o gerente, a quem cabe aperfeiçoar o trabalhador; e na cooperação entre patrões e empregados, ou diretores e subordinados, com divisão eqüitativa do trabalho e das responsabilidades, acreditando-se que tais procedimentos acabarão com as greves e lutas operárias. Toda essa ciência taylorista tem como princípio básico que a técnica é neutra com relação às contradições políticas e sociais.

Na França, a doutrina de Taylor foi ampliada por Henri Fayol, conforme se registra em seu livro *Administration générale et industrielle*. Aqui, a novidade é o objetivo de administrar empresas em seu conjunto de estrutura hierárquica, colocando chefias em todos os escalões. Fayol divide sua teoria em seis funções (administrativa, técnica, comercial, financeira, contábil e previdenciária) e implanta cursos preparatórios para futuros chefes. Complementam essa nova visão psicológica do trabalhador e de sua relação com o trabalho os resultados das pesquisas nas fábricas de automóvel Ford, publicadas por Henry Ford em 1922 em *My life and my work*, livro em que descreve procedimentos para aumentar a produtividade e diminuir o tempo de produção.

A racionalização científica do trabalho não "descobre" todos os procedimentos que propõe. Muitos destes já eram aplicados, mas o grau de uso, o emprego sistemático, a aceleração do ritmo e a mecanização do movimento com simplificação e padronização são algumas das novidades introduzidas por aquele conjunto de autores. A racionalização científica tem rápida disseminação pelo mundo industrializado porque aparece durante a crise de penúria dos tempos de guerra e pós-guerra. Em 27 de julho de 1914, quando explode a Primeira Guerra Mundial, acelera-se a evolução das técnicas. Após a guerra, ocorre uma redução da jornada de trabalho que fez mais países adotarem o sistema de oito horas diárias, ou 48 horas semanais. A crise econômica de 1920-1922 gera estudos sobre os desperdícios nas indústrias. As crises sucessivas de inflação e deflação em alguns países, com transtornos monetários, criam campo fértil para a racionalização do trabalho. Na época, os Estados Unidos lideram o movimento de máxima mecanização, também com simplificação e padronização máximas.

A psicotécnica, essa "ciência que se paga", chega não somente ao Brasil, mas a todo o mundo industrializado, com a força da verdade salvadora. Criam-se institutos para desenvolvimento de pesquisas; paralelamente, as empresas assumem os encargos das pesquisas científicas; estabelece-se o Instituto Internacional de Organização Científica do Trabalho, de Genebra, que funciona como principal sede do movimento de racionalização. Já em 1932, esse instituto reconhecerá o Idort como seu semelhante.

A partir deste ponto, retomo o meu projeto de narrar como se constituiu e se institucionalizou um campo da psicologia que, no cenário anteriormente descrito, teve o trabalho como objeto. No próximo capítulo, escreverei sobre a criação do primeiro Instituto de Organização Racional do Trabalho — o Idort.

CAPÍTULO 3

# PSICOLOGIA E INDUSTRIALIZAÇÃO: A CONSTITUIÇÃO DO IDORT (1931)

## A PRESENÇA ATIVA DA PSICOTÉCNICA E DA PSICOLOGIA DA ADMINISTRAÇÃO RACIONAL

> *Nada me deu tanto a medida da capacidade de organização do povo americano como a maravilha dessa segurança de controle que eliminou praticamente o homem. A máquina faz tudo.*
>
> MONTEIRO LOBATO (1948, p. 283)

O começo do século XX no Brasil mostrou grande movimentação em torno da educação e saúde, resultante de um crescente comprometimento com a formação dos novos trabalhadores. A organização da vida na cidade tornou-se complexa, incrementada pelo êxodo rural em busca de novos campos de trabalho, aumentando os problemas sanitários e urbanos. Para enfrentar essas questões sociais, a psicologia esteve presente, junto com a medicina, a pedagogia e outras ciências, como saber articulado aos poderes dominantes, na busca de resoluções para as necessidades reais da vida social.[1] Para a expansão da indústria, o mercado de trabalho necessitava de mão-de-obra adequada aos novos ofícios, mas 85% da população do país era analfabeta. Dada essa realidade emergencial, o Estado tomou para si a tarefa de educar para o trabalho,[2] a fim de posteriormente poder selecionar trabalhadores para as novas necessidades da indústria. A acumulação do capital financeiro, comercial e industrial, concentrado nas mãos da burguesia rural e urbana, basicamente na região centro-sul, traduz um crescimento desigual, típico do modo de produção capitalista a que o Brasil estava subordinado e que começava a reproduzir internamente.

Até 1924, a industrialização se fez crescente, dependendo em muitos aspectos da agroexportação.[3] A dependência do capital internacional, que ditava as regras do jogo, fez que a industrialização ficasse restrita à produção de bens de consumo, para os quais a maquinaria e o capital necessários eram menores do que para a indústria pesada. Esse fato matinha o país dependente dos bens de capital (máquinas e equipamento) que obrigatoriamente continuava a buscar nos Estados Unidos e na Europa. As manufaturas que o Brasil começava a produzir eram consideradas menos nobres pelos

---

1 Em *O colapso do populismo no Brasil,* Ianni comenta que nesse período "[...] ocorre a metamorforse do capital agrário em capital industrial [...]" e que "a cafeicultura é o esteio último dos negócios".

2 No artigo "Escolas Profissionaes Mecânicas", sobre a formação das escolas profissionalizantes, Ramos de Azevedo escreve: "Devido às profundas transformações sociaes e à desmoralização evidente da nossa época, a manutenção da Industria — um dos factores primordiaes da preponderância de um paiz — tornou-se um problema essencialmente physiologico-social" (p. 439). Complementando mais adiante que, "para compensar o desfalque do tempo e de trabalho e as suas conseqüências economicas, é necessario procurar os meios de, por um trabalho acurado, perfeito e rápido, em que todo o movimento inútil seja eliminado, produzir melhor em um lapso de tempo mais curto" (p. 440).

3 Em *História da sociedade brasileira,* Alencar afirma que a industrialização nascia subordinada à economia agroexportadora e ao capitalismo internacional, que continuava impondo limites ao desenvolvimento das forças produtivas nos países dependentes. Por isso a industrialização ficou restrita à produção de bens de consumo e continuávamos dependentes do capital internacional para as produções pesadas e a maquinaria.

países fortemente industrializados e, por isso, deixadas como "herança" para os países pobres e atrasados. Nessa realidade, um monopólio foi assegurado aos grandes grupos multinacionais, que obtinham altas taxas de lucro, garantidas pela grande exportação da força de trabalho. No panorama internacional, entre 1917 e 1923, ocorreu a primeira fase revolucionária do século XX, quando a Rússia aproveitou o momento para promover sua revolução. Alemanha e Iugoslávia fracassaram nas tentativas revolucionárias. Internamente, a situação dos trabalhadores brasileiros era insustentável, e as primeiras greves surgiram a partir de 1917. Na década de 1920 ocorreram repressões policiais aos trabalhadores, em especial aos anarquistas, que na época tinham considerável número de folhetins e periódicos.[4]

Desde o início daquela década, paralelamente ao movimento operário, desenvolveram-se no Instituto de Higiene e na Escola Politécnica estudos em torno da fisiologia, psicotécnica, psicologia e higiene mental no trabalho (LOURENÇO FILHO, 1946, p. 140). Um dos ramos de estudo focava a adaptação psicofísica do homem à máquina, tendo como meta aumentar o rendimento do trabalho, diminuir a fadiga e os riscos de acidentes e atingir novos níveis de disciplinação e controle da força de trabalho. Esses estudos tiveram a primeira possibilidade de aplicação em 1923, quando o Liceu de Artes e Ofícios criou um curso de Mecânica Prática. O curso foi pioneiro no uso da psicotécnica,[5] em 1924, porque sentiu a neces-

---

4  A esse respeito destaca-se a dissertação de Claudia F. Baeta Leal, na qual ela analisa os periódicos anarquistas do início do século XX.

5  No artigo "Psicologia aplicada e psicologia em São Paulo", Barros Santos conta que o termo psicologia aplicada, em princípio, estava restrito ao uso da psicologia do trabalho, de seleção de pessoal etc. Esse termo nasceu da oposição à psicologia tradicional, de índole filosófica ou especulativa do estudo da alma, da mente etc. No fim do século XIX descobriram a possibilidade de uso da psicologia como instrumento útil na solução de diferentes problemas. Tais possibilidades de aplicação deram origem ao termo "psicotécnica". Cita o autor que, segundo Baumgarten, essa palavra foi forjada por Fechner, cabendo a Stern e a Munsterberg conceituá-la como "ciência de aplicação prática da psicologia aos serviços da cultura".

sidade de escolha de aprendizes aptos. Na gestão de Ramos de Azevedo no Liceu de Artes e Ofícios,[6] esse curso, precursor do Idort, teve como responsável Roberto Mange,[7] que trabalhou segundo os princípios modernos de administração científica do trabalho. Em 1925, o curso de Mecânica Prática estava tão ampliado que se transformou na Escola Profissional Mecânica, montada com base na aplicação de métodos psicotécnicos e exames de aptidões.

Era preciso acelerar a formação dos trabalhadores brasileiros naquele período de pós-guerra, quando "o progresso rapidíssimo das indústrias" e "a perigosa e nefasta diminuição das horas de trabalho" denunciavam a necessidade de caminhos novos. Nesse cenário, Mange apontou como saída o "aproveitamento racional das aptidões físicas e psicofísicas" evidenciadas pelos testes de seleção e ensino racional (MANGE, 1925, p. 7-8). Tal processo, nas palavras de Mange (1956, p. 5-7),[8] teve a colaboração do Laboratório de Psicologia Aplicada e da Escola Normal de São Paulo, com as primeiras monografias dos trabalhos sobre orientação profissional.[9]

---

6   Está assim justificada a criação desse curso: pela necessidade crescente de mecânicos treinados que pudessem lidar com "milhares e milhares de motores de explosão ou elétricos" que anualmente entravam em São Paulo e que demandavam manejo, manutenção e conserto. O Curso de Mecânica Prática do Liceu de Artes e Ofícios foi dirigido por Ramos de Azevedo, que, aproveitando uma verba federal criou o referido curso. Esse foi entregue ao engenheiro Roberto Mange, que começou a aplicar seus estudos sobre racionalização do trabalho (RAMOS DE AZEVEDO, 1925, p. 4).

7   Roberto Mange (1885-1955), nascido em Genebra, Suíça, foi engenheiro formado pela Escola Politécnica de Zurique; em 1910 veio para o Brasil contratado como professor da Escola Politécnica. Foi professor da Escola de Sociologia e Política de São Paulo, participou da fundação do Idort; organizou o Centro Ferroviário de Ensino e Seleção Profissional; criou, em 1942, o Senai (Serviço Nacional de Aprendizagem Industrial), onde esteve à frente da direção até sua morte, em 1955. Catálogo: AEL-IFCH-Unicamp: Arquivo Edgard Leuenroth — Centro de Pesquisa e Documentação Social.

8   Ver MANGE, R. "Evolução da psicotécnica em São Paulo".

9   Interessante e digno de nota é o fato de que tanto Mange (1956) quanto Santos (1975) citam textualmente o fato de que o psicólogo argentino Henri Piéron desenvolveu uma escola experimentalista e esteve no Brasil influenciando o desenvolvimento da psicotécnica e da psicologia aplicada; trabalhou em parceria com sua esposa, também psicóloga mas sempre citada como "esposa", não havendo registro do seu nome.

Antonacci (1985, p. 37) descreve o lugar da psicologia nesse processo:

> [...] os métodos e os instrumentos da psicologia e da psicologia industrial complementam os objetivos do taylorismo, formando trabalhadores para o novo tipo de trabalho e os novos níveis de uso de sua força de trabalho, e eliminando aqueles que não se conformassem a estas normas e padrões.

A experiência educacional do curso de Mecânica voltada para o trabalho (que, por volta de 1926, já possuía resultados suficientes para ser transformado em escola) é apresentada aos industriais e aos poderes públicos.[10] A psicotécnica oferecia medidas, estatísticas, cálculos, instrumentos científicos *neutros* e suficientemente confiáveis para assegurar aos representantes do poder público e privado que já possuíamos condições de promover um trabalhador cientificamente adequado às exigências de máxima eficiência com o mínimo de resistência. Também no ensino público a presença da doutrina taylorista se fez presente, na Escola Normal da Praça,[11] quando em 1925, com a visita do psicólogo Henri Piéron, desenvolveram-se ensaios em torno de orientação profissional, psicologia e pedagogia. Essas inovações pedagógicas conheceram desdobramentos na renovação do ensino, tendo como um dos principais educadores adeptos da novidade Lourenço Filho.

---

10  A evolução dessa experiência é descrita por Monteiro Camargo (1928, p. 3-4).

11  Em 1914, sob a direção do psicólogo Ugo Pizzoli, diretor da Universidade de Módena, foi organizado um laboratório de psicologia experimental com aparelhos destinados a experiências em torno de sensações cutâneas, percepção táctil, acuidade visual, auditiva, olfativa, fadiga motora e mental, força muscular etc. No entanto, esse laboratório durou pouco, foi desativado e recuperado em 1925 por Henri Piéron. A partir de Piéron o movimento cresceu e chegou ao Liceu Rio Branco. Essas idéias de racionalidade não influenciaram somente o ensino, mas também o mundo profissional, militar, comercial, através de propaganda e publicidade, o campo da higiene mental e da psicoterapia, o judiciário etc. Ver *Psicologia e psicotécnica* (publicação do Laboratório de Psicologia Experimental).

Reunindo as inter-relações institucionais escritas até então aos trabalhos de Roberto Mange na Escola Profissional Mecânica, aos do Instituto de Higiene e do Trabalho e aos de Lourenço Filho na Escola Normal da Praça e no Liceu Rio Branco, descortina-se um conjunto de concepções, idéias testadas, saberes acumulados, organizados nos padrões da nova cartilha para atingir um fim — a modernização industrial do país. Para isso, desenvolvem-se experiências sistematizadas de análise de decomposição do objeto de estudo em unidades, a fim de serem mais bem observadas. Em seguida, recompõem-se as partes numa síntese, que será feita em nova composição dos elementos, sempre fiéis aos objetivos de melhoria da produção. Da síntese se desenvolverá avaliação, com a meta de controle dos resultados alcançados. Essa seqüência de procedimentos, tanto como método de trabalho quanto na construção dos instrumentos para consecução dos objetivos propostos, compreende desconstrução, captação do saber contido na tarefa e reconstrução nos moldes da meta.[12]

Em 1930, tem início um serviço sistematizado de seleção, orientação e formação de aprendizes com uso de testes de inteligência, de atenção, de coordenação motora etc., na Estrada de Ferro Sorocabana, e pela primeira vez se utiliza o teste de Rorschach. Esse trabalho será ampliado como Centro Ferroviário de Ensino e Seleção Profissional, sob o comando de Roberto Mange, como indicado na nota 7.

O movimento da medicina social para a criação do Instituto de Higiene[13] (que veio normatizar a vida na cidade e os movimentos

---

12 Antonacci (1985, p. 41) declara: "tanto pelos discursos dos industriais, quanto através da linguagem dos técnicos, pode-se concluir que a organização científica do trabalho articula no seu interior a expansão da produção com novas formas de domínio. Sendo assim, este movimento comporta uma nova política de organização-administração dos negócios e de gestão da força de trabalho, não sendo possível desvincular o aspecto econômico do aspecto político no contexto da subordinação/insubordinação do trabalho".

13 O Instituto de Higiene, anexo à Faculdade de Medicina, propagava as idéias de higiene mental e, mesmo, higiene no trabalho. Tais idéias tiveram participação na Seção Paulis-

A psicologia e o mundo do trabalho no Brasil

operários, acalmando as greves, tidas como comportamentos desviantes ou como agitação) trouxe a autorização para medicalizar o operário insurgente. Essas intervenções de modelos higiênicos sempre incluíram na sua metodologia de ação conhecimentos e procedimentos da psicologia como ciência afim. Analisando esse tema, Antonacci (1985, p. 34) declara que:

> a perspectiva de racionalização das atividades humanas, aparecendo de forma associada ao uso da fisiologia e da psicotécnica para obtenção do *the right man in the right place*, consistiu e expandiu-se a partir da aplicação dos princípios tayloristas revigorados pelo desenvolvimento de vários ramos da ciência.

A proposta era dar novo conteúdo ao trabalho, atualizar esse conceito, produzir novas práticas de ensino e de profissionalização, fazer do brasileiro um trabalhador apto ao atual tipo de trabalho. Para alcançar essa meta, contavam com dois instrumentos: a psicotécnica como ciência básica, capaz de selecionar os trabalhadores pelas aptidões, através da análise das tarefas, da análise das tendências e das disposições de cada candidato; e o procedimento de selecionar e distribuir os aprendizes nas máquinas e ferramentas. Esses testes, que permitem análise detalhada das tarefas e dos candidatos, visavam a encontrar "o homem certo para o lugar certo",[14] o que

---

ta de Higiene Mental, na Sociedade de Biologia e na Sociedade de Educação. Lourenço Filho relata que médicos como Pacheco e Silva, Geraldo de Paula Souza, Benjamin Ribeiro, Moacyr Álvaro; engenheiros como Roberto Mange, Victor Freire, Aldo de Azevedo; juristas e administradores como Clovis Ribeiro e Francisco de Salles Oliveira e alguns educadores como Almeida Junior e Lourenço Filho aderiram a tais idéias e começaram a se reunir para estudos teóricos, mas rapidamente passaram da "doutrina à prática" (LOURENÇO FILHO, 1946, p. 140).

14  O ensino profissional em São Paulo nesse período é detalhadamente estudado no projeto "Formação do Trabalhador Assalariado Urbano 1900-1945", Convênio Finep/Unicamp/IFCH/DH, na sua linha de pesquisa sobre Qualificação e Treinamento da Força de Trabalho.

significava, também, trabalhadores dóceis porque prontos a aceitar as normas e orientações das chefias.

A nova burguesia urbano-industrial, pressionada pelos movimentos de resistência dos trabalhadores (que crescia, ultrapassando os sindicatos para assumir a forma de partido político no Bloco Operário e Camponês), avançou nessa nova direção descrita, num esforço de conquistar posição no âmbito do próprio Estado.[15]

Todo esse processo, somado à crise econômica de 1929 e multiplicado pelo processo inflacionário e pelas dificuldades nas relações com o mercado internacional, agrava-se com a proletarização de grande contingente de trabalhadores e com as disputas entre a burguesia urbano-industrial, o Estado e a oligarquia cafeeira. É relevante a presença de trabalhadores imigrantes europeus que conheciam a militância sindical, as conquistas do movimento operário internacional, as notícias da Revolução Russa, bem como as más condições de trabalho no país, que levaram à radicalização do movimento operário brasileiro. Tais condições geraram uma onda de inquietação que, com outros acontecimentos políticos, econômicos e sociais, não tardou a desaguar no movimento político-militar de 1930.[16] Este foi arquitetado pela "República dos Fazendeiros", seguindo o espírito de uma declaração do governador de Minas

---

15 Para o tema, ver tese de doutorado de Antonacci (1985, p. 50-65) e *1930 — O silêncio dos vencidos*, de Edgar Dedecca. Este último explica que a criação do Ciesp aconteceu a partir da centralização da organização do movimento dos empresários que já vinham se organizando em pequenas associações, agora reunidas nesta central, resultando em um movimento de fortalecimento da classe. Demonstrando que a burguesia industrial, ao contrário dos trabalhadores que buscaram uma organização política, propõe interesses particulares como nacionais.

16 Em *Psicologia e trabalho no Brasil, fundamentos para uma interpretação histórica* (tese de doutorado), Mario Angelo Silva analisa detalhadamente o cenário da Revolução de 1930, apontando que a década de 1920 preparara o terreno para tal acontecimento, tanto do lado dos trabalhadores, quanto do Estado e da burguesia. Nessa década, há proposições de leis relativas a acidente de trabalho, estabilidade no emprego, pensão e aposentadoria, criação da Caixa de Aposentadoria e Pensões etc. Apesar de tamanha mobilização, a imprensa faz um trabalho de desmobilização dos grupos organizados, em 1923.

Gerais, Antônio Carlos: "Façamos a revolução antes que o povo a faça" (SILVA, 1992, p. 85). Como resultado, houve a deposição de Washington Luís e a inauguração de outra fase da República. A figura política de Getúlio Vargas delineia a nova etapa da República e gera a criação do conjunto de leis trabalhistas. Em destaque, o estabelecimento do Ministério do Trabalho, Indústria e Comércio (1930). Nesse clima, os empresários sentiram-se ameaçados pela organização trabalhadora e buscaram formas de contenção desse processo. O Estado (associado à educação e à medicina, com seu esquema de medicalização do trabalhador, como já se apontou) continuava a explicitar a necessidade de elaborar novas práticas de controle. Isso abriu espaço para racionalizar o processo produtivo, adotando-se os princípios científicos na administração. Tais princípios surgiram como solução mais moderna para o problema do controle, visando à docilização dos trabalhadores e tendo na sutileza e na forma indireta de ação seus melhores trunfos.

A preocupação com a organização racional estava subordinada a uma concepção que associava o progresso econômico-social à possibilidade de controle racional planejado pelo Estado. Transparecia aí a convicção de que o saber técnico-científico seria a salvação das elites dirigentes. Isso, nos critérios racionalizadores da administração, assegurava mais poder para o capital, conseqüentemente justificando uma norma do poder público mais centralizadora. Aquelas elites tinham nos princípios tayloristas o argumento técnico-científico para aumentar a produtividade e o lucro e combater a "natural indolência" do trabalhador brasileiro. Como resultado, garantiram o sucesso das tentativas governamentais de supervisionar o movimento sindical, trazendo a organização dos trabalhadores para a égide do Estado (SILVA, 1992, p. 87). Os setores "progressistas" da burguesia industrial passaram a ansiar por ver implantado no país o processo que viria a dar sustentáculo teórico ao projeto de modernização da sociedade brasileira. Nesse movimento de registro da história da organização científica do trabalho, vale mencionar a visita

# Júlia Maria Casulari Motta

do psicólogo suíço Léon Walther, especialista em psicologia industrial, que, patrocinado pela Associação Comercial de São Paulo, veio ao Brasil ministrar cursos e conferências. Claparède considerou Walther um "Taylor corrigido pela psicologia". Claparède escreve ainda que tanto a psicologia quanto a fisiologia foram chamadas a colaborar na organização das fábricas para maior eficiência, economia e melhoria das condições de trabalho, "nesta obra tão benéfica quanto engenhosa", que dispensa outras apresentações.[17] A vinda do psicólogo suíço, arauto da participação da psicologia na racionalização do trabalho, era parte de um projeto da Associação Comercial de São Paulo que, em 1929, reuniu os grupos interessados nos estudos e ensaios de aplicação da fisiologia e da psicologia industrial aos meios laborais. O projeto de um instituto para "retirar do trabalho humano, com o mínimo de esforço e risco, o máximo proveito" veio a fracassar com a crise mundial daquele ano. Azevedo escreve sobre a finalidade desse instituto, apresentando-o como:

> Associação de caráter técnico exclusivamente *econômico*, sem quaisquer fins políticos, partidários ou religiosos e sem ligação de espécie alguma com as várias doutrinas sociais sobre o trabalho — seu fim principal seria promover uma intensa campanha pela elevação do *standard of living* do brasileiro *que trabalha*, sem discriminação de classe e sem preocupações religiosas. Reunindo, congregando e paralelizando os interesses de todas as classes ativas da Sociedade [...] — a única condição exigida nessa associação para admissão no seu quadro social é, além da idoneidade moral, que o pretendente *trabalhe* [...].
>
> O Instituto Paulista de Eficiência não será, portanto, uma sociedade de classe; pelo contrário, será de *união de classes* em

---

17  Antonacci (1965, p. 41) cita que no prefácio da edição francesa de *Tecnopsicologia do trabalho industrial*, de León Walther, escrito por Claparède, este considera que "o princípio da racionalização do trabalho — Taylor corrigido pela psicologia, tal nos parece, em suma, a obra de Leon Walther, tão benéfica quanto engenhosa" (*sic*).

torno de uma finalidade única: o Bem Comum. (AZEVEDO, in: FERRAZ DO AMARAL, 1961, p. 11-12)

Esse texto do idealizador, com os grifos dele, não deixa dúvidas quanto ao objetivo da associação: fazer do trabalhador um consumidor em potencial; para isso, o trabalhador precisa ter compulsão para o trabalho; para ser aceito, necessita comprovar que trabalha. A idéia da "união de classes" revela a meta de docilizar os trabalhadores. A possibilidade de comprovação profissional acontecerá em 1932, com a legislação trabalhista que criará a carteira profissional. Mas a Lei de Sindicalização, promulgada em 1931, traz um atrelamento da classe trabalhadora ao Estado, antes mesmo da conquista da carteira. Essa lei estabelece critérios para o reconhecimento dos sindicatos, fiscaliza a propaganda ideológica, tem caráter assistencialista e promove a intermediação entre os trabalhadores e o ministério, tendo este o papel de negociador do salário, das condições de higiene e trabalho, das melhorias de segurança contra acidentes. A tentativa de organizar um instituto racionalista em 1929 foi abortada pelo clima de grande tensão que resultou na Revolução de 1930. A iniciativa não vingou, mas o movimento de racionalização, ao contrário, se fortaleceu com mais esse grupo sensibilizado pelos princípios da racionalização. No final de 1930, novo grupo, liderado por Aldo Mário de Azevedo, buscou apoio para a organização de um novo-velho Instituto Paulista de Eficiência. A idéia encontrou em Armando Salles Oliveira, presidente do jornal *O Estado de S. Paulo*, e em expressivo grupo de industriais um entusiástico apoio. Dessas parcerias surgiu uma comissão para liderar o movimento, com os nomes de Aldo Mário de Azevedo, Armando Salles Oliveira, Gaspar Ricardo Júnior, Henrique Dumont Villares e Luís Tavares Pereira.[18]

---

18 Antonacci (1985, p. 90-91) relata que, além dessa comissão apadrinhada pelo jornal *O Estado de S. Paulo*, manifestaram apoio os seguintes empresários: Pandiá Calógeras, Roberto Simonsen, Antônio Carlos de Paula Souza, Francisco Vicente de Azevedo, Abelardo Vergueiro César, Olavo Freire, Luiz Suplicy, José Ermírio de Moraes, Gastão

Nada melhor do que as próprias palavras da historiadora do Idort, Antonacci (1985, p. 68),[19] para descrever o cenário no qual o instituto foi criado:

> [...] foi num contexto dominado por tensões sociais de toda ordem, com o operariado paulista formulando propostas alternativas para organização do processo de trabalho e do mercado de trabalho, que setores da burguesia industrial paulista, defendendo a retomada do desenvolvimento industrial sob a ótica do grande capital — concentração/centralização industrial e avanço da subordinação da força de trabalho —, fixaram suas posições em torno das propostas de Racionalização.

Data de 23 junho de 1931, numa assembléia com 94 sócios, no Salão Nobre da Associação Comercial, a fundação do Instituto de Organização Racional do Trabalho (Idort) e a eleição da diretoria e da comissão fiscal, com mandato de um ano. Estão assim registradas as

---

Vidigal, Nicolau Filizola, Luiz Tavares Pereira, J. C. Alvares Junior, Alfredo Braga, Bernardes de Oliveira etc. Também abarcou a comissão de técnicos que, em 1929, estava envolvida com a organização do antigo instituto. Eram eles Roberto Mange, Lourenço Filho, Monteiro de Camargo, Geraldo de Paula Souza e Damasco Pena.

19 Antonacci (1985, p. 68-73) faz um exaustivo exame do discurso de Simonsen no Mackenzie College (1931), publicado com o título de "As finanças e a indústria", em que aborda a situação das indústrias nos Estados Unidos e na Alemanha, refazendo o caminho dos industriais em torno do Taylorismo, Fordismo e Racionalização como forma de gestão científica do trabalho. Conclui que o trabalho racionalizado, reorganizando a sociedade, absorveria as formas de representação política, recompondo a nova ordem à sua imagem e semelhança, portanto a nova ordem social nasceria à feição do trabalho cientificamente organizado. Mostrando que numa perspectiva evolucionista, os industriais entenderam que, racionalizadas as partes, naturalmente se atingiria a nova ordem. Cita, na nota de rodapé nº 116, parte do discurso, em que Simonsen diz textualmente que: "para intensificar o uso da força de trabalho, introduz a psicotécnica para conformar a força de trabalho às novas necessidades e condições de seu uso e desgaste" e aprecia a vida social "dentro de fórmulas técnicas cientificamente determinadas". Mostra, portanto, que há naquele movimento um esforço de enquadrar as necessidades da sociedade à nova lógica da produção e reprodução.

A psicologia e o mundo do trabalho no Brasil

impressões desse dia no Relatório III[20] da diretoria: "Esse acontecimento foi muito bem recebido pela imprensa e pelo público, principalmente nos meios techinicos e intellectuaes, que perceberam claramente que esta era uma 'bandeira' que nascia em São Paulo, para
desbravar as terras incultas desconhecidas e até então desprezadas da
organização cientifica do trabalho". Mais adiante, o documento acrescenta que havia uma expectativa de que o crescimento financeiro se
daria "com certo vigor", pois a "diretoria, bem como a maior parte dos
sócios fundadores, entusiastas da Racionalização, esperava, baseados
na simpática expectativa com que se fundou a sociedade em vigor".

Nas palavras do estudioso do Idort, Ferraz do Amaral (1961, p.
14), é assim descrita a fundação:

> [aquela] instituição técnico-científica foi organizada seguindo
> iniciativas de associações congêneres na França, Inglaterra,
> Suíça, Alemanha, Itália, Estados Unidos, com seus estatutos
> moldados nos do Instituto Internacional de Organização Cien-
> tífica do Trabalho, que, com sede em Genebra, centralizava o
> movimento de racionalização do trabalho.

O Idort, resultante da junção desses vários grupos de técnicos e
empresários que por uma década vinham se fortalecendo e acumulan-
do experiências, apadrinhados e apoiados financeiramente, na fase
inicial, pelo jornal *O Estado*, tinha a finalidade de implantar os processos racionalistas de trabalho em andamento nos grandes centros
industriais e articular os espaços de implementação do taylorismo no
Brasil, num momento de redefinição das estratégias de poder social.[21]

---

20  Relatório nº 3, referente ao 1º ano de existência do Idort para Assembléia Geral de 30
de junho 1932, p. 1-9. Arquivo Edgar Leuenroth, IFCH-Unicamp.

21  O artigo 1º dos estatutos reza que o Instituto é uma "sociedade civil de intuitos não econômicos". Constituiu-se com "o objectivo de estudar apllicar e diffundir os methodos
de organisação scientifica do trabalho". Com isto tem o intuito de "augmentar o bem-
estar social", por meio do "accrescimo da efficiencia do trabalho humano, em todos os

Júlia Maria Casulari Motta

A conjuntura do entreguerras, a redefinição internacional das prioridades dos grandes países industrializados e, internamente, o final da Revolução de 1930 e o revigoramento dos grupos formados por empresários, economistas e engenheiros que, na década de 1920, já haviam ensaiado outros movimentos de organização científica do trabalho, geram as condições necessárias para tal criação. O Idort, ao qual se filiava a maioria dos psicólogos do trabalho, desenvolveu largo programa de divulgação dos chamados "métodos racionais" de trabalho e de administração.[22]

Quanto às leis trabalhistas, estas só serão consolidadas na Constituição de 1934. Afirmadas na Constituição, visavam a manter sob controle político e administrativo as organizações operárias e sindicais. No entanto, a sistematização e a implantação das leis de direito e de fato só vieram a acontecer em 1943, com a Consolidação das Leis Trabalhistas (CLT). Como resultado desse processo de tutelagem do Estado sobre os sindicatos (que viviam com os recursos do imposto sindical compulsório referendado pela lei), eles se afastaram de seus objetivos, distanciando-se das bases e não conseguindo uma percepção do movimento como um todo (SILVA, 1992, p. 90-93).[23] Mas, apesar da evolução tão rápida do conjunto de leis trabalhistas nesse período contemporâneo à criação do Idort, as questões de saúde do trabalhador foram pouco consideradas nessas leis e nos programas de políticas sociais, somente aparecendo quando interfe-

---

seus ramos", expresso no "maximo proveito quer para o individuo, quer para a colletividade". Edital da *Revista do Idort* nº I, anno I, Idort (1932).

22 A evolução da psicotécnica é descrita e acompanhada por Santos (1975) até 1973, quando foram criados o Conselho Federal de Psicologia (1973) e os Conselhos Regionais de Psicologia (1974), mostrando como o movimento da psicotécnica influenciou na regulamentação da profissão de psicólogo. Também em 1931, Lourenço Filho cria o Serviço Público de Orientação Profissional em São Paulo, transferido depois para o Instituto de Educação da Universidade de São Paulo, dirigido por Noemi Silveira Rudolfer.

23 Mário Ângelo Silva (1992), na já citada tese de doutorado, desenvolve uma reflexão sobre a evolução das leis trabalhistas e o processo de implantação da psicologia no mundo do trabalho, através de uma pesquisa exaustiva em periódicos.

riam na produção e reprodução da força de trabalho e de acumulação. Acompanhando a reflexão de Silva (1992, p. 92), temos que a relação saúde-trabalho tem como condicionantes básicos as condições gerais de vida, as relações de trabalho e o próprio processo e organização do trabalho; as doenças que afetam as classes trabalhadoras relacionam-se diretamente com as condições determinantes pelo padrão e volume dos bens de consumo coletivo, definidos e administrados pelo Estado, e com as condições que incidem sobre os padrões de consumo individualizado, condicionados pelos salários diretos e indiretos, responsáveis pela sobrevivência do trabalhador e de sua família.

Menções à saúde apareceram, até aqui, como fatores secundários, apesar de as condições de vida e trabalho terem ligações diretas com as classes sociais, podendo-se observar diferentes níveis de acesso à saúde e diferentes riscos de doenças e acidentes de trabalho. A garantia de condições mínimas de sobrevivência foi conquistada pelos movimentos operários sindicais ao longo da história, ainda que o trabalho e a saúde tenham permanecido como aspectos perversamente dissociados na esfera das relações laborais no Brasil. Em termos de "saúde", a racionalização científica do trabalho se preocupa com o estudo da fadiga, mas seu objetivo primeiro está na produção. Vejamos: o taylorismo e o fordismo desenvolvidos e absorvidos por vários setores da sociedade e do Estado resultaram nos desdobramentos em termos de constituição e controle do novo tipo de trabalho e de trabalhador, subordinados à fisiologia, psicologia e sociologia, e nas propostas de racionalização do capital e do trabalho, da sociedade e do Estado. A generalização da cartilha racionalizadora pretendia uma sociedade racional, e, para tal intento, fazia-se necessário novas formas de instituição, que agrupassem profissionais e pensadores reunindo a ciência e a técnica, o capital e o trabalhador, o público e o privado, em movimento de poder e saber. O reconhecimento internacional do Idort ocorreu ainda no ano de fundação e está assim registrado: "o Instituto Internacional de Organização Scientifica do Trabalho de Genebra reconhece, em data de 1º de outubro de 1931, como seu correspondente official neste estado, o Instituto de Organização Racional do Trabalho de São Paulo".[24]

Como elemento catalisador de diversos grupos e diferentes interesses, o Idort foi abrindo espaço para desdobramento ou criação de novos institutos e órgãos específicos, como o Instituto de Psicologia, a Associação Brasileira de Normas Técnicas, a Associação Brasileira de Prevenção de Acidentes, o Conselho de Higiene e Segurança do Trabalho, o Instituto de Administração, a Fundação Getúlio Vargas, o Dasp, o Senai e outros.[25] A essa lista de descendentes, Antunes (1991, p. 236-237) acrescenta a Escola Livre de Sociologia Política de São Paulo e da USP. O vasto rol de participações ativas dos meios empresariais e intelectuais revela que todas aquelas instâncias, em maior ou menor grau, tiveram relações com a psicologia e as práticas decorrentes desta. A estrutura organizacional do Idort buscou contemplar os diferentes grupos que o compunham, e sua revista, iniciada em 1932, foi dividida por assuntos que agrupassem os incentivadores de cada área presente.[26]

---

24 Relatório da Diretoria, anno I, nº 3, p. 1-9, 1931-1932. Arquivo Edgard Leuenroth — IFCH-Unicamp.

25 Antonacci (1985) relata que, além desses desdobramentos, houve participação das idéias do Idort no Instituto de Engenharia e nas escolas de engenharias, no Gabinete de Resistência de Materiais (que, em 1934, se transformaria em Instituto de Pesquisas Tecnológicas); também em 1934, as organizações ferroviárias criariam o Centro Ferroviário de Ensino e Seleção Profissional.

26 A comissão de redação da revista estava assim composta: Assuntos Gerais do Idort: Armando de Salles Oliveira, Clóvis Ribeiro e Brenno Ferraz. Organização do Trabalho Administrativo: Aldo Mário de Azevedo, Roberto Simonsen e Domicio Pacheco e Silva. Orientação Profissional: Victor da Silva Freire e Noemy Silveira. Seleção e Educação Profissional: Roberto Mange e Monteiro Camargo. Tecnopsicologia do Trabalho: Roberto Mange e Giuglio Genta. Higiene do trabalho: Geraldo de Paula Souza e Antônio Carlos Pacheco e Silva. (*Revista do Idort*, nº 1, janeiro de 1932).

Assim, temos que o Idort criou uma estrutura com duas divisões. A 1ª divisão respondia pela Organização Administrativa do Trabalho, espaço que tomou para si o encargo das questões referentes à concepção do processo de trabalho, quanto à divisão e especialização de funções, definição e demarcação de tarefas, simplificação e padronização da produção e do produto, previsão e controle, almoxarifado e estoque — enfim, uma burocratização do processo de trabalho pelos princípios tayloristas na administração de negócios e serviços públicos. Ora, para conseguir seu intento, a 1ª divisão precisava requalificar o trabalhador, justificando com essa necessidade a parceria com a 2ª divisão, de Organização Técnica do Trabalho, que cuidava de assuntos referentes à orientação, seleção e educação profissionais, à tecnopsicologia do trabalho e à higiene do trabalho.[27] A psicologia assumirá, ao lado de outras áreas do conhecimento, a função de sustentáculo científico dos novos métodos administrativos, sendo fundamental para justificar e legitimar as novas medidas no plano teórico e subsidiar as novas práticas com o conjunto de técnicas por ela fornecido. É sobre o "fator humano" da administração científica, principalmente no que diz respeito à seleção de pessoal e à orientação e instrução profissional, que incidirá a importante contribuição da psicologia. Nesse espaço de crescimento, a psicologia tornou-se não apenas um campo teórico de fundamentação, mas também uma *produtora de tecnologia auxiliar à aplicação dos princípios tayloristas da administração e racionalização do trabalho.*

É possível ver nessas duas divisões do Idort e no entrelaçamento entre elas que, na 1ª divisão, estavam os empresários e, na 2ª, os técnicos e intelectuais. No primeiro relatório da Diretoria (isto, é, da 1ª divisão), lê-se que, como "na fundação não contavam com um

---

27 A tecnopsicologia se dedica à adaptação da máquina e do ambiente fabril ao homem, e a psicotécnica, à adaptação do homem à máquina.

*capital* inicial, a Directoria fez um adiantamento à caixa do Instituto na importância de R5000$000 obtidos por contribuição dos Diretores". Logo adiante, nesse mesmo relatório, estão registrados, quanto à 2ª divisão, "nossos agradecimentos ao dr. Roberto Mange, que exerceu com grande proficiência e sem remuneração alguma o cargo de Diretor Techinico", reconhecendo em seguida que o período era conturbado, revolucionário e portanto difícil para a administração financeira. Mas, continuam os diretores, "temos razões para crer e admitir que a 2ª divisão seja mantida d'aqui por deante com a própria renda".[28] Na relação com os diretores da 1ª divisão, os técnicos da 2ª divisão reproduzem a relação capital—trabalho, e, pela clareza com que os diretores se referem aos técnicos, não restam dúvidas de que suas palavras revelam uma reprimenda, seguida de um aviso de expectativas de rendimentos para o futuro. Na conclusão do relatório, expandem essas expectativas para toda a nação, quando afirmam: "Eis o problema em linguagem clara. Cada vez mais nos convencemos que só pela generalisação dos processos da Racionalisação é que nosso paiz se levantará economicamente". Tais palavras dispensam outros comentários, e podemos agora nos ocupar dos instrumentos desta "ciência que se paga", a psicotécnica.

A psicotécnica e a tecnopsicologia complementam-se, pois tratam de dois aspectos de um mesmo problema — a racionalização do trabalho, da qual procede o taylorismo. Ora, o estudo científico do trabalho se ocupa do estudo dos tempos e movimentos, da cronometragem de seus elementos e da decomposição em tarefas mais simples, da captação do saber dos ofícios dos homens — como também é tarefa da administração científica estudar qual a melhor ferramenta para que o trabalho seja feito em menor tempo, com

---

28 Relatório da Diretoria, anno I, nº 3, p. 1-9, 1931-1932. Arquivo Edgard Leuenroth — IFCH-Unicamp.

menor custo, portanto com maior lucro. O taylorismo se ocupa de captar o saber da técnica separada do trabalhador para, com esse saber, desenvolver ferramentas que substituirão este produtor do conhecimento — o trabalhador.

As duas instâncias do Idort foram planejadas separadamente, segundo o discurso de fundação do Idort (AZEVEDO, in: FERRAZ DO AMARAL, 1961, p. 38), pois foram programadas em "caráter absolutamente diferente". À 1ª divisão seriam subordinadas as relações entre os sócios, estudando, encaminhando, promovendo intercâmbio de idéias e experiências da administração geral. Já da 2ª divisão se esperava o seguinte: "trabalhará tecnicamente por meio de agentes especialistas no próprio campo de execução do trabalho, estudando e resolvendo cada caso de per si".

Ora, apesar de programadas distintamente, essas divisões trabalharam desde a origem obedecendo aos preceitos da racionalidade, portanto irmanadas num mesmo objetivo, mas tendo funções complementares e hierarquizadas, como já vimos. O tema chegou a merecer destaque do primeiro editorial da *Revista do Idort*:

> E o método, que é tudo em assunto de Organização Racional, não é outro senão o que Descartes definiu e que se resume nos seguintes preceitos:
>
> 1º Não aceitar como verdade nada que não seja conhecido, evidentemente, como tal.
>
> 2º Dividir as dificuldades em tantas parcelas quantas possamos.
>
> 3º Conduzir ordenadamente os pensamentos, indo por graus do simples ao composto.
>
> 4º Proceder a desdobramentos tão completos e revisões tão gerais que estejamos seguros de nada ter omitido.

Diante de um problema, a análise. Depois dessa análise, a síntese. Assim, a racionalização aplicável a dada sociedade. Seria pouco racional aceitá-la de alto a baixo. Não seria nada científico.[29] Tal é a clara proposta de análise, decomposição e síntese dos elementos do processo de trabalho, tendo como resultante desse processo a "racionalização aplicável a dada sociedade". Apregoando que para ser científico é necessário "não aceitar de alto a baixo", justificando com tais argumentos a tomada de posse do saber-fazer do trabalhador, para reorganizar todo o processo de acordo com os interesses e necessidades do capital.

O Idort estava estruturado inicialmente nos moldes da Taylor Society, dos Estados Unidos. Nos dois primeiros anos, o instituto não obteve a expansão esperada em número de sócios; muitos o consideravam responsável pelo crescimento do desemprego na época. O relatório da 1ª divisão para 1932-1933[30] mostra que:

> realisamos no anno que finda um auspicioso progresso no augmento do nosso quadro social, graças à diffusão das idéias que se consubstanciam em nosso programma e à dedicação de alguns dos nossos associados que têm desvelado na propaganda do Instituto entre amigos, aqui, no Rio, em Belo Horizonte e em outros centros de cultura intelectual.

Em seguida, o relatório motra que o quadro de sócios passou dos 158 do ano anterior para 250. Esses dados também revelam que o Idort ganhou pela primeira vez sócios em outros estados, em especial nos três focalizados nesta tese. Sucintamente dá notícias da 2ª divisão, reconhecendo que os tempos difíceis do período de revolução ainda interferem nos trabalhos, mas que "estamos a oito meses com um technico na Fabrica de Tecidos em Guaratinguetá". O

---

29  "O que somos" (editorial), *Revista Idort*, nº 1, jan. 1932, p. 2.
30  Relatório da Diretoria, anno II, nº 4, p. 151-153, 1932-1933. Arquivo Edgard Leuenroth — IFCH-Unicamp.

clima do relatório continua sendo de expectativa com relação a maiores progressos na 2ª divisão. Já o Relatório V, referente ao quarto ano do Idort,[31] inicia-se explicando a eliminação dos sócios inadimplentes por um ou mais anos, o que explica a permanência do mesmo número de 250 sócios, apesar de novos terem chegado. Esse procedimento é justificado como lamentável mas necessário, porque senão "trataríamos igualmente os sócios contribuintes pontuaes e os refractarios".[32]

No ano seguinte, 1934, cinco meses depois de nomeado interventor no Governo Constitucional do Estado, o sr. Armando de Salles Oliveira considerou o Idort de utilidade pública e, no mesmo decreto, lhe conferiu "auctorisação para realizar os estudos de reorganização administrativa do governo do estado", com contrato no valor de três prestações de 25 contos. Em outro momento do relatório daquele ano, está registrado que "o governo do Estado auctorisava o Idort a fazer estudos para a reorganisação da administração publica cujas despezas correriam por conta do credito constante do orçamento (75.000$000)".

Logo em seguida, são assim analisados aqueles acontecimentos: "[...] ato justo, confirmatório de uma verdade coerente com princípios, inatacável sob qualquer aspecto [...]", interpretado por alguns como "favor, um obsequio que o presidente do Instituto lhe concedeu aproveitando a oportunidade de accupar o cargo de chefe do

---

31  Relatório da Diretoria, anno III, nº 5, p. 1-6, 1933-1934. Arquivo Edgard Leuenroth — IFCH-Unicamp.

32  Naquele momento, o quadro de sócios da instituição estava assim constituído: 196 na capital (São Paulo), 50 na capital federal (Rio de Janeiro), dez em Minas Gerais, três no Paraná, três no Rio Grande do Sul e um no Espírito Santo. Também mostra que os engenheiros são o grupo com maior número de sócios, analisando que "é um indice flagrante de affinidade da sciencia da organisação e da administração com a engenharia". Idem, p. 3. Nota: é necessário registrar que, no mesmo relatório, o número de sócios varia de acordo com o parágrafo. Por exemplo, aqui aparece que dos 298 sócios individuais, 110 são fundadores. Na ata de fundação consta que eram 94 fundadores.

governo estadoal". Isso mostra também que o Idort já havia feito outros serviços para o Estado.

Enquanto Armando de Salles Oliveira acumulava os cargos de presidente do Idort e interventor no governo paulista, foi criado em 28 de março de 1934, "pelas principais Estradas de Ferro, sob o patrocínio do governo do estado e com a coordenação do Idort, [o] Centro de Ensino e Selecção Profissional para ferroviários. [Notícia] bem recebida, elogiada pela imprensa com aplausos, mas lamenta terem silenciado o nome do Idort".

Sua atividade foi redirecionada para a organização administrativa racional do aparelho estatal de São Paulo e, posteriormente, do Paraná, Pernambuco e Goiás, com o projeto Rage (Reorganização Administrativa do Governo do Estado). O destino de nacionalização do Idort já estava anunciado quando, no relatório da diretoria (1934-1935), refletia-se que a burguesia propunha interesses particulares como nacionais.

Em seu quinto ano, o instituto já anunciava em relatório anual[33] que era desejo de alguns sócios criar uma agência do Idort na capital federal, mas que o número de sócios ainda era pequeno. Na capital, nomeia-se como representante o sr. Oswaldo B. de Azevedo, ficando a cobrança e distribuição da revista por conta, em caráter experimental, da empresa A Distribuidora.

Pela primeira vez, o balanço contábil revela saldo positivo, mas alerta-se: "saldo positivo não é lucro". Analisa-se que o saldo vem em parte do crescimento do número de sócios, que está em 423, com previsão de chegar à meta de 500 até o fim daquele ano (considerada essa meta o *minimum minimorum* da Diretoria); também é proveniente dos serviços ao governo, embora se assinale que é preciso reinvestir no Idort.

---

33  Relatório da Diretoria, ano IV, nº 6, p. 1-7, 1934-1935. Arquivo Edgard Leuenroth — IFCH-Unicamp.

A psicologia e o mundo do trabalho no Brasil

No relatório, as notícias da 2ª divisão aparecem em tom diferente. Apresenta-se assim a realidade do ano: "ficou reduzido ultimamente à collaboração com outros centros de actividade nos assumptos que constitue seu programma especializado". Logo em seguida, diz-se que o Centro Ferroviário de Ensino e Selecção Profissional estava em pleno funcionamento.

O casamento do Idort com o Estado já estava consolidado. Em lugar do tom de censura da Diretoria à 2ª divisão pelos poucos projetos desenvolvidos, aparece um ar de justificativa e paternalismo para com os técnicos idortianos. Nas palavras da Diretoria: "a atividade da 2ª divisão, ou melhor, a opportunidade para sua intervenção, decorre, em geral, da actividade da 1ª divisão, que, a bem dizer, elaborando a *organização administrativa*, é que prepara o terreno para a introdução da *organização techinica*" (grifos do autor). O fato de a 1ª divisão estar inteiramente dedicada aos trabalhos já referidos contribui forçosamente para a redução das atividades da 2ª divisão. A administração racional do trabalho com divisão entre os que pensam e os que executam estava implantada no Instituto, e, com a incorporação do Idort pelo Estado, os técnicos se tornaram ainda mais executores.

Como o foco de outros estudos prévios esteve no caráter histórico da psicotécnica, de outras instituições e universidades, e também em pesquisas específicas sobre a trajetória das experiências de Roberto Mange (ACAEL, 1990, p. 30)[34] e outras já aqui citadas, concentrarei, a partir daqui, a leitura reflexiva sobre a participação, a

---

34 Acael — Associação Cultural do Arquivo Edgard Leuenroth — Centro de Pesquisa e Documentação Social — IFCH-Unicamp. O acervo do Idort é composto de documentação produzida pelo projeto Rage, a coleção de *Revistas do Idort* e relatórios institucionais. O inventário analítico da documentação produzida pelo Idort foi organizado por Maria Aparecida Remédio e Maria Aparecida Rago (colaboradora) e coordenado por Ricardo L. C. Antunes. A estrutura está dividida em três itens: aspectos organizacionais; aspectos ligados a seleção e formação de profissionais e a higiene e segurança do trabalho; e relatórios.

contribuição e a formação da psicologia que se foi implantando por meio do Idort, mediante análise dos primeiros relatórios de atividades da 2ª divisão, esta coordenada pelos psicologistas.

## ESQUADRINHANDO O TRABALHO DOS PSICOLOGISTAS DO IDORT: A FÁBRICA DE LOUÇAS CERAMUS

Para fazer esta leitura do relatório do trabalho desenvolvido pelos psicologistas do Idort, é importante relembrar alguns conceitos que foram apresentados no plano metodológico desta pesquisa. Como o campo[35] foi constituído neste projeto? Conceituando campo como um espaço coletivo, "onde há os dominantes e os dominados, seus conservadores e sua vanguarda, suas lutas subversivas e seus mecanismos de reprodução [...]" (BOURDIEU, 1990, p. 169), as práticas podem ser estudadas com base nas estratégias de conservação ou transformação de uma sociedade, em que as relações de poder definem distribuição desigual de um capital social. O campo científico não é diferente do social: obedece a essa regra de luta pelo monopólio da autoridade, que pode ser reconhecida na capacidade de outorgar legitimidade a determinado discurso científico, estabelecendo o que é ou não científico, o que determina, por sua vez, a posição que o indivíduo ocupa nele. Nesse espaço do campo, onde o capital científico é disputado, os técnicos do Idort, em novembro de 1931, deram início ao primeiro trabalho da 2ª divisão, a pedido de Francisco de Salles Vicente Azevedo, diretor técnico da Companhia Paulista de Louças Ceramus e um

---

35  A teoria de Bourdieu tenta superar a dicotomia entre indivíduo e sociedade, ator *versus* estruturas através da mediação entre dois métodos epistemológicos opostos: a fenomenologia e o objetivismo. Para o autor, os conceitos complementares de Campo e *Habitus* trazem sempre uma relação inconsciente, um conjunto de crenças, referenciais ou mesmo um "capital de técnicas" que regulam o funcionamento de um campo constituindo o *habitus* dele (FRANCO, 2000, p. 40-41).

dos fundadores do Idort. Esse trabalho teve por objetivo a aplicação dos princípios da racionalização do trabalho, no estudo detalhado sobre "a fabricação de pratos referente ao torneamento, pesquisando aí os meios susceptíveis de melhorar o produto, tornar sua manufatura mais econômica, aumentar a capacidade de produção do conjunto máquina-operário e reduzir a fadiga do operário" (GENTA, 1932, p. 4).

Para chegar ao objetivo de determinar "os meios susceptíveis de melhorar o produto e tornar sua manufatura mais econômica", o trabalho foi dividido em duas fases, baseando-se num projeto científico e racionalizador, a fim de "aumentar a capacidade de produção do conjunto máquina-operário e reduzir a fadiga do operário", assim apresentadas:

1. racionalizar o método de fabricação no torneamento;
2. adaptar o torno ao operário e este ao trabalho que dele é exigido; aquela de caráter mais técnico, esta essencialmente psicotécnica (p. 5).

Essa proposição de trabalho mostra que os conflitos entre o público e o privado são constante e incessantemente reformulados pela teoria política. A expansão do mercado, o aumento de produção, a explosão das técnicas que impulsionam o crescimento do consumo e do intercâmbio geram "os meios susceptíveis de melhorar o produto". Para isso, o trabalho necessita de disciplina pelo controle do tempo, por um tipo de organização do espaço e controle por vigilância, com o objetivo de formar um saber sobre o trabalho. Os novos meios criados vêm carregados de novos discursos, e "o discurso se tornará o veículo da lei: princípio constante da recodificação universal" (FOUCAULT, 2002b, p. 93). Os discursos ganham *status* de ciência, autorizando aumentar um poder direto e físico que os homens exercem uns sobre os outros. A tecnologia da psicotécnica, que gera os meios de melhorar o produto, não gera com igual empenho os meios de melhorar a vida do homem, pois, como laboratório de poder, exclui e inclui. O saber e o poder são modos de produção da verdade, verdade que é sempre histórica, por isso composta de continuidades e descontinuidades. É nessas rupturas das práticas discursivas que Foucault nos propõe ler a história, nas positividades dos discursos, onde brechas nos permitem ver o que não foi dito no que está dito, numa leitura a contrapelo, para voltarmos à expressão benjaminiana.

Na primeira etapa do serviço, os técnicos estudaram formas de diminuir o número de pratos defeituosos, através de experimentos com o objetivo de eliminar procedimentos inconvenientes observados. Num movimento arqueológico, busco como o saber científico, mais especificamente o saber das ciências humanas, invadiu o saber-fazer do artesão desautorizando seu poder por não-verdadeiro, como já dissemos. Para Foucault, o saber são todos os discursos que possuem "positividades", independentemente de sua classificação como científicos, filosóficos, artísticos, religiosos etc. A verdade não é universal, pois ela tem como centro gerador um conjunto de regras que são históricas, portanto diferenciáveis, que nos orientam na distinção entre o que é considerado falso e o que é considerado verdadeiro. Ao que recebe o *status* de verdadeiro premia-se com o poder (MUCHAIL, 1992).

Então, sobre esse conjunto de elementos formados de maneira regular por uma prática discursiva — *o saber* —, podemos perguntar como ele se tornou verdadeiro. Como o saber-verdade se constituiu em detrimento de outros?

Nessa pesquisa na fábrica Ceramus, um ponto de destaque é o estudo feito na ferramenta de tornear — a "esteca". Apesar de ser de uso comum, a esteca dependia da habilidade do operário ajustador; por isso, foi substituída por uma ferramenta de tornear de "perfil constante", para que o torno pudesse "manter sempre o mesmo perfil, independentemente da habilidade do ajustador" (GENTA, 1934, p. 5). Aqui, vemos como o poder foi definido nessa seção da fábrica de pratos e como a positividade do poder gerou saber. Esse poder não cria somente efeitos negativos como exclusão, repressão, censura etc.; é também produtor de campo de objeto, realidade, rituais de verdade (FOUCAULT, 2000, p. 172).

É apresentada uma justificativa que esclarece definitivamente as soberanias da nova ferramenta: "A ferramenta de 'perfil constante', cujo emprego em máquinas-ferramentas é bastante conhecido e adequado especialmente à fabricação em série, constitui *novidade* na sua aplicação ao torneamento de pratos".[36]

A antiga "esteca", instrumento do artesão e do seu ofício, substituída pela ferramenta de "perfil constante", introduz na fábrica a "fabricação em série". Traz as vantagens de trabalhar mais rápido que o operário, dispensar a mão-de-obra especializada, e, eliminando os erros humanos, garantir a modernidade da fabricação estandardizada da produção em série. As formas tradicionais de organização do trabalho, de conhecimento dos "segredos" da fabricação, que era domínio do trabalhador-artesão, de quanto ajustar a "esteca" no torneamento da produção dos pratos, quantos operários eram necessários para tal produção etc., estavam fora do alcance do empregador, constituíam o saber-poder do trabalhador. Quando as formas tradicionais foram substituídas por uma máquina de "perfil constante" que simplificava, uniformizava, automatizava, o operário tornou-se coadjuvante da máquina. Essa estandardização do trabalho humano é "fruto do pensamento moderno avança naquela direção em que o outro do homem deve tornar-se o mesmo que ele" (FOUCAULT, 2002, p. 453), obedecendo a esse pensamento moderno voltado para o retorno, que visa a eternizar o mesmo, a repetição.

---

36 GENTA, op. cit, p. 4. (grifo no original). A execução prática dessa ferramenta foi entregue à oficina mecânica de Mário Babbini & Irmãos — SP.

A padronização obtida na produção em série através da transferência do saber-fazer de ajuste da "esteca" para a máquina de "perfil constante" retirou do trabalhador o saber-poder de subordinação da "esteca", transferindo para o empregador o direito de intensificar o trabalho e massificar a produção e o mercado de trabalho. Ao operário restou a função de acompanhar a máquina no ritmo dela.

Nossa sociedade produz esse aparato de saber e poder com a finalidade de disciplinar e normatizar. Pela arqueologia, pudemos analisar como o conhecimento se deu; e, pela genealogia, vimos como esse saber gerou poder. Mas, até aqui, o sujeito permaneceu assujeitado, portanto sem saída.

Preparado o terreno com as mudanças implantadas na primeira fase deste trabalho, é possível começar a análise da segunda etapa, que trata da intensificação do ritmo do trabalho, isto é, da adaptação do torno ao operário e deste ao trabalho, o que é território da psicotécnica. Começaram os técnicos "psicologistas" estudando e analisando o tempo gasto na fabricação de um prato. Para isso, foi necessária a decomposição do tempo total daquela operação de fabricação. Da decomposição das operações necessárias em tempos parciais de cada atividade, verificou-se que a tarefa de molhar o barro durante o torneamento consumia aproximadamente 60% do tempo total. Os psicotécnicos, procurando um meio para molhar o barro, que fosse "mais rápido e de efeito mais homogêneo", introduziram um "sistema de pulverização com regulador automático" (GENTA, 1934, p. 5).

Novamente a solução implantada privilegiou a produção em série, visando, com menor custo, ao maior lucro, descartando a participação do trabalhador nas organizações e soluções das questões do trabalho, seu modo peculiar de resolver as operações, de acordo com as necessidades sociais. Estas somente valeram como ponto de partida para os técnicos da 2ª divisão captarem, através da análise e decomposição o seu saber-poder, transferindo à maquina standardizada o antigo ofício do trabalhador.

A psicologia e o mundo do trabalho no Brasil

Adaptar o operário ao trabalho e este ao homem é objeto da psicotécnica. Esse exemplo da Fábrica de Louças Ceramus mostra claramente que a psicotécnica tem como objetivo central intensificar o trabalho, eliminar os tempos improdutivos ou "poros" do processo e restringir a autonomia do trabalhador e de sua força de trabalho por meio do "regulador automático", sob o poder do capital. Procura fazer da história um processo de contínuos, repetir a repetição, *eliminando as brechas, fazendo do homem um produto seriado, o mesmo*. Através da análise das práticas a partir da quais as problematizações se formam, é possível estudar que sujeito está presente nessa ciência da psicotécnica. É preciso atentar para aquilo que no passado poderia fazer do nosso futuro uma história diferente, buscar as brechas — mais uma vez, uma leitura a contrapelo. O relatório da Fábrica Ceramus não trata da memória dos trabalhadores; isso não importa na produção de "resultados mais expressivos". Os psicotécnicos transferiram do trabalhador para a máquina a responsabilidade da produção, negando a memória como recurso do singular no coletivo, numa possibilidade de escapar do que Foucault descreve como sujeito homogêneo, útil mas dócil. Sujeito esse que, em Benjamin, é a denúncia de como tudo se transforma em fantasmagoria do sempre igual, da mesmice, do efêmero, do fugaz, do desconforto ante a memória, traduzindo o apagamento das trajetórias. Sem trajetórias, não há individuação, fica-se no sempre igual a todo o mundo, que é o mesmo que não ser ninguém.

Ora, todas as lutas operárias do começo do século XX (que visavam a valorizar a força de trabalho, manter o nível de emprego e de remuneração para a coletividade trabalhadora, como vimos, e foram fatores da Revolução de 1930 e seus desdobramentos) perderam terreno com esses mecanismos de subordinação do trabalho ao capital, evidenciando um aspecto político no movimento racionalizador. Tal aspecto evidentemente também está na psicotécnica, essa "ciência que se paga" e que está na base da constituição da psicologia como ciência e profissão no Brasil.

Concluída essa primeira intervenção na Fábrica de Louças Ceramus,[37] os técnicos do Idort realizaram a última etapa do processo, "um controle definitivo da eficiência das medidas postas em prática", merecendo ser tema do editorial da *Revista Idort* (EDITORIAL, 1932, p. 1), valendo o registro aqui:

> Os resultados ali obtidos, se de certo modo são valiosos para o crédito do Instituto pela sua comprovada significação, não representam apenas o esforço e a inteligência de seus técnicos, mas também, e principalmente, o grau modesto da eficiência média atual da produção do parque industrial mais adiantado do Brasil.

Pela sua *comprovada significação*, os valiosos resultados obtidos nessa seção da Ceramus autorizaram os psicotécnicos da 2ª divisão do Idort a recomendar que o processo de racionalização fosse aplicado "[não] apenas em uma seção e em campo limitado, mas em todas as seções", porque "traria melhor coordenação e ofereceria, forçosamente, resultados ainda mais expressivos".

Os psicologistas terminaram seu relatório pedindo mais, sugerindo a generalização do procedimento para toda a fábrica, com a promessa de que, "forçosamente", o sucesso seria maior. A psicotécnica, a psicologia que corrige o taylorismo, aliançada com o processo de industrialização do Brasil: *Vitória da razão(?)*[38]

---

37 Os resultados alcançados foram 40% de redução na quebra de pratos; 4% de redução no peso unitário dos pratos, o que reduz imposto e custo dos transportes (definido por peso), bem como o consumo de matéria-prima e de embalagens; 17% de economia no combustível do forno e de mão-de-obra de enfornamento, uma vez que aumentou a utilização do espaço de cada pilha de pratos, resultando em aumento da capacidade de utilização volumétrica do forno e das caixas; melhoria sensível do aspecto do produto (GENTA, op. cit., p. 5-6).

38 Essa expressão é o nome do livro de Antonacci sobre o Idort.

A psicologia e o mundo do trabalho no Brasil

## Ampliando as reflexões sobre o trabalho dos psicologistas do Idort: estudos de prevenção de acidentes no serviço da estiva — Iape[39]

Esse trabalho foi contratado por Antônio Ferreira Filho, presidente do Iape, para ser executado pelos técnicos da 2ª divisão do Idort na estiva do porto de Santos. Os técnicos propuseram um projeto de análise que constou das seguintes fases:

- Conhecimento real e direto do trabalho de estiva, de sua organização e de sua técnica.
- Análise pormenorizada do trabalho na estiva, incluindo todos os elementos componentes.
- Análise estatística dos acidentes e pesquisa minuciosa de suas causas.
- Estudos das medidas de prevenção de acidentes, orientados pela síntese dos dados resultantes da análise.

O trabalho de estiva foi regulamentado pelo Decreto-lei 1.371, de 23 de junho de 1929, artigo 1º, parágrafos 1º a 3º, que, resumidamente, diz:

> O serviço de estiva tem por finalidade o carregamento de mercadoria dos navios. Este trabalho consiste, principalmente, no transporte de cargas no navio, isto é, dos porões para o convés e vice-versa. Em alguns casos, porém, o serviço se estende até o cais e a chatas encostadas.

O decreto dita as normas de caráter administrativo e fixa condições para o serviço e normas de fiscalização. Os tipos de trabalhador

---

39 Iape — Instituto de Aposentadoria e Pensão da Estiva.

que a pesquisa encontrou foram o mestre-geral, o contramestre e o estivador. O mestre-geral, único empregado mensalista das empreiteiras, escolhe, por afinidades pessoais, o contramestre, fiscalizando, depois, o seu trabalho. O contramestre escolhe os estivadores como quer, determinando o número de trabalhadores que considera ideal para o "terno" naquele trabalho. Essa escolha diária acontece na "parede" e é feita sob intensa concorrência. Às vezes, a presença do fiscal do Centro dos Estivadores ou do mestre-geral leva à atenuação das escolhas por afinidades, usando-se o critério de rodízio, ou da especialização por tarefa. Os "movimentadores" mexem os apetrechos a bordo, e os "manipuladores" se encarregam das cargas. A característica de serem não empregados das empreiteiras, mas diaristas, dá aos estivadores a liberdade de aceitar ou não o trabalho proposto, que pode ser por dia ou por empreitada. As turmas não são homogêneas, e a transmissão do conhecimento se dá pelo contramestre ou pelos colegas. Essa realidade não oferece garantias, pois a organização e a fiscalização "são peiadas pela falta de um regime de firmeza técnica e disciplinar [e] competência e gera perigo de acidentes".

Também se fizeram estudos da intensidade do trabalho por homem-hora e homem-dia, estudos das circunstâncias e estudos das causas e efeitos dos acidentes. Um inquérito social visava a levantar as condições de vida das famílias dos estivadores. Nessa pesquisa social, verificaram-se grau de instrução, estado civil, número de filhos, condições de moradia, higiene, estado financeiro, ambiente recreativo e moral. Concluiu-se que os estivadores tinham *vida boa* (grifo meu) e que, por isso, "a vida familiar tinha pouca influência nos acidentes". Os resultados dos estudos feitos sobre causas dos acidentes são, resumidamente: a predisposição para acidentes, em primeiro lugar, e a intensidade de serviço (homem-hora) não eram determinantes; a variação do material a carregar tinha sua participação nos acidentes, o que justificava o aumento de acidentes de maio e julho, pois havia mais serviço; a qualidade do material e a tempe-

A psicologia e o mundo do trabalho no Brasil

ratura ambiente; o dia da semana em que ocorriam mais acidentes era a sexta-feira, porque havia superstição, os trabalhadores estavam cansados e era necessário entregar a mercadoria do navio; e o período do dia em que mais aconteciam acidentes era a tarde, porque estavam cansados e tinham vontade de acabar.

Também se analisou a importância da idade dos estivadores nos acidentes, mostrando que a faixa dos 20 aos 24 anos se acidentava mais porque, numa análise psicológica, os trabalhadores jovens eram mais entusiasmados, desprezavam os perigos. Era seguida pela faixa dos 35 aos 39 anos, o que se justifica com as contingências de ordem familiar e financeira. Comparando as causas externas e pessoais no "peso" da gravidade dos acidentes, resultava que somente "um quinto dos acidentes são causados pelos materiais, ficando quatro quintos por falhas humanas". Essas *falhas humanas* podiam ser de ordem intelectual, física e psicológica, sendo necessário verificar "as aptidões intrínsecas dos estivadores". As tarefas deles foram cuidadosamente analisadas para extrair o saber-poder do conhecimento da categoria. Como a metade dos acidentes acontecia com os movimentadores (os que carregam as cargas) e estes eram escolhidos e fiscalizados pelo contramestre, "o erro é dele".[40]

Por fim, verificaram também que alguns navios estavam em mau estado e que os estivadores trabalhavam sem roupas apropriadas. E, como o maior número de acidentes atingia pés, pernas e mãos, concluiu-se que faltava o uso de luvas, calçados reforçados e perneiras.

## Recomendações para prevenção de acidentes

Cabia aos estivadores e ao Iape, que tinha grande interesse em diminuir o número de acidentes, comprar roupas, luvas e sapatos

---

40 Idem, p. 74. Aqui o relatório está responsabilizando o contramestre pelos erros dos estivadores, pois foi ele quem escolheu por seus critérios pessoais os trabalhadores, e é de quem se espera a fiscalização das tarefas.

próprios, de caráter obrigatório, e proibir o uso dos chapéus com aba nos porões, porque perturbavam a visão periférica. No relatório final (p. 75-76), a notícia de que os estivadores já compravam luvas nos navios por 15$000 facilitou as coisas para que os psicologistas recomendassem que eles continuassem com tal responsabilidade; acrescia-se o conselho, dado ao governo, de que o Brasil passasse a fabricar o produto, como faziam os Estados Unidos.

Dependia "exclusivamente" (*sic*) do armador criar um Código de Segurança, à semelhança do que acontecia nos Estados Unidos, onde já possuíam um regulamento (o Pacific Coast Marine Safety Code). Mas, acrescenta o relatório, "estabelecer prescrições rigorosas para o navio depende de entendimento entre as entidades interessadas" (p. 79).

Quanto ao serviço de saúde do porto, os pesquisadores do Idort e o médico-chefe do Departamento de Estiva de Santos, com base no Manual do Centro Ferroviário de Ensino e Seleção Profissional, criaram um *Manual de primeiros socorros na estiva*.

Medidas indiretas de prevenção:

- Implantação de um processo de seleção de pessoal especializado. Os movimentadores, que estavam divididos entre os portalós, guincheiros e engatadores, deveriam obedecer a um mesmo critério de seleção — prática de dois anos no serviço comum da estiva, pois senão "ele não poderá agir com eficiência". Para o cargo de comando, a escolha, por um critério racional, deveria limitar-se aos que "revelarem maior capacidade de organização do serviço". Só poderiam candidatar-se a esses cargos os movimentadores que tivessem pelo menos dois anos de trabalho.
- Propaganda antiacidentes, com cartazes espelhados nos modelos americanos anexos ao relatório. Deveria ser uma propaganda inteligente, que criasse a mentalidade de prevenção, uma atitude contínua de vigilância e de cumprimento rigoroso das

instruções e normas. Os cartazes deveriam apelar para o sentimento e a imaginação, agindo sobre o espírito do trabalhador e baseando-se em princípios psicológicos, para convencê-los de que as instruções estavam certas e era vantajoso segui-las. Esses cartazes deveriam passar por inquéritos orientados psicologicamente, para estabelecer seu grau de validade, usando os princípios do National Safety Council-USA. Também se deveriam fazer folhetos e boletins para que se sensibilizassem as famílias e o trabalhador pudesse "meditar no sossego do lar sobre as vantagens da prevenção". Nesses folhetos, dever-se-ia lançar mão de repetição e de frases curtas, incisivas e atraentes, com conselhos sobre alimentação racional, normas de higiene profissional e individual, repouso, esportes e malefícios do álcool. Conteriam também breves notícias e ilustrações. E, por fim, vinha a notícia de que se daria um "Prêmio de Segurança" ao contramestre cuja equipe obtivesse os menores índices de acidentes no trabalho.

- Proposta de continuação do trabalho da psicotécnica: os psicotécnicos poderiam criar um curso de formação de estivadores, e, como esse processo seria muito caro, o Brasil deveria ter um navio-escola itinerante que atendesse a todos os portos. Esses cursos também formariam trabalhadores para os novos cargos especiais: o inspetor de trabalho (que deveria ser "conhecedor de todos os ramos de estiva e dotado de elevadas qualidades de caráter") se formaria nos grandes portos, com curso de especialização e com, no mínimo, escolaridade ginasiana; também o técnico de prevenção (que faria pesquisa permanente) deveria ter bons conhecimentos do trabalho industrial em geral, com *noções de organização racional, estatística e psicologia e fisiologia do trabalho*. Também se deveria criar um "órgão diretor-central" que centralizasse todas as quatro seções e níveis do trabalho, porque, "com o trabalho técnico desenvolvido por essas quatro seções, cuja necessária cooperação se torna fácil através da orientação técnica de um único chefe, ter-se-ia uma organização racional que viria garantir maior eficiência e mais segurança nos serviços da estiva".[41]

O relatório, dada sua clareza de intenções e propostas, revela que "articular historicamente o passado não significa conhecê-lo como ele de fato foi". Significa apropriar-se de uma reminiscência, "porque nunca houve um monumento da cultura que não fosse também um monumento da barbárie", lembrando que a tradição dos oprimidos nos ensina que o "estado de exceção em que vivemos é na verdade a regra geral", porque, quando tomamos contato com essa psicologia que faz do estivador o responsável por quatro quintos dos acidentes de trabalho (resultado de suas falhas humanas, pois ele tem predisposição para acidentes, empilha mal o material, está com pressa de ir embora no fim do dia e é supersticioso às sextas-feiras) e declara que as condições do trabalho de diarista nos navios são responsáveis por somente um quinto dos acidentes, percebemos que estamos diante de uma psicologia que "mantém uma obtusa fé no progresso", confia no "apoio das massas" e acredita que é preciso ser um psicólogo "subordinado servilmente a um aparelho incontrolável". Essa psicologia preenche os três requisitos benjaminianos que desembocam na crença de que o "desenvolvimento técnico era visto como o declive da corrente, na qual ela supunha estar nadando. Daí só havia um passo para crer que o trabalho industrial, que aparecia sob os traços do progresso técnico, representava uma grande conquista política" (BENJAMIN, 1986, p. 224-226). A Lei de Sindicalização de 1931 dá respaldo a essa psicotécnica para organizar tão detalhadamente a propaganda de prevenção de acidentes, em que princípios da psicologia norteariam a propaganda para que o traba-

---

41 Com essas palavras o dr. Roberto Mange encerra o relatório.

lhador pudesse "meditar no sossego do lar sobre as vantagens da prevenção". Esse fato o auxiliará a convencer-se de que é responsável por comprar seu equipamento de trabalho, suas luvas, botas e roupas especiais, contando somente com o Iape, seu órgão de classe. A necessidade de tamanha propaganda cuidadosamente estudada e programada revela que os psicotécnicos sabiam que haveria resistências, que os estivadores não se convenceriam só porque os técnicos propunham. Relembrando o que já se disse no capítulo sobre a metodologia, nesse processo arqueológico somos as diferenças, a revelação não se esgota, pois está justamente nessas diferenças, originadas nas dispersões, e é preciso analisar as positividades de um saber, pois estas se dedicam a analisar os conceitos na direção das lutas, dos conflitos, das decisões, fazendo aparecer um saber político, porque diagnóstico. O saber político da arqueologia tem poder e fala de poder, também revelando um sujeito que conceitua a si mesmo, portanto detentor desse saber-poder. Aqui, o estivador é transformado pela ação da psicotécnica em trabalhador mais dócil, culpado por quatro quintos dos acidentes, que deverá ser treinado e submetido a uma escala de competição maior do que a da antiga "parede", quando o contramestre escolhia por simpatia os candidatos. O saber-poder passa às mãos dos especialistas que treinarão os candidatos em navios-escolas, transformando alguns eleitos como técnicos de prevenção em rápidos "psicologistas" com noções de organização racional, estatística, psicologia e fisiologia do trabalho. Essa metamorfose esperada nos estivadores tornados "dóceis" não anula a capacidade de resistências daqueles homens. As provas de seleção permanecerão na "seara da psicotécnica porque dependem de aparelhagem e especialização", criando uma situação de dependência em relação aos técnicos. Isso porque, segundo Foucault (2002b, p. 154), o "exame combina as técnicas da hierarquia que vigia e as das sanções que normalizam. É um controle normalizante, uma vigilância que permite qualificar, classificar e punir", traduzindo uma construção em que fica invertida a economia da visibilidade em exercício do poder, transformando o indivíduo em algo documentário, transformando o indivíduo em "caso", para finalmente transformar o trabalhador avaliado em efeito e objeto de poder, como efeito e objeto de saber. Afirma Foucault (2002b, p. 156-161) que todas as ciências teóricas ou práticas com o elemento de composição *psic(o)* têm seu lugar nessa troca histórica dos processos de individuação.

Aos armadores compete "exclusivamente" o direito de criar um Código de Segurança; "estabelecer prescrições rigorosas para o navio depende de entendimento entre as entidades interessadas". Já que os trabalhadores não são entidades, não serão ouvidos; só poderão participar desse entedimento os armadores e o Iape; mas, como os armadores são responsáveis por somente um quinto dos acidentes, o poder de negociação fica empobrecido. Diante disso, continuará da responsabilidade do Iape e dos trabalhadores comprar material, mudar o comportamento e aprender a trabalhar mais uniformemente, com ritmo cadenciado, dentro dos princípios da organização científica — que, como prêmio, lhes garantirá uma possibilidade de ascensão profissional. O estivador, após essa pesquisa, caiu na armadilha da visibilidade; é visto mas não vê; é transformado em objeto de uma informação, nunca em sujeito de comunicação. Bem lá no topo da pirâmide, está um único responsável geral, criado a conselho da psicotécnica, um diretor central. Este, protegido em sua invisibilidade, como num panóptico, essa máquina de dissociar o par ver/ser visto, autoriza "como uma máquina maravilhosa que, a partir dos desejos mais diversos, fabrica efeitos homogêneos de poder" (p. 167). A psicotécnica funciona como um laboratório de poder, porque a disciplina é um poder, é a tecnologia do poder, que através do seu discurso ganha o *status* de *ciência,* passando a autorizar o "aumento do poder direto e físico que os homens exercem uns sobre os outros" (p. 187). Todo esse saber-poder revela domínio, mas não convencimento; mesmo assim, não anula nosso direito à surpresa ao vermos a relação da ciência com o capital transformar essa ciência em técnica a serviço do poder do capital. Enfim, perguntamo-nos: "devemos ainda nos admirar de que a prisão se pareça com as fábricas, com as escolas, com os quartéis, com os hospitais, e todos se pareçam com as prisões?" (p. 187).

## CONCLUSÕES PARCIAIS BASEADAS NA PSICOLOGIA DO IDORT

A **psicologia** desenvolvida no Idort, denominada psicotécnica, dedica-se a estudar o saber-fazer do trabalhador através da análise, desconstrução e reconstrução em outros parâmetros, produzindo nova síntese e avaliando rigorosamente os procedimentos. O estudo da fadiga tem como meta produzir aumento de ritmo na produção seriada, e portanto não está presente como meta a preocupação com a saúde do trabalhador. Nesse campo, o processo de trabalho e a saúde estão perversamente dissociados. Tal dissociação conceitual e pragmática não foi de responsabilidade apenas do Estado e seus aparelhos, nem o foi do capital: poucos pesquisadores "psicologistas" da psicotécnica e da psicologia racionalista interessaram-se por questões e problemas localizados no vértice dessa relação historicamente construída à custa do sofrimento físico e mental que acomete milhões de trabalhadores no curso de suas vidas. A meta básica dessa ciência é produzir para o capital conhecimento sobre o homem, visando a instrumentalizar o processo evolutivo do capital. O homem é seu comportamento em face da produção; portanto, a psicotécnica é uma **ciência comportamentalista**, que reduz o conhecimento sobre o ser humano a técnica e faz da técnica um instrumento "neutro". Mas nenhum homem é inteiramente subordinado a uma técnica, nem inteiramente reduzido a um comportamento. Qual caixa de Pandora, o homem guarda em si a capacidade de resistir, a esperança de construção, de (re)fazer seu caminho.

O **trabalho,** antes ofício do artesão, seu *habitus,* é fonte de conhecimentos que geram saber-poder ao ser objeto de análise, desconstrução, reconstrução em nova síntese. Tal processo produz novo trabalho para o homem — a função de acompanhar a máquina. O trabalho se torna **trabalho morto.** Evidentemente, o que chamo de trabalho morto é a tarefa repetitiva, sem criatividade, que faz do trabalhador um acompanhante da máquina, mas ele, ser humano, mesmo que domesticado em seu imaginário, mantém a capacidade de resistir.

Quanto à **saúde,** o trabalhador, aqui, aparece como um sujeito assujeitado: não tem espaço para governar a si mesmo. Em torno dos cuidados consigo mesmo, há toda uma atividade discursiva, na qual se ligam os trabalhos de si para si e a comunicação com o outro. É um exercício de solidão, não uma prática social.[42] Para essa psicologia, o homem não tem espaço para cuidar de si, nem para comunicar-se com outrem; deve permanecer como alguém capaz de realizar tarefas sem fatigar-se, de repetir sem cansar-se. *Saúde é resistir à fadiga.* Essa psicologia, por ser comportamentalista, não tem um conceito de homem sujeito construtor de si mesmo, de ator protagonista, portanto **não é ciência da saúde.**

Relembrando o pensamento benjaminiano de que a história pode ser vista como um contexto de vencedores e vencidos, este livro pretende pôr em evidência a importância da retomada dos fracassos como experiências através das quais se produziram relações vividas. Na história, o mais estranho, as alegorias, é o melhor material para compreender uma verdade. Então, Benjamin nos ensina a ver o fracasso como signo de pessoas que podem ser sujeitos, que podem ser autores por também deixar marcas nessa construção. Naquela "moderna administração racional", em nome da melhoria

---

42  Foucault afirma o contrário do que acontece aqui. Para ele, o homem "não é um exercício de solidão, mas uma prática social" (FOUCAULT, 2002, p. 57).

A psicologia e o mundo do trabalho no Brasil

das condições de trabalho, o controle deverá passar a ser exercido pelas máquinas, que imporão seu ritmo. A frieza das máquinas substituirá os patrões autoritários, mas as máquinas dissimulam o autoritarismo do seu ritmo, com base na idéia de ciência, técnica e progresso. Ora, como "a ciência é neutra", sua ação no mundo do trabalho descaracteriza as dimensões político-sociais das relações de trabalho. Na "nova fábrica", as normas disciplinares deixam de ser impostas por patrões autoritários e contramestres desalmados, para autonomizar-se no aparato técnico da produção, sob a aparência de objetividade e de exterioridade. A psicotécnica não é ingênua. Apesar de toda a sua eficiência, não tem garantia de controle efetivo sobre os trabalhadores; por isso, sua ação deverá sair das fábricas, atingir as famílias, para abraçar os estivadores como um todo. Essa afirmação fica demonstrada nos modelos de propaganda sugeridos pela psicotécnica. Neles, o estivador, no "sossego do lar", deverá ler os boletins e cartazes, que conterão pontos úteis para a família, para que esta, educada pela propaganda, auxilie a formar "indivíduos integralmente adaptados" e "acomodados pacificamente". Há resistências, porquanto os estivadores, educados pela psicotécnica como trabalhadores modernos, "úteis e dóceis", não se convençam completamente, o que faz da psicotécnica uma ciência que precisa ser "pajeada". Aqui, cabem as palavras benjaminianas: é necessário buscar as alegorias em oposição às fantasmagorias, num esforço de ver que dentro do velho está o novo e dentro do novo está o velho. Dialeticamente, reunir numa construção histórica o velho e o novo, a tradição e a modernidade, num entrecruzamento do passado com o presente.

No próximo capítulo, o foco estará no antigo Distrito Federal, o Rio de Janeiro, buscando a arqueologia da constituição do Isop (1947), principal criação da FGV (1944), e de seu diretor técnico, o professor hispano-brasileiro Emilio Mira y López (1896-1964).

CAPÍTULO 4

# PSICOLOGIA E MODERNIDADE: A CRIAÇÃO DO ISOP (1947)

## O POLÊMICO ISOP, SEUS PARTIDÁRIOS E SEUS ANTAGONISTAS

> *O objetivo básico do Isop: contribuir para o ajustamento entre o trabalhador e o trabalho, mediante o estudo científico das aptidões e vocações do trabalhador e dos "requisitos psicofisiológicos" das ocupações.*
>
> Arquivos Brasileiros de Psicotécnica (1949: nº 1)

De 1763 a 1960, o Rio de Janeiro foi a capital do país, a cidade para onde rumavam os intelectuais dos outros estados.[1] Mas não

---

1 Em PENNA, A. G., "Alguns comentários sobre a história da psicologia no Rio de Janeiro" (1987, p. 61-69). In: STUBBE, H. et al. (orgs.). *Seminário Nacional: história da Psicologia no Brasil.* Rio de Janeiro: PUC, 1988. Nessa interessante conferência, o prof. Penna apresenta um recorte da história iniciando a partir de D. J. Gonçalves de Magalhães, conhecido como introdutor do romantismo no Brasil e autor de *Suspiros poéticos e saudades* e *A Confederação dos Tamoios*. Gonçalves de Magalhães também foi um "psicólogo" quando escreveu: "A alma e o cérebro" (1876). Em tal obra está identificado com a posição espiritualista de Bergson. Cita também, como precursor da psicologia, o filósofo cearen-

eram somente eles que buscavam a capital, pois a demografia carioca registra transformações importantes nas últimas décadas do século XIX e na primeira década do século XX. Em 1890, o antigo Hospício Pedro II foi transformado em Hospital Nacional de Alienados, passando sua administração da Santa Casa de Misericórdia para o Estado. Essa instituição pode ser considerada uma das pioneiras no tratamento médico da loucura. No governo Rodrigues Alves, após denúncias de maus-tratos aos internos, a direção hospitalar foi entregue a Juliano Moreira, quando foi promulgada a primeira lei federal de assistência aos alienados.[2] No Hospital Nacional dos Alienados, sob a direção de Maurício de Medeiros, criou-se o segundo Laboratório de Psicologia Experimental da Clínica Psiquiátrica do Hospital Nacional de Alienados (o primeiro é considerado o Laboratório de Psicologia Experimental do Pedagogium, de 1906). Nesse laboratório de inspiração francesa (em especial de Claparède e Dumas), desenvolveram-se pesquisas que, entretanto, se perderam, não sendo possível estudos aprofundados. Também teve início ali o setor dos "criminosos loucos", que depois, em 1921, gerou a criação do Manicômio Judiciário.

No começo do século XX, o Rio de Janeiro possuía mais de 500 mil habitantes, sendo seguido por São Paulo e Salvador, com pouco mais de 200 mil habitantes cada um. Como principais fatores do

---

se Farias Brito, professor de lógica no Colégio Pedro II, desde 1909; publicou, em 1912, *As bases físicas do espírito* e, em 1914, *O mundo interior*. Traz, também, a figura de Manuel Bonfim, catedrático da Escola Normal, aluno de Dumas, com o qual fez sua formação em psicologia experimental. Pôde, então, ser o pioneiro na fundação do, provavelmente, primeiro laboratório de psicologia do Brasil, instalado no Pedagogium, em 1906. Notabilizou-se na psicologia com a publicação de *Pensar e dizer* (1923), que foi o primeiro estudo publicado no Brasil sobre as relações entre linguagem e pensamento. Na área da psicologia escolar destaca, além desses autores, Medeiros de Albuquerque, também aluno de Dumas, que defendeu em 1907 a tese Métodos da Psicologia.

2   Essa lei, dentre outros assuntos, define que os alienados são sujeitos que podem comprometer a ordem e a segurança pública, justificando a função asilar como de exclusão social e confinamento dos doentes.

A psicologia e o mundo do trabalho no Brasil

crescimento populacional carioca, aponta-se a imigração dos escravos libertos da zona rural para a cidade, a imigração européia (em especial a portuguesa) e a melhoria do saneamento. Segundo Chalhoub (1986, p. 24-30), a crise de desemprego e estagnação econômica no Portugal da década de 1890 contribuiu para aumentar aquele fluxo migratório, fazendo que a maior parte da população fosse de homens jovens, com idade entre 15 e 30 anos, e solteiros, o que "aumentava a oferta de mão-de-obra e acirrava a competição pela sobrevivência entre os populares".[3] Manter a ordem, reprimir a vadiagem e a prostituição, "limpar as ruas", combater a criminalidade como parte do processo de urbanização do Distrito Federal, justificava que se excluísse do meio social o "louco", alguém que comprometia a ordem social, a disciplinação e a higienização necessárias para efetivar o desenvolvimento político-econômico buscado pelo país, como eixo central da consolidação do modo de produção capitalista. O Manicômio Judiciário, no Rio de Janeiro, e o Hospital do Juqueri, em São Paulo, vieram cumprir essa função de medicalizar em inter-relação com o processo sociopolítico de um projeto liberal para o país. Mas, diferentemente do Juqueri, o hospital carioca registra uma ligação direta com a psicologia, através daquele laboratório de pesquisas.

Não é demais reafirmar que o desenvolvimento do capitalismo industrial no Brasil não pode ser visto somente da perspectiva econômica, já que teve repercussão simultânea em todos os setores e classes sociais, bem como em cada um dos brasileiros. Esse processo de desenvolvimento industrial atingiu, portanto, todos os níveis da

---

3  CHALHOUB, Sidney. *Trabalho, lar e botequim — O cotidiano dos trabalhadores no Rio de Janeiro da Belle Époque*. São Paulo, Brasiliense, 1986, p. 26. O autor faz uma leitura do desenvolvimento do capitalismo no Rio de Janeiro tomando fenômenos específicos da cidade como pontos de reflexão ao mesmo tempo que mostra que o processo ali vivido guarda semelhança com o resto do país, com relação às mudanças de uma sociedade escravocrata-rural para sociedade urbano-industrial.

realidade social, gerando uma "revolução" nas escalas de valores, no universo psicossocial e cultural do singular e do coletivo.

Muitos pensadores das ciências sociais, dentre eles Ianni (1963, p. 19-20),[4] afirmam que não se pode dizer que houvesse no Brasil, antes de 1930, uma desenvolvida realidade social capitalista. Essas transformações contínuas/descontínuas, mas profundas na sociedade como um todo, não cabem numa leitura capital-trabalho. Mesmo não sendo possível abarcar toda a extensão da leitura do social e do subjetivo que a nossa história merece, fica aqui registrado meu ponto de vista com relação ao processo de industrialização brasileira.

As primeiras décadas do século XX, que teve na Segunda Guerra seu ponto culminante, foram palco de revoluções em diferentes países — Itália (1922), Brasil (1930), Alemanha (1933), Espanha (1936) — que revelam o caminho das armas para combater o comunismo, paralelamente ao aceleramento do desenvolvimento industrial mundial. Internamente, ocorreram modificações que alteraram as instituições sociais, a cultura, as estruturas básicas da formação do indivíduo e do "brasileiro ideal", produzindo novas escalas de valores individuais, familiares e coletivos, transformando as concepções de mundo. A civilização brasileira urbano-industrial passou a constituir e gerar mudanças nos usos e costumes, as quais, num efeito cascata, têm seu início na cidade e se expandem contaminando a

---

4 Octavio Ianni (1963) descreve que desde meados do século XIX surgiram novos tipos de atividades, criaram-se instituições inexistentes, debateram-se novos problemas econômicos e políticos, adotaram-se modos de pensar e agir que prenunciavam uma sociedade urbano-capitalista, já anunciada pela abolição da escravatura, e a proclamação da República. Assim, as inadequações das estruturas tradicionais da civilização agrária brasileira produziram o aparecimento de novos fenômenos, que por sua vez agravaram irreversivelmente as condições e contradições do Brasil agrário-industrial-exportador. Nesse contexto, tanto o trabalho escravo quanto o do imigrante formam dois personagens vinculados ao mesmo fenômeno geral de destruição do trabalho cativo, trabalho este incompatível com as exigências qualitativas racionais das "empresas comerciais, manufatureiras e fabris que começam a instalar-se já no século passado, na Bahia, no Rio de Janeiro, em Minas Gerais, São Paulo e Rio Grande do Sul".

vida no campo, estabelecendo o ideal de um "Brasil desconhecido, mas cobiçado", pois repleto de valores modernos de além-mar.

Enquanto tantas transformações aconteciam na cidade e no campo, chega anonimamente ao Brasil um ex-catedrático da Universidade de Varsóvia, ex-assistente de Claparède na Universidade de Genebra (na mesma época em que lá trabalhava Helena Antipoff), ex-chefe do laboratório de psicologia aplicada e experimental da Universidade de Cracóvia. Vendo seu país destruído pela Primeira Guerra Mundial, ele imigra com a família. Trata-se do dr. Waclaw Radecki (1887-1953), cuja esposa e assistente era Halina Radecka. Radecki "foi para a psicologia científica no Brasil possivelmente a figura mais importante", nas palavras do professor Antonio Gomes Penna.[5] Esse experiente professor polonês organiza e dirige, desde 1923, o Laboratório de Psicologia Experimental da Colônia de Psi-

---

5 Informações obtidas em entrevista de 30 de julho de 2003 com o professor Antônio Gomes Penna, um dos atores da formação da psicologia no Rio de Janeiro. Nessa ocasião, o professor explicou que "Radecki e Halina se dirigiram ao Paraná, onde já havia uma grande colônia de poloneses; passou a organizar um quarteto de cordas por ser um grande músico. Um dia, vindo ao Rio de Janeiro a passeio, teria ido a um sebo onde comprou o livro de Manuel Bonfim, professor do Instituto de Educação, com o título *Pensar e viver.* Quis conhecer esse autor e então [ele e Halina] descobriram quem ele era, sua importância para a psicologia. O dr. Gustavo Riedel, diretor da Colônia de psicopatas de Engenho de Dentro, apoiado pelo dr. Guilherme Guinle, dr. Eduardo Rabello, dr. Gilberto de Moura Costa, dr. Zopyro Goulart (representante da fundação Graffré-Guinle), dr. Juliano Moreira, dr. Plínio Olinto e dos médicos da Colônia de Alienados e do Ambulatório Rivadávia Corrêa, construíram um laboratório de psicologia que entrou em funcionamento no início de 1925. Esse Laboratório foi entregue ao Professor Waclaw Radecki". Conta-nos Langenbach que Radecki viveu no Brasil entre 1923 e 1932, que o Laboratório organizado por ele tinha o melhor equipamento experimental da América Latina e que Radecki pode ser "considerado o primeiro psicólogo clínico deste continente por suas atividades psicodiagnósticas e psicoterápicas. O I Congresso Latino-Americano de Psicologia em 1950, em Montevidéu, foi por ele organizado".
Ver: STUBBE, H. e LANGENBACH, H. *Seminário nacional: História da Psicologia no Brasil* (1987, Rio de Janeiro). PUC-RJ, 1988, p. 1-4.
Ver também: PENNA, A. G. *História da Psicologia no Rio de Janeiro.* Rio de Janeiro: Imago, 1992.

copatas de Engenho de Dentro, na época dirigida por Riedel. Continua o professor Penna: "Ele próprio bom marceneiro, construiu alguns dos aparelhos que seriam utilizados em suas pesquisas. Um deles, o relógio de aferição do tempo de reação, eu ainda utilizei na década de 1940, e ele é hoje peça integrante do museu do Instituto de Psicologia". Ampliando nosso conhecimento sobre tão importante construtor da história da psicologia, o professor Penna diz que daquele laboratório surgiu o próprio Instituto de Psicologia, que, em 1932, fez a primeira tentativa de organizar um curso de formação de psicólogos.[6] "Também foi ele quem organizou a primeira seleção de pilotos militares brasileiros, numa época bem anterior à criação da Aeronáutica. Coube a Radecki a preparação dos testes que efetivamente foram aplicados, e penso que tenha sido essa a primeira aplicação de provas seletivas na área militar", por volta de 1927.[7]

Enquanto isso, a seqüência de efemérides nacionais iniciadas em 1922, quando do centenário da Independência, é palco para políticos e grupos comprometidos com o Estado avaliarem os tropeços e progressos do país naqueles cem anos. Eles passaram a buscar as causas dos "atrasos" e planejar os caminhos que possibilitassem a "modernização" — culminando no movimento armado de 1930. Apesar de não serem as únicas causas, os fatores econômicos são decisivos no processo revolucionário, dando origem ao que Celso Furtado denominou "socialização das perdas".[8] Essa transferência

---

6  Idem, segundo capítulo.

7  Radecki iniciou uma série de conferências para as Forças Armadas que, em 1952, foram ministradas por Mira y López, mas o convite não foi renovado. No ano seguinte, o convidado foi Nilton Campos, que, por razões de saúde, não pôde assumir, passando esta incumbência para Antônio Gomes Penna, que ministrou este curso por quinze anos, entre 1953 e 1968, tendo escrito o *Manual de psicologia aplicada às Forças Armadas*, com versão final em 1970. (Entrevista, já citada, com Antônio Gomes Penna, 30 de julho de 2003).

8  Para essa análise, ver: FURTADO, C. *Formação econômica do Brasil*. Rio de Janeiro: Editora Fundo da Cultura, 1959, p. 217-226.

sistemática para a coletividade dos prejuízos, do grosso das perdas que ocorreram com a queda brusca do café, em nível internacional, e da concomitante alta das importações, foi uma medida para evitar o êxodo rural dos cafezais, o desemprego geral e seus efeitos econômico-sociais; o Estado, com sua principal base nas oligarquias cafeeiras, elevou a taxa de câmbio, transferindo os ônus da crise de exportação para o consumidor direto ou indireto das importações. O clima efervescente que vinha se formando nas décadas anteriores, cada vez mais concentrado nas populações urbanas, nos grupos militares, industriais, nos proletários, na classe média, levou à Revolução de 1930. Tal momento marcou tanto os fatos desenvolvimentistas que não considero excessivo voltar a citar o ano de 1930. O objetivo foi (re)definir a estrutura de poder, destruindo a supremacia da burguesia agrário-comercial e instalando um grupo heterogêneo no mando do poder do Estado. Nesse novo perfil do Estado, a burguesia industrial nascente passou a ocupar lugar de destaque, terreno fértil para a expansão da industrialização no país. Para consolidação de tal poder, os industriais procuraram abandonar as normas tradicionais de dominação e adotaram cada vez mais o processo de modernização da relação trabalhador-capital, com base nos princípios da psicotécnica e da psicologia racional. Entre 1930 e 1938, vivemos uma reorganização das camadas sociais, considerando-se o golpe frustrado dos integralistas em 1938 um fecho do período revolucionário iniciado em 1922. A burguesia industrial sai "fortalecida, em compromisso com os grupos dominantes no mundo agrário e nas trocas comerciais, na preservação da nova estrutura de poder, isto é, na dominação da classe média, do proletariado e dos meios de produção" (IANNI, 1963, p. 23).

Tal processo de reorganização dos setores da sociedade facilitou a burocratização do Estado. Por longo período coexistem, durante o esforço de substituição, as técnicas patrimoniais de administração de dominação — coronelismo, nepotismo, favoritismo etc. — que, arraigadas, resistem a deixar o poder, associando-se aos arremedos da psicotécnica, num esforço de revitalização. Essa realidade de contrastes cria um cenário propício para um produto paradoxal: as técnicas e normas racionais inerentes ao processo de burocratização, em lugar de se tornarem elementos ativos, dinâmicos, de funcionamento das empresas e organizações, tornam-se elementos negativos, constrangedores das atividades sociais. Até mesmo a alfabetização não escapou como instrumento estratégico de alta significação naquele processo de introdução das técnicas. Furtado (1959, p. 41) declara que a importância da alfabetização "está em que facilita e barateia a difusão de numerosas outras técnicas". A sobrevivência dos antigos padrões de poder, sustentados por técnicas primitivas e/ou modificadas por elaborações produzidas no interior dessas estruturas econômico-sócio-rurais, contracena com as modernas técnicas de administração científica. O velho sistema político busca sobrevivência no interior do poder do Estado e nos comportamentos sociais, às vezes se antepondo para que as técnicas de administração e dominação racional "não encontrem ainda condições suficientes favoráveis à sua incorporação, como valores, à nova ordem sociocultural" (IANNI, 1963, p. 36). A psicotécnica tem nas velhas formas de poder político ora um aliado, ora um antagonista, ficando impedida de dar origem às normas e padrões de comportamentos seriados e formais definidos na velocidade que seus padrinhos apregoaram. Esse cenário de contradições, ambivalências e conflitos mostra-se fértil para o populismo na política brasileira, que passa a ser um estilo de governo a partir de 1930.

Em 1937, tem início a ditadura de Getúlio Vargas (1937-1945), reconhecidamente um claro exemplo de governo baseado no populismo. Entendendo-se como populismo "uma forma de estruturação do poder para os grupos dominantes e a principal forma de desenvolvimento industrial e urbano", porque o populismo foi, "sem dúvida, a manipulação de massas, mas a manipulação nunca

A psicologia e o mundo do trabalho no Brasil

foi absoluta", já que constituiu, além disso, um instrumento pelo qual as massas tiveram "um modo de expressão de suas insatisfações" (WEFFORT, 1980, p. 62).[9]

As leis trabalhistas, que são publicadas no *Diário Oficial* de 9 de agosto de 1943 e nada acrescentam ao Decreto-lei 5.452, de 1º de maio de 1934, se constituem na Consolidação das Leis do Trabalho, que oficializa o processo iniciado com a lei promulgada por d. Pedro I em 13 de setembro de 1830, a qual procurava regulamentar as relações entre empregadores e empregados. O Código Comercial de 1850 esboçava nos artigos 79 e 80 certa idéia de proteção ao trabalhador com relação aos riscos de acidentes ocorridos no exercício das funções. A Lei Elói Chaves, de 1923, procurava amparar a classe ferroviária, e o decreto de 30 de outubro de 1926 regulamentava a concessão de férias aos empregados. Eram todas medidas isoladas, que a criação do Ministério do Trabalho, Indústria e Comércio[10] veio corrigir, "consolidando" as leis do trabalho.

Nesse período ditatorial, do governo populista de Vargas, produziu-se com a CLT uma intensificação na liberalização das instituições econômicas, com a racionalização das condições de produção nas empresas; das instituições políticas, com os direitos do proletariado garantidos e cristalizados na legislação trabalhista; nas instituições educacionais, com os princípios de co-educação e a expansão da rede de ensino, as transformações de currículos, a fundação de universidades independentes e escolas superiores isoladas. O *status* feminino começa a se modificar e se diversificar, amplia-se a liberdade da tutela do masculino, e a mulher entra na economia de mercado como força de trabalho. Desde as eleições para a Assembléia

---

9  Para a análise desta forma de governo ver: WEFFORT, F. C. *O populismo na política brasileira*. Rio de Janeiro: Paz e Terra, 1980.

10  Esse Ministério foi criado a partir do Decreto 19.433, de 26 de novembro de 1930 (*Diário Oficial*, 2 de dezembro de 1930). Para saber mais sobre o tema ver: CASTRO (1968, p. 318-330).

Constituinte, em 1933, a mulher já havia "ganhado" o direito ao voto. Os tempos são de crise, o cenário global vive transformações entre duas guerras mundiais, as crenças políticas estão abaladas, impera a necessidade de reorganizar idéias para compreender melhor o que aconteceu e para planejar um futuro que se anuncia perceptível e inevitavelmente "novo". São tempos de modernização nos quadros mentais e nos projetos políticos.

O "caudilhismo", que tinha como base e origem a vida na grande família, personalizado e pulverizado no território nacional, era um tipo de autoridade que abarcava vínculos políticos e sociais, que recorria à fidelidade e à afetividade orientando-se por valores não estritamente materiais e utilitários. Recorramos ao historiador Gomes, que apresenta a idéia de que, para enfrentar a força do caudilhismo (tomado por muitos como ameaça à integração territorial e social), só mesmo um governo forte, centralizador, metropolitano, que agisse como promotor da paz e da ampla proteção dos cidadãos. Tal governo, representado por Getúlio, ia contra nossas tradições históricas (GOMES, 1998, p. 509).[11] Considero pequena e incom-

---

11 Ângela de Castro Gomes ("A política brasileira em busca da modernidade: na fronteira entre o público e o privado") desenvolve uma interessante leitura da política do começo do século XX tendo como base o texto de Alceu Amoroso Lima intitulado "Política e Letras", que trata da importância de dois políticos brasileiros — Rui Barbosa, representante do movimento de modernização liberal, homem de lei e de direito, da "política dos modelos", o homem cujo "sonho mais vivo foi fazer do Brasil, pela força do direito, potência mundial", tornar o país uma potência reconhecida internacionalmente, e o senador Pinheiro Machado, gaúcho, caudilhista, bom articulador e que corrigia a vocação caudilhesca com a "defesa da ordem nacional". Esses dois representantes dos movimentos de constituição do Estado mantinham as relações entre o público e o privado na ordem do dia, em momento de fim da Primeira Guerra Mundial e da Revolução Russa. Rui Barbosa queria o Brasil Liberal, onde a majestade fosse o povo; queria uma modernidade política, onde dominasse o espaço público e o poder do Estado "impessoal" e "racional legal". Pinheiro Machado, representante de uma forma particular e personalista de fazer política e constituir o Estado, propõe que a solução venha de um Estado personalista, centralizador mas capaz de dialogar com o povo e, ao mesmo tempo, ser poder e autoridade, sem necessidade de intermediários entre o povo e o poder. Fragmentos aqui apresentados dessa disputa revelam que a nossa história não se fez sem

A psicologia e o mundo do trabalho no Brasil

pleta essa visão do período, mas, por não ser ela o tema principal desta obra, não será desenvolvida mais longamente.

Em 1929, a campanha da Aliança Liberal, que se opunha à candidatura oficial de Júlio Prestes, uniu-se aos militares e oligarcas dissidentes. Após terem sido derrotados nas urnas, iniciaram um movimento revolucionário que depôs o presidente Washington Luís e impediu a posse de Júlio Prestes. A partir de 1930, com a derrubada da República "Velha", outros atores entraram em cena e, tendo a plataforma de acabar com os "ultrapassados" princípios liberais, o chefe do governo provisório, o presidente do Estado do Rio Grande do Sul, Getúlio Vargas, propõe novos-velhos propósitos de modernização do país. Entretanto, não consegue se estabelecer sem conflitos, visto que, em 1932, o movimento constitucionalista deflagra uma guerra civil em São Paulo. Apesar de vencida militarmente, a Revolução de 1932 impõe um processo de reconstitucionalização, que implica convocar uma Assembléia Nacional Constituinte (1933) e promulgar nova Constituição (1934), quando a mulher passa a votar.

Mas Getúlio Vargas impõe um Estado autoritário como representante classista, que faz instrumentos da representação já não mais os partidos, mas os sindicatos, criando novos parâmetros nas organizações de interesse profissional. Paralelamente, formam-se dois outros movimentos políticos, a Aliança Nacional Libertadora (ANL), liderada pelo ideário da esquerda comunista; e a Ação Integralista Brasileira (AIB), inspirada no fascismo. Ambas são banidas, junto com suas siglas.

---

lutas e nosso Estado não se constituiu de forma contínua e historicista. Estamos construindo a nação brasileira todo o tempo, com conflitos, disputas, idas e vindas. Em 31 de outubro de 1930, chega ao palácio do Catete, na capital nacional, Getúlio Vargas, como mandatário nacional reunindo em si as qualidades de "pai dos pobres", portanto alguém que fala direto ao povo e ao mesmo tempo traz o avanço das leis trabalhistas, pondo o país em um novo patamar de modernidade, após a vitória da revolução em 24 de outubro de 1930. Novamente, registro que essa visão do getulismo é, de certa maneira, pobre, por ter sentido unidimensional.

131

Os anos entre 1930 e 1937 são recheados de conflitos e negociações, em que o Executivo forte e centralizador é instrumento estratégico para produzir o encontro da lei e da Justiça, de uma "nova democracia" (*sic*). Em 1937, com o golpe que institui o Estado Novo, Getúlio confronta os candidatos à sucessão presidencial de 1938, afirmando que o novo presidente está nele mesmo e bordando seu nome com sílabas recortadas dos nomes dos outros candidatos. A identificação entre Estado e Nação, a concentração da autoridade no chefe do Executivo, anuncia que Getúlio tem como meta eliminar a necessidade de intermediário entre povo e governante. O sistema de representação do trabalho em classes profissionais e o Estado corporativo que separa os indivíduos em classes formam o cerne do "novo Brasil político". Com isso, há (re)combinações de fatores, plenas de ambigüidades, da dicotomia entre o público e o privado. A base desse "novo Brasil político" se faz na participação do povo organizado em associações profissionais — o sindicato único, portanto unitário e tutelado. No Estado Novo,[12] tradição e modernidade estão reunidas na figura do presidente. Ele, Getúlio, traz em si o caudilho personalista e o legislador que organiza a força de trabalho. O poder do Estado moderno passa a ser o da sociedade urbano-industrial.

Em artigo de retrospectiva geral do Isop,[13] os antecedentes de sua história são assim apresentados:

---

12 Segundo Jorge Oscar de Mello Flores, no Estado Novo existiam alguns "feudos", porque havia pessoas de prestígio, como Iedo Fiúza, no setor de estradas de rodagem; Hildebrando de Góis, no setor de saneamento; Simões Lopes no setor de administração; João Carlos Vital, contribui imensamente para a formação dos Institutos de Previdência e no Instituto dos Resseguros do Brasil. Quando Getúlio caiu, Vidal pretendia reunir todos os institutos em um só. Mediante esses "feudos" "esses diretores se eternizavam e ficavam com um comando muito grande" (D'Araújo *et al.*, 2000, p. 50).

13 Ver: Instituto Superior de Estudos e Pesquisas Psicossociais (Isop). "Sumário das Atividades de 1989". *Arq. Bras. Psic.* Rio de Janeiro, 42 (2): 141-172, mar.-maio, 1990.

> As origens do Isop deveriam ser buscadas em 1938, quando o então ministro do Trabalho, dr. João Carlos Vital — o criador do salário-mínimo —, redigiu um projeto de decreto que criava o Insop (Instituto Nacional de Seleção e Orientação Profissional), numa tentativa, sem precedentes, de se atribuir à psicologia competência para diagnosticar e orientar toda a força de trabalho do país, visando a assegurar ao trabalhador meios e recursos para elevar seu nível de qualificação, quer profissional, quer cultural. No entanto, esse projeto não chegou a ser implantado, e a existência do Isop só se viabilizou através da Fundação Getúlio Vargas, criada em 1944: seu presidente, dr. Luiz Simões Lopes, [o idealizou] como uma das primeiras metas dessa instituição [...].

Nesse texto, vemos íntima relação entre o processo de modernização do país e o lugar atribuído à psicologia pelo Estado, pois, já em 1938, há aquela "tentativa, sem precedentes, de se atribuir à psicologia competência para diagnosticar e orientar toda a força de trabalho do país". Que ciência é essa que inspira tamanha confiança "em diagnosticar e orientar toda a força de trabalho do país"? Qual psicologia está sendo convidada para tamanha responsabilidade?

Retomando o cenário nacional, pouco depois, em 1945, essa força dada à psicologia, juntamente com o sistema político, enfrenta a decadência, nascendo o queremismo, isto é, o movimento que "quer" a permanência de Getúlio no poder, gerando o "dia do Fico", apoiado no Ministério do Trabalho e financiado por parte dos empresários. Essa "dobradinha" entre o capital e Getúlio surpreendeu os adversários políticos, que não imaginavam ser tão grande o poder do ditador. A democracia eleitoral restaurada em 1945 elege o candidato de Getúlio — Eurico Gaspar Dutra.

Nesse mesmo ano, vem ao Brasil pela primeira vez o médico espanhol Emilio Mira y López (1898-1964).[14] Ele nasceu em Cuba, no tempo em que esta era colônia espanhola. A família voltou para a Espanha (quando ele tinha dois anos) e, após breve passagem pela Galícia, chegou por volta de 1902 a Barcelona, onde Emilio cresceria. Licenciou-se em medicina pela Universidade de Barcelona (1917), com doutorado em Psicotécnica em Madri (1923),[15] passando a dedicar-se à psiquiatria. A visita de 1945, para uma série de conferências, teria sido a convite do Departamento Nacional da Criança (Ministério da Saúde), então dirigido por Helena Antipoff, que morava no Rio de Janeiro (GUEDES, 1998, p. 131).[16] Já Rosas (1995) relata que o primeiro convite ao professor Mira y López veio do Dasp, em 1945.[17] Em outro texto sobre a vinda do psicólogo ao

---

14 Emilio Mira y López, médico-psicólogo que viveu a experiência da guerra civil espanhola aliado aos republicanos, após a vitória dos franquistas, exilou-se na França e na Inglaterra. Em 1939, com o início da Segunda Guerra Mundial, buscou abrigo na Argentina e posteriormente no Brasil. Ele faz parte de um grupo de cientistas europeus que, pressionados pelos distúrbios políticos na Europa, vieram a contribuir para o desenvolvimento da ciência na América. Para mais informações sobre o tema ver: CAMPOS e ANTONINI in: GUEDES (1998, p. 129-137); PENNA (1992).

15 Sua tese, cujo título é *Correlaciones somáticas del trabajo mental*, trata da história do criador do Isop, ver seu biógrafo: ROSA, Paulo. *Mira y López: trinta anos depois*. São Paulo: Vetor, 1995.

16 Helena Antipoff nasceu na Rússia, estudou na Universidade de Paris, onde se licenciou em Ciências, e na Universidade de Genebra, onde obteve o diploma de Ciências de Educação, em 1916. Depois de diplomada voltou à Rússia e viveu a eclosão da Revolução de 1917. Trabalhou pela reconstrução do país atingido pela Primeira Guerra e pela Revolução de 1917. Seu trabalho foi com a (re)educação de crianças abandonadas. No Brasil, Helena Antipoff teve notável presença no desenvolvimento da psicologia, em especial da psicologia educacional, com a criação da Fazenda do Rosário em Minas Gerais e do Instituto Pestalozzi. Para este tema, consultar o Memorial Helena Antipoff, na Universidade Federal de Minas Gerais, em Belo Horizonte. Acervo do Centro de Documentação e Pesquisa Helena Antipoff, UFMG, Belo Horizonte. Voltaremos a falar desta notável psicóloga russa nos dois próximos capítulos.

17 Dasp — Departamento de Administração do Serviço Público. Esta diferença entre autores quanto ao grupo anfitrião do professor Mira y López tem certa importância porque o Dasp é o órgão público de onde nasceu FGV (Fundação Getúlio Vargas), que é a instituição sede do Isop. E Helena Antipoff é a responsável pela presença de Mira y López na criação do Sosp em Belo Horizonte, que será tema do próximo capítulo.

Brasil, Martins (1999, p. 303) alega que o convite foi feito por um conjunto de entidades públicas, dentre elas a USP, o Senai, o Dasp e o Centro de Estudos Franco da Rocha. O sucesso se mostrou tão grande que Mira y López voltou no mesmo ano, para dar continuidade às palestras. Em janeiro de 1947, ele responde a uma carta de Helena Antipoff[18] dizendo ter aceitado um convite para vir trabalhar no Rio de Janeiro (CAMPOS *et al.*, 1998). Esse convite foi feito por João Carlos Vital (presidente da Fundação Getúlio Vargas, estabelecida em 1944),[19] para que participasse da criação de um órgão voltado à "seleção e adaptação do trabalhador brasileiro", o Isop (1947). Em depoimento já citado, Jorge Oscar de Mello Flores descreve a fundação do Isop:

> O Vital estava encarregado de montar o Isop, o Instituto de Seleção e Orientação Profissional, e não fazia! E eu já com o Mira y López e uma psicóloga baiana, Edwiges Florence, contratados. Tive que fazer o Isop, para não ficar pagando profissionais sem atividade. O Vital também quis pedir demissão. Aí, eu disse ao Simões: "O Vital quer exercer sua prerrogativa de nomear gente. Nós estamos começando, ainda há muita vaga para ser ocupada. Deixe o Vital nomear os outros, que ele fica".[20]

---

18  O Acervo do Centro de Documentação e Pesquisa Helena Antipoff, em Belo Horizonte, guarda a correspondência entre estes dois importantes psicólogos.

19  Jorge Oscar de Mello Flores, diretor executivo da FGV, em depoimento prestado ao CPDOC, descreve assim a criação da FGV: "A iniciativa partiu do dr. Simões Lopes. Preocupado com a falta de preparo, com o número reduzidíssimo de aprovados nos concursos do Dasp, resolveu criar uma entidade fora do governo para preparar quadros para a administração. Naturalmente, depois a proposta evoluiu, de uma instituição de ensino, para ensino, pesquisa (que é complementar) e informação, bem como estendeu o campo às ciências sociais em geral". D'ARAUJO, F. H. (org.). *Na periferia da História/Jorge Oscar de Mello Flores*, 2ª ed. Rio de Janeiro: Ed. Fundação Getúlio Vargas, 2000.

20  Idem, p. 64. Os nomes Vital e Simões se referem respectivamente a João Carlos Vital e Luiz Simões Lopes.

Com tais palavras, apoiadas em argumentos claramente norteados pelos valores do capital, Mello Flores, como empresário dirigente da FGV, explica que aqueles psicólogos profissionais ficaram encarregados de "selecionar e adaptar os trabalhadores". Esse clima de comprometimento já anuncia, na própria criação, as resistências que o Isop viria a sofrer das universidades, como "trabalho não-científico da psicologia".

Continuando nesse mesmo artigo de retrospectiva do Isop,[21] encontramos que,

> para entender o que o Isop iria oferecer à comunidade brasileira e à psicologia como ciência, é necessário reportarmo-nos às condições reinantes naquele ano, quando não existiam cursos de formação de psicólogos, quando nem se poderia cogitar de regulamentar tal profissão, quando apenas algumas e poucas grandes entidades — como Senai, Senac, EFCB, CFesp — tinham alguns setores de psicologia para seu próprio uso, mas não havia serviços destinados ao público para ministrar as técnicas então dominantes da psicologia do trabalho: a seleção e a orientação profissional.

Nessa declaração do Isop, não aparecem referências aos outros movimentos antecedentes e/ou concomitantes, brilhantemente pesquisados pela professora Mitsuko Antunes e colaboradores (1999, p. 97-132).[22] Para citar somente os do Distrito Federal, havia:

---

21 INSTITUTO SUPERIOR DE ESTUDOS E PESQUISAS PSICOSSOCIAIS (Isop). *Arq. Bras. Psic.* Rio de Janeiro, 42 (2): 141-172, mar.-maio 1990.

22 Aos pesquisadores de história da psicologia recomendo o "Quadro de referências sobre a história da psicologia no Brasil: 1930-1962", de ANTUNES et al. (1999, p. 97-132), onde encontramos os principais fatos da psicologia nesse período em todo o Brasil, obra imprescindível para pesquisadores da área.

# A psicologia e o mundo do trabalho no Brasil

- o Gabinete de Psicologia Experimental do Instituto de Educação do Rio de Janeiro, obra de Plínio Olinto (1930), que, com um grupo de professores, renovou o ensino da psicologia e realiza pesquisas;
- no mesmo Instituto, o trabalho de Lourenço Filho, que era catedrático de psicologia;
- a publicação do livro de Nilton Campos, *Psicologia da vida afetiva* (1930);
- a Liga Brasileira de Higiene Mental (1932), que propôs ao Ministério de Educação e Saúde Pública a presença obrigatória de "gabinetes de Psicologia";
- o então revolucionário Laboratório de Psicologia Experimental da Colônia de Psicopatas de Engenho de Dentro (1932), que já havia criado o Instituto de Psicologia, com o primeiro projeto de curso de formação de psicólogos (1932), o qual não se concretizou por falta de recursos e por várias pressões que o inviabilizaram (PENNA, 1992, p. 21; JACÓ-VILELA, 1999, p. 247-255);[23]
- as iniciativas de Anísio Teixeira, que transformou a Escola Normal do Distrito Federal em Instituto de Educação (1932), criando cursos de especialização e aperfeiçoamento e o Serviço de Testes e Medidas Escolares;
- a introdução no Brasil do teste de Rorscharch (1932);[24]
- ainda o trabalho de Nilton Campos, que, através de conferências, avançou no estudo da psicologia (de 1933 em diante);
- a iniciativa da Universidade do Rio de Janeiro, depois Universidade do Brasil, que anexou a seus serviços o Laboratório de psicologia da Colônia de Psicopatas do Engenho de Dentro (1934);

---

23 Segundo Penna (1992) e Jacó-Vilela (1999, p. 247-255), as causas da saída de Radecki não são claras. Havia decepções quanto ao lugar do cientista no Brasil. Mas o resultado foi Radecki ter ido para a Argentina, onde permaneceu até 1953.

24 Os nomes pioneiros nessa tarefa foram José Leme Lopes, Robert Veit e Aníbal da Silveira (ANTUNES, 1999, p. 104).

Júlia Maria Casulari Motta

- a criação do *Boletim de Psicologia*, na Universidade do Brasil (1934), também por Nilton Campos;
- a criação do curso de Psicologia Geral e Social na Universidade do Distrito Federal, com a liderança de Étienne Souriau (1934);
- a contratação, pela mesma universidade, de professores europeus para o ensino de psicologia na formação de professores do secundário e de filosofia (1935);
- a organização do Serviço de Orientação Vocacional Escola Amaro Cavalcante (1935);
- a criação do Núcleo de Pesquisa Educacional da Municipalidade (1935);
- a organização, por Lourenço Filho, da Escola de Educação da Universidade do Distrito Federal (1935);
- o primeiro curso de Psicologia do Trabalho, ministrado por Plínio Olinto,[25] com a colaboração de Souriau (1936);
- a publicação dos *Anaes* da Colônia de Psicopatas de Engenho de Dentro pela Biblioteca da Academia Nacional de Medicina (1936);
- o Seminário Brasileiro de Psicologia (1936);
- o curso de Psicologia do Trabalho, com demonstrações práticas, ministrado por Souriau e Olinto na Escola de Economia e Direito (1936);
- o Laboratório de Biologia Infantil, sob a liderança de Leonídio Ribeiro (1936);[26]
- a participação do engenheiro João Carlos Vital, como colaborador, na comissão do Serviço Público Civil do Governo Federal para realizar trabalho de seleção profissional (1936) e em seguida, no Instituto de Aposentadoria e Pensões dos Industriários, trabalhos de seleção profissional em várias empresas (1937);

---

25 Plínio Olinto estudou com Pieron, em 1921 (ANTUNES, 1999, p. 108).
26 Esse laboratório tinha como meta estudar as causas físicas e mentais da criminalidade juvenil e apurar as técnicas de tratamento de menores delinqüentes (Ibidem, p. 109).

- a reativação do Instituto de Psicologia da Universidade do Brasil (1937), que nasceu do Laboratório de Psicologia da Colônia de Psicopatas de Engenho de Dentro;
- a seleção de candidatos para o Instituto de Previdência e Assistência Social, a pedido de João Carlos Vital, pelo Instituto de Educação da Universidade do Distrito Federal (1937);
- o estabelecimento do Idep, tendo como criador Anísio Teixeira e como diretor Lourenço Filho, dando continuidade ao trabalho do Pedagogium, que passou a ter uma seção de Seleção e Orientação Profissional e de Psicologia Aplicada;
- a criação do Departamento Administrativo do Serviço Público, o Dasp (1938),[27] com divisão de Psicologia Aplicada para Seleção;
- o estabelecimento do Serviço de Seleção Profissional da Estrada de Ferro Central do Brasil (1939);
- o estabelecimento dos cursos de Psicologia Geral e Psicologia Aplicada na Faculdade Nacional de Filosofia (1939);
- os cursos de psicotécnica oferecidos por Jaime Grabois no Instituto de Psicologia;
- as pesquisas no Instituto Nacional de Surdos-Mudos; a criação da FGV (ambas em 1944);
- a criação do Inep e da *Revista Brasileira de Estudos Pedagógicos*, a *RBEP* (1944), que passou a divulgar, em circulação ampla, muitos artigos de importância para a psicologia educacional e aplicada;
- a transferência de Helena Antipoff de Belo Horizonte para o Rio de Janeiro, a fim de trabalhar com psicologia educacional (1945), o que incluía orientação profissional para menores;

---

27  Esse Departamento de Administração do Serviço Público (Dasp) deu origem à Fundação Getúlio Vargas (1944) e, como desdobramento, ao Isop (1947). Em 1940, com a direção de Lourenço Filho são feitas as primeiras pesquisas sobre Relações Humanas, além de serem ministrados cursos de Psicologia das Relações Humanas, no Dasp (Ibidem, p. 112).

Júlia Maria Casulari Motta

- a chegada de Léon Walther e seu discípulo Pierre Weil ao Rio de Janeiro (1948), pelo Senac, para criar cursos de orientação profissional, instalando os Serviços de Psicotécnica (relata Pierre Weil[28] que "viajou todo o Brasil ensinando e formando orientadores profissionais, do Amazonas ao Rio Grande do Sul").

Então, nesse rápido mas significativo apanhado de fatos, limitado somente ao Distrito Federal, é possível ver que alguns grupos organizados já "cogitavam de regulamentar tal profissão".

Ainda no mesmo artigo citado (Instituto Superior de Estudos e Pesquisa Psicossociais, 1990, p. 141-72), é dessa maneira justificada a criação do Isop, em 8 de agosto de 1947: "O Isop já surgiu de uma necessidade coletiva: seu advento não é apenas um início, pois representa o ponto de confluência num complexo encadeamento de fatos", fatos que extrapolam a própria FGV (1944), pois são, como já apontado, fruto de movimentos do Estado Novo. Mas, no primeiro editorial (LOPES, 1949, p. 5-6) da revista do Isop, é assim apresentada a sua criação: "Entre as múltiplas atividades que a Fundação Getúlio Vargas se propõe desenvolver, ocupa lugar de destaque a melhoria das condições do rendimento humano, mediante aplicação dos conhecimentos científicos ao campo do trabalho". Esse trecho mostra que o lugar de destaque está "na melhoria das condições do rendimento humano", deixando claro que a psicologia fica a serviço de "selecionar e treinar" o "homem certo para o lugar certo", a fim de que se "produza mais com menos custos". O Isop nasce "visando realizar investigações no campo da psicotécnica, promover a formação de pessoal especializado e prestar serviços a instituições e ao público em geral" e organizar e dirigir, "do ponto de vista técnico". Para o Isop, a Fundação Getúlio Vargas contratou os serviços de um "especialista de renome internacional", o professor Mira y

---

28 Entrevista concedida em 10 de junho de 2004.

López, e recorreu à reconhecida capacidade de um "ilustre administrador brasileiro" (o engenheiro João Carlos Vital, um dos pioneiros da aplicação da psicotécnica no país) para "a direção suprema do Instituto". Nesse editorial, Lopes apresenta as razões para a criação da revista do Isop, que nasceu com o nome *Arquivos Brasileiros de Psicotécnica*, em setembro de 1949, sob direção de Lourenço Filho e Alfredo de Oliveira Pereira, como instrumento para:

> conclamar os que estudam o assunto do ponto de vista científico, os profissionais da psicotécnica, os nossos administradores, empregados, nas atividades públicas ou privadas, "consumidores" do fator humano, que tanto necessitam de mão-de-obra adequada, a encetarmos, juntos, uma forte campanha de aumento da produção nacional, de maior rendimento, de maior felicidade no trabalho, através da Seleção e da Orientação Profissional.

Nessa estrutura apresentada, havia a direção da Fundação Getúlio Vargas, cuja presidência estava com Luiz Simões Lopes;[29] a "direção suprema do Instituto", com João Carlos Vital; e a "direção do ponto de vista técnico", com Mira y López. Tal estrutura administrativa repete o modelo do Idort, em São Paulo, no qual a "direção do ponto de vista técnico" foi dada a Roberto Mange. Em nenhum momento da minha pesquisa encontrei referências registra-

---

29 Como presidente do Departamento Administrativo do Serviço Público, Luiz Simões Lopes propôs ao governo a criação da FGV, em 4 de julho de 1944. A Exposição de Motivos número 1796, da qual constam as seguintes palavras: "é fato incontestável, colhido da exposição dos tempos modernos, que a disciplina do trabalho produtivo está sujeita a princípios racionais, que o homem pode conhecer e aplicar para mais seguras realizações de eficiência e de harmonia social; mas é fato, também inegável, que tais princípios, além de complexos, não admitem fórmulas universais, exigindo, para perfeita aplicação em cada caso, o exame acurado de determinadas condições do meio social, das suas possibilidades, das aspirações dos diferentes grupos de trabalho em conflito, da articulação, enfim, das energias produtoras com o próprio plano político da Nação" (Idem, p. 6).

das de intercâmbio oficial entre Idort e Isop — e, quando da fundação do Isop (1947), o Idort (1931) já estava agregado ao Estado.

Tão nobre e importante iniciativa de criar um periódico de psicologia vem acompanhada de tão triste justificativa: os *Arquivos* conclamam igualmente os profissionais da psicotécnica, os administradores, os empregadores, para juntos lutarem pelo "aumento da produção nacional, de maior rendimento", dando ao psicólogo e a seu trabalho de Seleção e da Orientação Profissional o lugar de "parceiro dos *consumidores* do fator humano, que tanto necessitam de mão-de-obra adequada" (grifo meu); ficando a única referência ao trabalhador como quem terá "maior felicidade no trabalho" depois de selecionado e orientado profissionalmente, ou em outras velhas palavras, "o homem certo para o lugar certo". Nesse contexto, o psicólogo passa a ser "parceiro dos consumidores do fator humano". Tal afirmativa fala por si mesma.

Então, o Isop tem o "objetivo básico de contribuir para o ajustamento entre o trabalhador e o trabalho, mediante o estudo científico das aptidões e vocações do primeiro e dos requisitos psicológicos do segundo". E, para possibilitar tal objetivo, ele se desdobrou em:

- aplicação de técnicas de seleção e orientação profissional;
- promoção de cursos para formação de pessoal na psicotécnica e em assuntos da psicofisiologia do trabalho;
- pesquisas em ergologia.

Para isso, contava com a seguinte estrutura:

- Secção de Informações e Secretaria;
- Secção de Investigação e Trabalho Social;
- Secção de Exame Fisiossomático;
- Secção de Exame Psicotécnico (que abrangia exame da personalidade, exame de inteligência; exame de disposições artísticas; exame das aptidões psicomotrizes; exame de aptidões especiais);

A psicologia e o mundo do trabalho no Brasil

- Secção de Síntese Seletiva; e
- Secção de Síntese Orientadora.[30]

A estrutura montada para o Isop revela a força do movimento de 1938, do então ministro do trabalho, João Carlos Vital, e sua tentativa de criação do instituto, que veio a florescer nove anos depois.[31] Tão grande força de trabalho dessa "instituição modelar", que se tornou a mais ampla organização em orientação e seleção, desdobra-se em Minas Gerais, em 1949, na criação do Sosp, nos moldes do Isop. Este, o Sosp, tem como idealizadores Mira y López e Pedro Parafita Bessa e será estudado mais detalhadamente no próximo capítulo. Na Bahia, em 1959, Mira y López e colaboradores criaram o Idov, com um projeto mais centrado em orientação vocacional.

Segundo as palavras do professor Antônio Gomes Penna,[32] duas contribuições importantíssimas que devemos a Mira y López são o periódico *Arquivos Brasileiros de Psicotécnica*, depois convertido em *Arquivos Brasileiros de Psicologia Aplicada*, e a fundação da Associação Brasileira de Psicotécnica, transformada em Associação Brasileira de Psicologia Aplicada. A mudança dos nomes do periódico e da associação, tanto a nacional quanto a internacional, se deve a Pierre Weil,[33] que justificou sua sugestão dizendo que "não se pode pôr psicotécnica na psique humana". Uma obra tão polêmica como o Isop, e um diretor tão igualmente polêmico como Mira y López, fez inegavelmente uma contribuição importante para a psicologia brasileira.

---

30 *Arquivos Brasileiros de Psicotécnica*, ano I, setembro de 1949, nº I, p. 8-16.

31 Foram presidentes do Isop Emilio Mira y López, da criação até 1964; de 1964 até sua extinção, em 1990, quando seu acervo foi transferido para a Universidade Federal do Rio de Janeiro: Athaide Ribeiro da Silva, Ruth Scheffer, Wedder Mondenezi, Wanderlei e Franco Lo Presti Seminério (ANTUNES, 1999, p. 121).

32 Entrevista concedida em 30 de julho de 2003.

33 Entrevista concedida em 10 de junho de 2004.

O crescimento econômico desenvolvimentista do final da ditadura de Getúlio (1945), mais seu retorno, já por eleição, em 1950, alimenta uma explosão de raiva e desespero popular com o suicídio do presidente (24 de agosto 1954), crescendo sua popularidade. O suicídio muda novamente os rumos políticos traçados. O mito Vargas permite que façamos várias leituras do nosso sistema presidencialista, sendo uma delas que o presidente pode ser tomado como símbolo central do poder, o condutor do país à modernidade, e, ao mesmo tempo, manter-se como o patriarca. Essa realidade de modernização do país, ainda que ambivalente, exige certo pragmatismo na educação. A nação necessita de técnicos especializados, para suprir o ritmo industrializante proposto pelo Estado e exigido pelas recém-chegadas multinacionais, que solicitam mão-de-obra especializada. A década de 1950, com a volta de Getúlio, busca inspiração na década de 1920 para construir um Estado moderno, também revigorado pelo fim da Segunda Guerra Mundial, que elevou os valores ocidentais, aumentando o prestígio dos procedimentos liberais e democráticos. Getúlio, como modelo de político populista, reúne em si o forte e o fraco, o carinhoso e o violento; é povo-nação, espelha o projeto de humanização da sociedade brasileira, andando com o povo, misturando-se a ele e, ao mesmo tempo, preservando a distância hierárquica. Após sua morte trágica, torna-se mais ainda um mito, um referencial imortal para a memória nacional.

Os anos de 1950 são a década de ouro do populismo brasileiro, que se tornou a melhor tradução do impasse a ser vencido para a conquista da modernidade nacional. O "populismo" é tomado por Gomes (1998, p. 546) "como produto de um longo processo de transformação da sociedade brasileira, instaurado a partir da Revolução de 1930 e que se manifestou de uma dupla forma: como estilo de governo e como política de massa".

Com tal apelo nacional; com uma psicologia bastante pragmática, encharcada pela psicotécnica; com o movimento crescente dos

A psicologia e o mundo do trabalho no Brasil

cursos breves de psicologia ministrados pelo Isop,[34] baseados numa psicologia cientificista calcada em testes objetivos, "que preparava os psicotécnicos no Rio de Janeiro, através de cursos breves, com o objetivo básico de contribuir para o ajustamento entre trabalhador e trabalho, mediante o estudo científico de suas aptidões e vocações, através da criação e/ou aplicação de testes psicológicos", tendo como meta selecionar para um posto de trabalho e desenvolver orientação profissional para estudantes, que "constituía numa seleção prévia do jovem ao mercado de trabalho" — com tudo isso, a psicologia caminhava a passos largos no Distrito Federal para um casamento perfeito entre a crescente industrialização e a formação de psicologistas técnicos.

Atenta a esse processo relacional da psicologia-psicotécnica, a PUC-RJ (coordenada pelo professor Hanns Ludwig Lesam, tendo a colaboração do professor Nilton Campos) cria o primeiro curso universitário de psicologia do Brasil (1953), com o projeto de canalizar para lá "o que o Isop já fazia de forma esparsa e descontínua, com seus cursos breves" (MANCEBO, 1999, p. 114). O Instituto de Psicologia Aplicada da PUC-RJ, o IPA (1953), surge, dentre outros motivos, como alternativa ao Isop, para, de certo modo, "esvaziar" o poder crescente da formação espaçada e tecnicista oferecida por aquela instituição (LANGENBACH, 1982b).

> Os objetivos explícitos da nova escola bem demonstram a duplicidade de interesses, de modo que o IPA deveria ser um curso de formação universitária de especialistas em psicologia aplicada, mas também um centro de pesquisa, de documentação e de colaboração internacional no plano científico; para isso, nasce com uma preocupação central — apresentar uma densidade teórica, suprimindo as deficiências existentes no Isop. (MANCEBO, 1999, p. 115)

---

34 Pedro Parafita Bessa, em fita do CRP-04, relata que Mira y López queria que o Isop fosse o responsável pelos *cursos de psicologia*, que deveriam continuar a ser de *nível técnico*.

Procurando entender o "espírito" da época, busco desenvolver uma leitura das palavras que constituem os discursos, das rupturas que as entrelinhas dos discursos permitidos me fornecem. Quero atentar para as relações dos saberes e poderes que se apresentaram, tão ricos para a história da psicologia. A crescente industrialização, a vinda de mão-de-obra qualificada do exterior, o número cada vez maior de desempregados na cidade e os problemas criados para o Estado com tudo isso abrem um campo propício à nova profissão na capital nacional — os psicotécnicos, que podem medir e avaliar a mão-de-obra qualificada tão urgentemente necessária, fazendo que a "escolha" e a "capacitação" fiquem indissociáveis na melhoria da qualidade do trabalho. Esses novos profissionais especializados em "escolher adequadamente a força de trabalho, tendo para isso como parâmetro fundamental o exame das aptidões e do caráter, assim como a ação sobre o seu treinamento, isto é, influenciar o próprio processo de aprendizagem visando um rendimento maior" — esse grupo, do Isop e da Associação Brasileira de Psicotécnica, liderado por Mira y López e Lourenço Filho, apresenta o primeiro projeto de profissionalização.

Passaram-se dez anos até o persistente professor Lourenço Filho conseguir a devolução do anteprojeto de lei, que havia sofrido mutilações e restrições. Novo projeto, encaminhado pela Associação de Psicólogos de São Paulo, foi acompanhado pelo deputado Adaucto Lucio Cardoso e, depois de discutido e aprovado no Congresso, se transformou na Lei 4.119, de 1962. "É ainda graças a essa opção do deputado Adaucto Cardoso que somos hoje psicólogos, já que, na nomenclatura proposta por Lourenço Filho, seríamos hoje psicologistas" (VELLOSO, 1988, p. 6-7).

O professor Franco Lo Presti Seminério, do Isop, contou que, a partir da regulamentação profissional, cabia

> ao psicólogo um papel social de múltiplas direções, quer no planejamento e desenvolvimento educacional em nível sistêmi-

A psicologia e o mundo do trabalho no Brasil

co, para promover o crescimento cognitivo dos seres humanos, único instrumento real para igualar as classes sociais; quer no ajustamento real concebido transideologicamente como maturidade, na elaboração dos próprios conflitos, a que todo o ser humano faz jus; quer no replanejamento sociotecnológico da cultura e de seus instrumentos para permitir um mundo "ergonomizado" e menos penoso para o trabalhador e para a existência de cada ser humano. [SEMINÉRIO, 1987, p. 32]

Aqui, a função do psicólogo é ressignificada somente pelo ideário dos saberes e poderes propostos ao psicologista ligado à psicotécnica.

Naturalmente, o Isop, maior centro de formação de técnicos psicologistas da época, só poderia estar presente como força atuante nesse processo de autonomização da profissão. Fazendo um apanhado retrospectivo, vemos que, na primeira década de existência, suas atividades giraram em torno da implantação profissional, bem como da formação das primeiras levas de especialistas. A orientação profissional de 1.100 casos atendidos entre 5 e 14 anos (*sic*)[35] foi alvo de "pesquisa rigorosamente dimensionada", fazendo do Isop "um modelo técnico e metodológico".[36] Na segunda década, continuando seu trabalho com a psicotécnica, o destaque está na participação ativa na regulamentação da profissão.

Após 1962, com a profissão regulamentada, os cursos de psicologia em nível universitário foram crescendo em número, e os cursos de formação do Isop, em nível técnico, perderam força atrativa,

---

35 Não aparece nenhuma explicação de como era feito o processo de orientação profissional em crianças entre 5 e 14 anos. Tal precocidade em orientar para o trabalho voltará a aparecer no próximo capítulo, quando tratarei do Sosp-MG, que "foi criado nos mesmos moldes do Isop".

36 Dentre a lista de trabalhos de seleção e treinamento de empresas particulares e públicas está a seleção de motoristas que foi alvo de críticas e criou polêmica à época, mas foi justificada como um passo significativo no combate ao acidente de trânsito.

Júlia Maria Casulari Motta

mudando o panorama da psicologia, "num ritmo até então imprevisível". O Isop, entretanto, continuou na luta para divulgar a profissão e sua concepção de psicologia. Em 1967, ele reivindica, "por sua história e seu acervo de experiência", o papel de abrir "mais ainda suas portas ao verdadeiro grande público: a comunidade, atingida agora pelo caminho de projetos macropsicológicos de grande envergadura".[37] Finalmente, é o primeiro a obter credenciamento pelo CFE na área de psicologia para curso de pós-graduação em mestrado (1971) e doutorado (1977). Mantém a mesma sigla, mas redefine seus objetivos: "O Instituto Superior de Estudos e Pesquisas Psicossociais (Isop), ex-Instituto de Seleção e Orientação Profissional, tem por finalidade concorrer para o desenvolvimento teórico e prático da psicologia aplicada ao trabalho, à educação e à comunidade". Esse momento é assim descrito por Penna (1999, p. 21),[38] um dos atores daquele processo: em 1970, formou-se uma comissão, presidida pelo professor Lourenço Filho,[39] para estudar a implantação de um programa de pós-graduação em psicologia aplicada, com quatro áreas de concentração. No ano seguinte, foi nomeado chefe do Programa de Pós-graduação e coordenador dos programas devidamente implantados o professor Antônio Gomes Penna, que permaneceria durante 22 anos na função, "somente dispensado em novembro de 1992, quando do encerramento das atividades do Centro de Pós-graduação". O acervo do Isop, incluindo a biblioteca de psicologia e os direitos de publicação da revista, transferiu-se para a Universidade Federal do Rio de Janeiro, para onde também foram os professores.

---

37  Continuando uma lista de trabalho no Brasil e no exterior, ver: INSTITUTO SUPERIOR DE ESTUDOS E PESQUISAS PSICOSSOCIAIS (Isop). "Sumário das atividades de 1989". *Arq. Bras. Psic.* Rio de Janeiro, 42 (2): 141-172, mar.-maio 1990.

38  PENNA, A. G. "Minha caminhada na psicologia". In: JACÓ-VILELA, Ana et al. (org.), 1999.

39  Durante o processo dessa comissão o professor Lourenço Filho veio a falecer, ficando vago seu lugar até o ano seguinte, após a instalação do curso de pós-graduação.

A psicologia e o mundo do trabalho no Brasil

Segundo o professor Eduardo Dapiesi,[40] "todos os professores foram desligados ou transferidos para a universidade, mas o Penna ficou ainda, por um tempo, ligado à fundação, para administrar algum assunto do Isop".

A partir daqui, é importante retomar, em caráter reflexivo, um exemplo dos trabalhos desenvolvidos pelos psicologistas do Isop, a fim de complementar a arqueologia desse instituto. Para tanto, selecionei o relatório preliminar do polêmico trabalho de "seleção de motoristas", pelo número de críticas que recebeu da imprensa e dos intelectuais das universidades do então Distrito Federal e pelo fato de que se baseava no projeto do professor Mira y López, o criador do teste PMK.[41]

## ANALISANDO UMA CONTRIBUIÇÃO DE MIRA Y LÓPEZ À SELEÇÃO DE MOTORISTAS[42]

> *Os atos não são bons ou maus* a priori, *mas* a posteriori.
>
> MIRA Y LÓPEZ (1949, p. 185)

A justificativa do Isop para a escolha desses profissionais, os motoristas, como os primeiros a ser selecionados pela psicotécnica

---

40 Entrevista concedida em 30 de agosto de 2003, na sede da FGV-RJ, por esse professor daquela fundação, que conviveu com o Isop como "braço principal da FGV".

41 Em sua dissertação de mestrado sobre Mira y López, Rosa M. Rizzo dos Santos faz um exaustivo levantamento das obras daquele professor. Esse teste, o psicodiagnóstico miocinético (PMK), foi desenvolvido com base em suas pesquisas no Maudsley Hospital, na Inglaterra, onde viveu depois de ter fugido da guerra da Espanha. Em 12 de outubro de 1939, apresentou seus resultados oficiais do PMK à Royal Society of Medicine.

42 Esse não é um relatório completo do trabalho desenvolvido, mas o que foi possível conseguir. Dada a relevância do tema, optei por refletir sobre esse material. Ver: Seção noticiário da Revista: *Arq. Bras. de Psicotécnica*, ano 4, junho 1952, nº 2, p. 91-93. Também procurei utilizar o artigo de Francisco Campos, "Seleção psicotécnica de motoristas". *Arq. Bras. de Psicotécnica*, ano 3, setembro 1951, nº 3, p. 8-25, que traz, na íntegra, a

se devia ao fato de que, segundo algumas revistas, "o Rio de Janeiro possui o campeonato mundial de acidentes de tráfego. Certo ou errado, a verdade é que o número de vidas humanas que diariamente periclitam sob os pneus de seus carros é alto demais para as suas autoridades permanecerem neutras". Foi assim, "neste anseio de poupar vidas humanas, que a seleção psicotécnica de motoristas tornou-se, no Rio de Janeiro, mais uma arma de luta contra a invalidez e a morte" (FRANCISCO CAMPOS, 1951, p. 7). A partir daí, o autor passa a discorrer sobre as principais teorias psicotécnicas para seleção de motoristas.[43]

Mas o destaque principal é dado a Mira y López, em sua palestra no Dasp,[44] quando esse pesquisador psicologista apresentou um projeto de trabalho cujos objetivos eram:

> Elaborar um quadro de aptidões profissionais tendo em vista a seleção eliminatória do pessoal condutor. Usar as técnicas de observação, discussão verbal, registro cinematográfico, controle experimental para as fases de: pôr em movimento o ônibus, de modo suave; dirigir o veículo através do tráfego, do modo mais regular possível, sem mudanças bruscas de velocidade; atender aos sinais acústicos e visuais de parada; parar o ônibus

---

palestra referente ao tema, no curso de Mira y López no Dasp. É um artigo teórico, por isso nos mostra baseados em quais teorias os psicologistas do Isop (1947) desenvolviam a seleção de motoristas. Relembrando que o sucesso conquistado pelo professor catalão com essa e outras palestras no Dasp resultou na sua contratação pela FGV (1944).

43 O autor relembra que foi Hugo Munsterberg, em 1912, nos Estados Unidos, quem iniciou os primeiros procedimentos psicotécnicos para seleção de motoristas, "providenciando medidas para pôr de manifesto as qualidades mentais para uma tarefa na qual a vida, a integridade pessoal e o êxito econômico estão em perigo". Relembra também, a partir desse trabalho inicial, Tramm, na Alemanha, Lahy, na França, Mira (essa referência é a Mira y López, que criou o teste PMK para motoristas), na Espanha, e Viteless, nos Estados Unidos (FRANCISCO CAMPOS, 1951, p. 9).

44 MIRA Y LÓPEZ, Emílio. "Análise do trabalho de *chauffeur* nos condutores da Cia. Geral de Ônibus de Barcelona". Curso de Aperfeiçoamento do Dasp: Orientação, seleção e readaptação profissional.

suavemente; evitar obstáculos que possam apresentar-se inesperadamente durante o trajeto; colocar e tirar o ônibus da garagem, estacionando-o devidamente.

Para tanto, requeriam-se as seguintes aptidões: sensibilidade muscular e osteoarticular nos braços e pernas; capacidade de dissociação simultânea desses movimentos; ortofonia; agudez visual; percepção de relevo; resistência ao deslumbramento; boa memória topográfica; boa apreciação comparativa das distâncias lineares; amplo campo visual, sem escotomas; excelente percepção diferencial da velocidade; regularidade de ritmos cinéticos; boa percepção subconsciente de intervalos temporais; boa localização de sons e ruídos; boa memória de posição; capacidade de atenção espontânea condicionada; capacidade de persistente vigilância no campo visual marginal.

A partir daí, Mira y López aponta uma lista de "qualidades complementares": perfeito controle dos movimentos reflexos e deflexos defensivos; capacidade de aprendizagem de novos deflexos para situações não-previstas; boa avaliação imaginativa, haptocinética, de retroespaço; boa memória cinestésica; habilidade motriz e inteligência espacial normais.

Após essa exaustiva *decomposição do ser humano* (*sic*), o possível candidato a *chauffeur,* segundo Mira y López (o qual foi apresentado naquele artigo como o principal estudioso do tema: "provavelmente, ninguém estudou tão exaustivamente o assunto e por tão longo tempo como o dr. Mira", p. 10), precisa ter algumas condições "caracterológicas e pessoais", com destaque para bom coeficiente de auto-suficiência, sem hipertrofia da auto-estima, isto é, combinação de segurança com prudência; e capacidade de "extensão" e "fusão" da imagem corporal com objetos inanimados em co-translação, pois "O *chauffeur* forma uma unidade indissolúvel com seu veículo" (*sic*).

Ainda nesse trabalho de decomposição e recomposição do motorista, Mira apresenta os procedimentos de controle da ficha do candidato: observação dos rendimentos dos condutores "melhores" e "piores" nas diversas fases; acrescentar a opinião dos inspetores de linha sobre o desempenho dos candidatos aspirantes; comparação do rendimento médio dos aspirantes e instrutores; classificação por grupos de rendimento dos candidatos admitidos por testes e correlação com os veteranos; comparação do rendimento médio global na bateria de provas de todos os admitidos e de um "grupo equivalente de profanos".[45]

Após os primeiros nove meses de trabalho de seleção de motoristas no Rio de Janeiro,[46] é assim apresentada, "em sessão solene no salão de conferencias do Instituto de Seleção e Orientação Profissional da Fundação Getúlio Vargas", a comunicação do professor Mira y López sob o título "Resultados parciais da seleção psicotécnica de motoristas no Rio de Janeiro e problemas derivados desta seleção".[47]

Mira y López comunica que os resultados dos exames psicotécnicos são "deveras impressionantes e comprovam o acerto da iniciativa do major Côrtes, diretor do trânsito do Rio de Janeiro, em adotar a seleção psicotécnica". Também confirmam o que a imprensa proclama: "há verdadeiros alucinados na direção dos ônibus e lotações que servem a população carioca".

Ao apresentar os gráficos com os resultados, destaca que grande número de profissionais (63% dos antigos) não têm condições técnicas desejáveis para conduzir veículos coletivos. Como cresce o

---

45 Até aqui a apresentação desses dados está baseada no artigo, já citado, de Francisco Campos (1951).

46 No período de abril a dezembro de 1951, foram examinados 2751 motoristas, tendo sido 2256 a pedido do Serviço de Trânsito; os demais encaminhados por outros órgãos da administração pública e privada.

47 Dentre os "seletos e numerosos" presentes estavam: os representantes do Serviço de Trânsito, do Touring Club do Brasil, do Departamento de Transporte da Prefeitura e do Instituto de Aposentadoria e Pensões dos Empregados em Transporte e Cargas, e uma delegação da Associação Brasileira para Prevenção contra Acidentes.

número de pessoas que se submetiam ao psicotécnico, cresce também o número de não habilitados, derivando daí um problema social. A respeito desse problema, o professor Mira diz:

> O motorista considerado inapto definitivamente nos exames psicotécnicos tem a sua carteira cassada pelo Serviço de Trânsito, resultando desse ato legítimo da autoridade em favor da segurança pública ficar o profissional em situação de completo abandono, face à legislação vigente: se é empregado, perde o emprego, sem direito a qualquer indenização e, embora contribuinte obrigatório de uma instituição de previdência social, não tem direito, também, à aposentadoria, uma vez que sua incapacidade para trabalhar não é, na maioria dos casos, de ordem fisiológica, e sim técnica.

Mas o dr. Mira rapidamente acrescenta:

> tais obstáculos não devem ter a menor influência no prosseguimento dos exames psicotécnicos, tendo-se em vista que a vida do pedestre e do passageiro é tão valiosa quanto a dos que dirigem veículos coletivos, constituindo os resultados obtidos até aqui uma prova irrefutável de sua necessidade [...].

Recorro a Foucault, quando este afirma que "o estudo arqueológico está sempre no plural", porque se baseia nas multiplicidades de registros; percorre interstícios e desvios, que desenham entre si espaços em branco; busca traçar configurações singulares; tem seu horizonte no emaranhado de interpositividades; não unifica, mas multiplica (FOUCAULT, 2002a, p. 180-183). Então, após decompor o perfil do motorista em múltiplas células, o dr. Mira o recompõe, reordenando as peças num novo perfil, adequando-o para que "o *chauffeur* forme uma unidade indissolúvel com seu veículo". Ora, "unidade indissolúvel" é paixão, é simbiose, que é assim conceituada pelo professor Mira, em *Quatro gigantes da alma*, explicando que, na fase de fusão e simbiose, os amantes não desgrudam, e "mais fácil será romper-se o núcleo atômico de que desfazer-se uma simbiose amorosa, pois, quando chega a produzir-se, oferece o paradoxal efeito de aumentar com os obstáculos e resistências que surjam em seu caminho" (MIRA Y LÓPEZ, 1949, p. 144). O *chauffeur* e seu veículo devem se unificar, isto é, o motorista ideal, mais do que acompanhar o ritmo da máquina, deve unificar-se com ela.

A metodologia de pesquisa usada por ele acompanha os passos da psicologia da administração racional, em que a meta é quebrar os saberes-poderes do trabalhador em múltiplas unidades, capturar os poderes contidos e recompor as partes, formando um novo conjunto. Aqui, o homem deverá ir além de acompanhar o ritmo da máquina: deverá formar com ela uma "unidade indissolúvel". Tal ideal mostra que a função tripla do trabalho está sempre presente: "função produtiva, função simbólica e função de adestramento ou função disciplinar" (FOUCAULT, 2000, p. 224). Ainda apoiada nos conceitos foucaultianos de poder disciplinar como fábrica de indivíduos, fico pensando na ação sobre o corpo, no adestramento do gesto, na regulação do comportamento, no aparecimento do homem como fruto das ciências humanas e como constituinte dessa mesma ciência, nos saberes e poderes sempre juntos, porque todo saber faz seu leito em relações de poder e, enfim, "não há saber neutro. Todo saber é político" (FOUCAULT, 2000, p. XX-XXI). É óbvio que a psicologia, a psicometria, a sociologia e outras ciências sociais têm importante papel a exercer para contribuir com o progresso do ideal de "saúde para todos", aqui representada pelas palavras do dr. Mira de que "a vida do pedestre e do passageiro é tão valiosa quanto a dos que dirigem veículos coletivos". O principal aporte das ciências humanas é definir quais processos incrementam, quais contribuem para o desenvolvimento da saúde das pessoas, e encontrar soluções que possam ser recomendadas aos governantes.

Sim, concordo que toda vida humana é única e preciosa, mas por isso a maneira pela qual a psicotécnica lida com o valor das vidas humanas torna-as secundárias à produtividade. A lista de qualidades requeridas para um motorista revela também o olhar seletivo sobre um estilo de vida, compreendendo-se que estilo de vida são padrões coletivos de comportamento relacionados com a saúde, sendo tais padrões fruto de escolhas feitas dentre as opções disponíveis no átomo social dessas pessoas, o que define suas perspectivas de vida. Ora, a principal contribuição da sociologia de Bourdieu está nas relações entre o privado e o coletivo, a rua de mão dupla entre *habitus* e campo; o *habitus*, como fomentador de estilos de vida, relaciona-se com as estruturas sociais em sua gênese, portanto na formação de estilos de vida, lançando luz sobre as determinações das escolhas individuais pelas possibilidades coletivas. As escolhas subjetivas e as possibilidades objetivas traduzem as relações entre campo e *habitus*. O dr. Mira apontou as dificuldades do trabalhador motorista excluído, "seu completo abandono", mas ajuntou que "tais obstáculos não devem ter a menor influência no prosseguimento dos exames psicotécnicos", deixando no esquecimento as condições sociais de trabalho, pelo menos a adaptação da máquina ao homem. Seu discurso ilumina somente a adaptação do homem à máquina, reproduzindo a "dura psicometria dura", já analisada no capítulo sobre o Idort. Concluo este momento reflexivo com as próprias palavras de Mira y López, publicadas no mesmo período em que o trabalho psicométrico com motoristas estava sendo desenvolvido: "Os atos não são bons ou maus *a priori*, mas *a posteriori*" (MIRA Y LÓPEZ, 1949, p. 185). Acrescento que isso ocorre quando "a ciência é neutra".

## CONCLUSÕES PARCIAIS BASEADAS NA PSICOLOGIA DO ISOP

A **psicologia** desenvolvida no Isop se baseia numa psicometria definidora dos encaminhamentos dados aos resultados dos testes, possuindo estes a força de verdade definitiva, que não pode ser questionada. O trabalho analisado terminou com o psicologista pedindo mais psicometria, com a promessa de que os problemas sociais serão resolvidos pelo aumento quantitativo desta. Tal ciência se dedica a estudar o saber-fazer do trabalhador seguindo os passos de análise, desconstrução, reconstrução, síntese em outros parâmetros e avaliação dos resultados. A nova síntese fica justificada pela produtividade aumentada do trabalhador, que garante "o homem certo para o lugar certo". É, portanto, uma **ciência comportamentalista**. A garantia de mais eficiência significa mais lucro com menos custos, traduzindo relações estreitas entre a psicotécnica e o capital. A seleção psicométrica do trabalhador, baseada nesses critérios, revela que o **trabalho é competição**, é velocidade, é acompanhar a máquina, é repetir sem erros para lucrar mais com menos custos. É, em primeiro lugar, lucro. Por conseguinte, é ciência a serviço do ideário liberal. Para tanto, sua preocupação com a saúde fica prioritariamente voltada para sua produtividade, porque, como revelou o exemplo analisado, o trabalhador deve formar uma "unidade indissolúvel" com a máquina. Não trata, em nenhum momento, das necessidades de espaço para o trabalhador escolher "seu estilo de vida", como protagonista de sua história. Portanto **não é ciência da saúde**.

Concluído o capítulo sobre o Isop, continuo a viagem fazendo a próxima parada em Minas Gerais, (re)visitando a criação do Sosp (1949), nos moldes do Isop.

CAPÍTULO 5

# PSICOLOGIA E EDUCAÇÃO: O INSTITUTO DE EDUCAÇÃO E O SOSP (1949)

## O PODEROSO SOSP, QUE VIROU O PEQUENO CENPA

*O que estudamos é comportamento individual ou coletivo.*
*Alma não faz parte da ciência.*

PEDRO PARAFITA BESSA (ENTREVISTA, 2000)

Em Minas Gerais, a passagem do século XIX para o XX foi especialmente marcada, para a evolução da psicologia, pela criação da Escola Normal Modelo do Estado (1906), onde a presença da psicologia educacional teve abrigo oficial, embora associada à cadeira de filosofia.

Em 1923, no governo de Artur Bernardes, o governador de Minas Gerais era Antônio Carlos Ribeiro de Andrada, que teve Francisco Campos como secretário da Educação. Nesse período, fez-se a reforma de ensino que introduziu a psicologia no currículo da Escola Normal. Até então, o ensino esteve voltado para as elites, passando sua atenção a ser redirecionada com base nos seguin-

Júlia Maria Casulari Motta

tes pontos: como preparação de mão-de-obra; como atendimento do crescente contingente de pessoas nos centros urbanos; como necessidade de aumentar o número de eleitores que poderiam mudar o perfil dos governantes, até então submissos a uma elite rural e coronelista, que mantinha seus "eleitores fiéis". Com a reforma de 1923, o ensino passou a ter como bandeira o "princípio da ideologia liberal — a educação é direito de todos". A educação, precursora da psicologia no estado, tornou-se destaque a partir do I Congresso de Instrução e da Adesão ao Movimento da Escola Nova, acrescido com o movimento modernista mineiro, que contou com a participação de Carlos Drummond de Andrade (GOULART, 1985, p. 16-20).[1] Então, é possível ver que, em Minas, a preocupação com a psicologia e suas técnicas já estava presente quando, em 1925, promoveu-se um curso com o professor carioca C. A. Baker com o tema "Testes". Já sob a coordenação do secretário Francisco Campos, realizou-se um curso de aperfeiçoamento para professores, ministrado por Iago Pimentel, Alberto Álvares e Alexandre Drummond, com os seguintes temas: psicologia educacional, testes e metodologia. Também a partir de 1925, iniciou-se a publicação da *Revista do Ensino*, órgão oficial da Inspetoria Geral de Instrução da Secretaria do Interior e Justiça do Estado. Ela logo se tornou veículo de divulgação, entre professores estaduais, de artigos europeus e americanos sobre métodos de ensino, sobre psicologia da criança e sobre pesquisas realizadas em Minas. Tal divulgação foi acrescida da contribuição do jornal *Minas Gerais*, da Imprensa Oficial do Estado, que criou uma seção pedagógica, aumentando a circulação de informações entre educadores na capital e no interior.

---

1   Em sua tese, a professora Íris B. Goulart desenvolve uma interessante pesquisa através da memória de 18 atores que participaram como construtores dessa história da psicologia, em Minas Gerais.

Francisco Campos, que esteve à frente da Secretaria de Educação até 1930, fez primeiramente a reforma de ensino primário e normal. Paralelamente, promoveu a Missão Pedagógica Européia e enviou para os Estados Unidos, à Universidade Columbia, um grupo de professores para treinamento. No mesmo período, criou a Universidade de Minas Gerais (1927). Na Missão Pedagógica Européia, vieram Theodore Simon, colaborador de Binet, e dois assistentes de Claparède: Léon Walther e a psicóloga russa Helena Antipoff,[2] principal responsável pelo grande impulso da psicologia educacional em Minas Gerais. A partir de 1929, ela se tornou líder da psicologia educacional na Escola de Aperfeiçoamento Pedagógico, principal núcleo do movimento reformista de 1923, implantando as idéias desenvolvidas no Instituto Jean-Jacques Rousseau, de Genebra, que levava em consideração o método do suíço Jean Piaget e a linha experimental de Paul Fraisse. Além de aluna no Rousseau, Helena foi, já dissemos, assistente de Claparède, o fundador daquele instituto. Já em 1928, no primeiro curso da Escola de Aperfeiçoamento, esteve presente sua forte participação como educadora e pesquisadora. Nas palavras de Campos (1980, p. 36), os profissionais da Missão Pedagógica Européia estavam assim distribuídos:

> Simon foi encarregado de um curso de pedagogia e psicologia infantil e de conferências sobre testes psicológicos e organização de classes; Léon Walther deu um curso sobre os métodos da psicologia para os alunos da Escola e foi ainda encarregado de lecionar um curso público, na Universidade de Minas

---

2   Segundo entrevista concedida em 24 de fevereiro de 2000 a Wilson Leite, para o projeto História da Psicologia do CFP-CRP-04, Pedro Parafita Bessa descreve assim Helena Antipoff: "D. Helena era filha de alto patente militar do czar Nicolau II, foi criada na corte até que veio a Revolução Russa. Seu marido foi 'despejado' em Berlim, juntamente com uma centena de outros intelectuais, e ela, posteriormente, conseguiu se juntar a ele. Veio para o Brasil contratada, e de dois em dois anos precisava renovar seu contrato".

Gerais, sobre Tecnologia e Orientação Profissional. Helena Antipoff, que permaneceu por muitos anos em Minas Gerais, foi encarregada de organizar o Laboratório de Psicologia Experimental, já adquirido pelo governo mineiro na Europa, e de reger por dois anos, inicialmente, curso e trabalhos práticos ligados ao laboratório.[3]

As pesquisas desenvolvidas por esse Laboratório de Psicologia Experimental tinham, eminentemente, um caráter prático, eram pesquisas de campo. Dessas pesquisas resultou uma visão realista da situação das "crianças excepcionais", seu abandono e discriminação social. Com a liderança de Antipoff, criou-se então a primeira classe especial anexa à Escola de Aperfeiçoamento. Dessa iniciativa nasceu, posteriormente, a Sociedade Pestalozzi de Minas Gerais (1932) e o Instituto Pestalozzi de Belo Horizonte (1935), onde Pierre Weil foi colaborador na clínica psicopedagógica, por dez anos. Sua principal participação na psicologia mineira será detalhada na criação do DOT (1958).[4]

Os testes, amplamente usados nesses contextos, revelavam um caráter individualista no atendimento psicológico e a preocupação com o valor científico da prática; ficando no experimentalismo europeu as principais bases da psicologia mineira, nas décadas de 1920 e 1930 (GOULART, 1985, p. 199-200).[5] Essa relação direta do

---

3 Para saber mais sobre o tema ver: CAMPOS, R. H. *Psicologia e ideologia: um estudo da formação da psicologia educacional em Minas Gerais*. Dissertação (mestrado). Belo Horizonte: UFMG, 1980 (Mimeo).

4 Em entrevista concedida em 10 de junho de 2004, Pierre Weil conta "Fui amigo de Helena Antipoff durante toda a vida, tivemos uma ligação profunda de amizade, conversávamos muito. Ela me convidou para colaborar na criação da clínica de 'consultação' do Instituto Pestalozzi, onde permaneci por dez anos".

5 No início do século XX o pensamento quantitativo passou a crescer dentro da psicologia, em cujos laboratórios de experimentação se buscavam as leis universais aplicáveis aos fenômenos psicológicos, quando surgiu a o interesse pelo diferenciável, isto é, a psicometria. Na Alemanha, Weber e Fechner desenvolveram a psicofisiologia, que inspi-

A psicologia e o mundo do trabalho no Brasil

Instituto Rousseau na psicologia mineira torna-a distinta da psicotécnica, apesar de também valorizarem os testes. Seu caráter educacional faz o foco ser deslocado do mundo do trabalhador atual para o mundo do trabalhador do futuro. A seleção já não está mais no candidato ao cargo, mas nos "inteligentes", nos que "prometem brilho escolar".[6] É preciso não desconsiderar, também, a participação dos professores brasileiros que foram para os Estados Unidos aperfeiçoar-se e trouxeram os modismos americanos para cá.

Enquanto isso, nasceu no Rio de Janeiro, em 1924, a Associação Brasileira de Educação, ligada aos escolanovistas. Tudo isso num clima de efervescência que caracterizou as décadas de 1920 e 1930. A Semana de Arte Moderna, a deposição e o exílio, em outubro de 1930, do presidente Washington Luiz, a explosão dos movimentos sociais de todas as camadas, desde os operários, passando pela burguesia industrial até os militares, a revolta das Forças Armadas e a criação do Partido Comunista, responderam como atores da Revolução de 30. Voltamos agora ao governo getulista, mas buscando o foco da educação e da psicologia nesse campo. Getúlio, como presidente do governo provisório, buscou criar uma estrutura administrativa que lhe assegurasse estabilidade. Para isso criou o Ministério do Trabalho, já citado, e o da Educação, para o qual chamou o bem-

---

rou a psicologia experimental, ao mesmo tempo que na Inglaterra se desenvolvia a estatística aplicada à psicologia, e na França, crescia o interesse pela psicopatologia. Os expoentes franceses da psicologia, Ribot (1839-1916); Pierre Janet (1895-1947); George Dumas (1866-1946) não efetuaram experimentos, mas foram considerados representantes da psicologia experimental na Sorbonne, no College de France e no Laboratório de Salpetrière. A partir das pesquisas experimentais e dos estudos sobre normal e patológico, Binet e Simon, em 1905, criaram o teste de escala de idade mental.

Piaget (1896-1980) foi sucessor de Claparède, Flournoy e Ferrière da Escola Ativa (escola da expressão criadora da criança). Claparède, como diretor do Instituto Rousseau, convidou Piaget para participar do Instituto, onde ficou por 50 anos, criando o Centro de Epistemologia Genética na Universidade de Genebra (GOULART, idem, p. 200-201).

6     Esse foco reaparecerá nas atividades do DOT (Departamento de Orientação ao Trabalho do Banco da Lavoura), que será objeto de análise no próximo capítulo.

161

sucedido mineiro, o secretário da Educação Francisco Campos, para implantar, em âmbito nacional, a reforma educacional iniciada em Minas Gerais. Mas Getúlio governava num clima de ambivalência, enfrentando um período de grande instabilidade. A Revolução Constitucionalista, liderada pelos paulistas em 1932, revelava uma resistência ao movimento centralizador do governo getulista que, como represália, retirava a autonomia dos estados. Após o fracasso do movimento, o grupo liderado pelos paulistas perdeu parte da força de resistência ativa. Getúlio governou, nesse período, buscando apoio de todos os grupos, mas, em especial, das Forças Armadas. Tanto a burguesia industrial, quanto os operários, intelectuais, grupos radicais de esquerda e direita,[7] quanto o apoio das Forças Armadas criaram um cenário propício para o golpe que instalou o Estado Novo. Foi um tempo de conservadorismo, relações estreitas entre Estado e Forças Armadas, uma política de dirigismo em substituição a uma política liberal. A simpatia de Getúlio pelo fascismo pode ser reconhecida em seu perfil de caudilho populista. A partir desse ponto, o governo passou a ter amplos poderes para remanejar a estrutura do Estado. Desse cenário político, a Constituição de 1934, que trouxera vitórias educacionais como direito à educação obrigatória, pública, gratuita e leiga para todos, teve, na Constituição de 1937, suas asas cortadas.[8] Agora, o Estado já não se punha como o principal responsável pela educação de todos, mas passou a proclamar a liberdade da iniciativa particular, reservando para si um papel coadjuvante na responsabilidade educacional dos brasileiros.

---

7    Há ambivalência do governo em relação aos movimentos radicais: os de esquerda podem ser representados pelo movimento de 1935, sufocado pelo governo, e os de direita, dos Integralistas, justificando, para o governo, o golpe de Estado.

8    Essa perda de espaço de saberes e poderes no cenário estadual da educação é principalmente refletida no grupo de 26 educadores liderados por Fernando de Azevedo que redigem o Manifesto dos Pioneiros, no qual reivindicavam uma seleção dos alunos por aptidões naturais e o fim da discriminação por classe econômica. Nesse período, Helena Antipoff desenvolveu uma pesquisa para caracterizar o aluno escolar mineiro.

A psicologia e o mundo do trabalho no Brasil

Está assim registrado no artigo 150, parágrafo único, dessa Constituição: [9]

> O Plano Nacional de Educação [...] obedecerá às seguintes normas: [...]
> e) limitação da matricula à capacidade didática do estabelecimento e seleção por meio de *provas de inteligência e aproveitamento*, ou *por processos objetivos apropriados à finalidade do curso*. [grifos meus]

Aqui, a psicologia é solicitada pelo Estado para fornecer as "provas científicas" da isenção de responsabilidade de "educação para todos", gratuita e leiga, compreendendo como leiga o não preconceito religioso nas escolas. A seleção escolar darwinista das crianças brasileiras, oficializada nessa Constituição, será tema de pesquisa e de trabalho de revisão liderado por Helena Antipoff, desde sua chegada ao Brasil. Como a "ciência é neutra", a psicologia dos testes de inteligência assim utilizados serve a uma proposição governamental de retrocesso das conquistas anteriores. É interessante lembrar que a mesma ciência chamada psicologia educacional é o instrumento de libertação dos preconceitos contra "crianças excepcionais" nesse período, no mesmo cenário.

No cenário internacional, tempo entre duas guerras mundiais, o mundo do trabalho está efervescente em transformações taylorístico-fordistas que buscam o "homem certo para o lugar certo" e tem especial apoio na crescente ciência da psicotécnica, que ganha força com as relações entre a educação e o mundo do trabalho. Nessa época, é lançado o filme *Tempos modernos* (1936), de Charles Chaplin. Esse filme dispensa comentários quanto à denúncia dos métodos dos "tempos modernos" no mundo do trabalho, no qual a

---

9 Ver a excelente análise da evolução do processo educacional na tese de Goulart (1985).

psicotécnica tem sua participação. Ora, ver a educação basicamente como uma escola preparatória para o trabalho é desenvolver uma relação de mão dupla com o mundo futuro de seus alunos. O protagonista do filme representa o futuro do aluno de hoje; se o trabalhador é selecionado pela psicotécnica, por que não o aluno, que é o futuro trabalhador?

A Escola de Aperfeiçoamento Pedagógico, liderada por Antipoff, formava orientadores técnicos e diretores de escola primária, e "não se sabe se era curso superior ou médio" (PARAFITA BESSA, 2000). Posteriormente, em 1946, essa escola seria transformada em curso de Administração Escolar, para, em seguida, constituir o curso de Pedagogia, na Universidade Federal. Também descendem da Escola de Aperfeiçoamento a Faculdade de Filosofia, Ciências e Letras Santa Maria, que posteriormente foi incorporada à Universidade Católica de Minas Gerais (1945), e a Faculdade de Filosofia de Belo Horizonte, que foi incorporada à Universidade Federal de Minas Gerais, em 1939. Helena Antipoff também trabalhou na Universidade, nesse curso de filosofia. Essa psicóloga russo-brasileira, no dizer do seu primeiro orientando brasileiro, Pedro Parafita Bessa (2000),[10] "foi quem deu dignidade à criança excepcional em Minas", visto que até então eram tratadas como "bichos" e escondidas nos "porões das casas". "O resgate do grande preconceito quanto às crianças especiais veio da psicologia, que lhes devolveu a dignidade, possibilitou-lhes adquirir uma dignidade, tornarem-se mais humanas, uma tênue luz."

---

10 Entrevista concedida por Pedro Parafita Bessa, em 24 de fevereiro de 2000. Arquivo do CRP-04 e do psicólogo Wilson Leite. O título dessa pesquisa pioneira é "Análise do conteúdo dos jornais de Belo Horizonte" e ela está publicada no periódico paulista *Arquivo Público da Prefeitura de São Paulo*, de 1944. O professor Parafita Bessa, apesar de ter-se tornado psicólogo e ter substituído Helena Antipoff na Faculdade de Pedagogia, na cadeira de psicologia educacional com experimentos e orientação experimental, fez sua graduação em Ciências Sociais, que resultou nessa pesquisa. Conta Bessa que na Faculdade de Filosofia a psicologia estudada abordava a origem e não o comportamento.

A psicologia e o mundo do trabalho no Brasil

Interessante observar que onde a psicologia — quer educacional, quer organizacional — foi mais brilhantemente construtora de novos paradigmas, isto é, saiu dos "porões das casas", ela esteve trabalhando com os grupos: as famílias, os alunos, os trabalhadores..., mas sempre pessoas em relação. Esse fato amplia a psicologia para além da meta da psicotécnica, que tem o caráter individual e competitivo de seleção e treinamento. Ao trabalhar para que "as crianças especiais adquirissem uma dignidade" esse grupo também trabalhou para "devolver a dignidade à psicologia", que tinha se reduzido aos testes pelos testes.

Posteriormente, após a formatura dos primeiros alunos do Instituto Pestalozzi, os quais não tinham outro apoio educacional e profissionalizante, Antipoff liderou a criação do Iser (Instituto Superior de Educação Rural, em junho de 1955), também chamado Fazenda do Rosário.[11] Entre as décadas de 1920 e 1940, a psicologia educacional se desenvolveu com orientação psicométrica de base européia, como já se anunciou. Na década de 1940, a Escola de Aperfeiçoamento Pedagógico (1929), já transformada em Curso de Administração Escolar (1946), e daí Curso de Pedagogia, fun-

---

11 Apesar de não ser tema deste livro, considero imprescindível citar o trabalho do professor Ulysses Pernambuco, considerado como o correspondente em Pernambuco ao que fez Helena Antipoff em Minas Gerais. Ulysses Pernambuco criou, em 1925, o Departamento de Saúde e Assistência na Escola Normal Oficial de Pernambuco, que em 1929 passou a chamar-se Isop — Instituto de Seleção e Orientação Profissional — e, em 1931, foi anexado ao Serviço de Higiene Mental do Hospital dos Alienados. Também criou várias escolas para anormais; dentro da Escola Normal de Pernambuco, onde foi diretor, na Liga de Higiene Mental de Pernambuco, no Sanatório de Recife. Trabalhou no Hospital de Doenças Nervosas e Mentais, participou da criação da Assistência a Psicopatas de Pernambuco. Fez pesquisas, formou profissionais, pesquisadores e deu à educação das crianças excepcionais um impulso pioneiro. Juntamente com Anita Paes Barreto, fez de Pernambuco um dos centros de pesquisa pioneiro na autonomização da Psicologia no Brasil. Foi perseguido politicamente, preso, acusado de "subversão" por sua luta por condições de assistência aos doentes mentais, crianças especiais, também por suas denúncias às condições dos trabalhadores, em especial, dos trabalhadores do campo. Ver a tese de Mitsuko A. Makino Antunes (1991).

Júlia Maria Casulari Motta

diu-se com a Escola Normal para se tornar o Instituto de Educação, para onde foi também o Laboratório de Psicologia Experimental. Essa instituição abrigará o Sosp (1949) desde sua criação.

Enquanto isso, no Rio de Janeiro, nos conta Parafita Bessa (2000):

> Anísio Teixeira estava responsável por modernizar o Laboratório de Psicologia da Universidade do Distrito Federal, mas a chegada do Estado Novo, tendo como prefeito do Rio, Pedro Ernesto, Getúlio fechou a Universidade Federal. A elite intelectual protestou e Capanema anunciou que outra faculdade seria criada no mesmo nível, criando a Faculdade de Filosofia e a lei que a regulamentava, padronizando os cursos: Matérias, ordem das matérias, carga horária e o ensino de Psicologia a nível superior, paralelo à Filosofia e à Pedagogia [em 1939].

Em Belo Horizonte, no governo de Benedito Valadares Ribeiro, nos fins de 1944, o contrato de Helena Antipoff não foi renovado, por questões políticas, e ela mudou-se para o Rio de Janeiro, onde trabalhou com menores. Nesse período, a partir de 1948, foi vizinha de Pierre Weil na rua Candelária. Enquanto isso, a Sociedade Mineira de Psiquiatria, Psicologia e Medicina Legal, criada na década de 1940, permanece uma das pioneiras na organização de grupos de estudos, palestras e eventos. Essa sociedade deu visibilidade, em 1946, a uma pesquisa com presos menores, no Presídio de Neves, onde se aplicou o teste PMK, desenvolvido pelo dr. Mira y López, diretor do Isop. Esse teste foi utilizado com o objetivo de medir a agressividade, o interesse dos menores presidiários, e a pesquisa foi desenvolvida pelo professor Parafita Bessa, após concluir seu treinamento no FGV-Isop-RJ.[12]

---

12 Essa pesquisa está publicada pela Faculdade de Direito de Belo Horizonte (PARAFITA BESSA, 2000).

A psicologia e o mundo do trabalho no Brasil

A década de 1940 é marcada em Minas Gerais como um período de luta pela defesa do princípio liberal de que "é direito de todos a educação", mas revela também que nem todos são dotados igualmente para usufruir das oportunidades que o Estado lhes promove. A justificativa está, novamente, na psicologia que fundamenta cientificamente, através dos testes psicológicos, quais serão os melhores alunos, os que aproveitarão melhor a escola, antecipando o processo de seleção e treinamento do mundo do trabalho.

No cenário mundial, estoura a Segunda Guerra (1940-1944), que altera o panorama político das nações, e, em especial, a velocidade do desenvolvimento das ciências, em destaque, a psicometria. Os testes tornam-se o instrumento, por excelência, de seleção dos soldados para a guerra, e justificam o financiamento pelo poder público e grandes empresas dos estudos para criação de mais testes. Nesse sentido, a guerra pode ser vista como uma triste instância produtora de conhecimento psicológico, sem que seja possível questionar tal motivação, visto que a "ciência é neutra".

Em Minas Gerais, um programa de rádio para estudantes (Rádio Guarani), cujo diretor foi Tabajara Pedroso, mantinha parceria com o Instituto de Educação (na época Escola Normal) e tinha como locutor amador o professor Halley Bessa,[13] que desenvolvia essa atividade desde a década de 1930. Ele nos conta que: "levava instrumentos musicais para o programa de rádio, e trazia questões de língua pátria, geografia, matemática, história [...]".

---

13 Entrevista concedida a Íris Goulart, em 1985. O professor Halley Alves Bessa, à época do programa de rádio *Alma Juvenil*, é estudante de medicina e conta que sempre teve especial interesse pelos jovens. Trabalhou para que os colégios de Minas Gerais adotassem o sistema misto de alunos. Para isso escreveu um documento onde argumentava que "a co-educação em colégio misto não pode ser confundida com colégio misturado". Defende "uma visão globalizante do homem, isto é, a necessidade de ver o homem e seus valores". De seu ponto de vista, a educação sempre está ligada à psicologia, por isso em 1957, quando da criação da Sociedade Mineira de Psicologia, tornou-se membro efetivo e participou da diretoria. Também trabalhou no Setor de Higiene Mental do Sosp, como técnico.

167

Relembrando que quando "a notícia chegou de que o Brasil havia declarado guerra à Alemanha, estava fazendo um programa de rádio e foi necessário pedir aos professores do Instituto de Educação que não mandassem os alunos para a rádio, pois o povo depredava as lojas de alemães, italianos. O programa pedia calma ao povo".

No Brasil, o cenário político é tenso e, durante o ano de 1945, Getúlio enfrenta oposições, até que em outubro desse ano ele é deposto por um golpe militar e é organizada uma nova eleição presidencial. O candidato getulista do partido PDS, em parceria com a UDN — o General Dutra —, ganha as eleições que ocorrem em 2 de dezembro. Empossado em janeiro de 1946, Dutra passa a representar a volta do país a um regime de normalidade democrática. Nesse ano, é revista a Constituição Brasileira (1946), que retoma alguns pontos da Constituição de 1934, os quais haviam sido abolidos na de 1937.

Bem no pós-guerra, quando a psicometria americana estava no seu apogeu, no Rio de Janeiro estava sendo criado o Isop (1947) e, para lá, rumaram muitos dos psicólogos mineiros buscando formação em psicometria. Também, pela amizade entre Helena Antipoff e Mira y López surgiram convites para que proferissem conferências em Minas Gerais. A partir dessas conferências, inicia-se o movimento que resultou na criação do Sosp (1949), nos moldes do Isop. Entretanto, a casa que abrigou o Sosp não era um cenário tranqüilo, pois, como no mesmo edifício estavam várias instituições com origens diferentes, *status* profissional e financeiro diversos conviviam no mesmo edifício, numa "relação interinstitucional". Eram "vizinhos" no mesmo prédio, mas como hóspedes "subordinados" ao Instituto de Educação, "autônomos" em salários e relações trabalhistas: o Instituto de Educação, que é descendente da Escola Normal Modelo de Belo Horizonte; o Curso de Administração, que vinha da transformação da Escola de Aperfeiçoamento Pedagógico; e, agora, o recém-criado Sosp, que passou a ocupar as instalações do antigo Laboratório de Psicologia Experimental. Salários diferentes, *status* diversos, coordenações próprias, mas subordinadas a uma mesma diretoria do Instituto de Educação, "jamais poderia ser pacífica a convivência, dentro do mesmo edifício, de professores primários e secundários bem especializados com professores de um curso pós-normal e depois superior, cujo regime de trabalho e salário fossem divergentes" (GOULART, 1985, p. 168-175). Oportunamente, lembra a professora Marlene Batista (2004)[14] que o Sosp foi criado *no* e não *do* Instituto de Educação.

O *Jornal Minas Gerais*, órgão oficial dos poderes do estado, de Belo Horizonte, registra assim a fundação do Sosp, na Lei 482, de 11 de novembro de 1949:

> Fica criado no Instituto de Educação, o Serviço de Orientação e Seleção Profissional com o objetivo de orientar vocações no meio escolar e estabelecer critérios para seleção de pessoal destinado à administração pública e a organizações particulares. Em parágrafo único fica determinado que a colaboração com organizações particulares se fará mediante remuneração razoável, que o Poder Executivo fixará.

Já no artigo 2º, que trata do quadro de funcionários efetivos do estado,

> terá um chefe de serviço, um secretário, um assistente técnico para trabalhos de síntese psicológica, dois assistentes técnicos para provas de personalidade, um assistente técnico para prova de aptidões artísticas, um assistente técnico para provas de inteligência, um assistente técnico para provas de aptidões específicas, um assistente técnico para provas vocacionais, um médico

---

14 Entrevista concedida, na reitoria da UFMG, pela professora Marlene Batista, ex-diretora do Sosp, em 8 de junho de 2004.

Júlia Maria Casulari Motta

para exames clínicos e tipológicos, duas assistentes sociais e uma datilógrafa.

Em resumo, em tal quadro técnico, vemos que o Sosp, na sua fundação, passou a ter um chefe, dez técnicos e dois funcionários administrativos.

Seu primeiro diretor foi um psicólogo estrangeiro, Symcha Jersy Schwarzstein, conhecido como dr. Jorge, substituído na década de 1950 pelo professor Pedro Parafita Bessa[15] (que já tinha sido o primeiro técnico contratado pelo Sosp, por indicação de Helena Antipoff, sua orientadora de pesquisa). O Sosp passa a selecionar os candidatos para os cursos do Instituto de Educação e, nesse primeiro ano, dedica-se à formação do seu próprio quadro de técnicos. No segundo ano, expande sua atuação, dedicando-se à orientação vocacional dos adolescentes, à seleção de motoristas profissionais e amadores, à seleção de pessoal para administração pública e para os quadros das empresas, seleções essas que incluíam "testes de inteligência, personalidade e interesses". Então, "a gradual mudança na perspectiva institucional está associada a uma redefinição do papel da própria psicologia da educação e ao surgimento de uma psicologia que extrapolava o trabalho que se efetiva na escola. Aí se vê a psicologia empresarial emergindo da psicologia da educação". Interessante a análise de Goulart ao dar visibilidade ao fenômeno de passagem da psicologia da educação para a do trabalho, as íntimas relações entre educação e o mundo do trabalho novamente mostram um trânsito retroalimentador, por isso, "A instituição Sosp passou a deter a cientificidade antes atribuída à Escola de Aperfeiçoamento [...]" (GOULART, 1985, p. 170).

---

15 Conta Parafita Bessa (2000), em depoimento, que seu pai era jornalista da oposição ao governador Milton Soares Campos e que quando o secretário de Educação Abgar Renault levou seu nome indicado por Mira y López, pensaram que não seria aceito, mas o governador teria dito que: *"Não me consta que ele me faça oposição, é seu pai. Como foi ele indicado pelo dr. Mira, que o considera capaz, vamos nomeá-lo".*

Conta o professor Raimundo Nonato Fernandes (2004),[16] que foi psicólogo técnico do Sosp e depois diretor do Instituto de Educação, que os clientes eram chamados de PR — que significa "propósito", isto é, "posto adiante". No alto da página das folhas dos testes, estava impresso o seguinte dizer: "Nem todos os caminhos são para todos os caminhantes".

Fico imaginando o que essa frase no alto das páginas dos testes, provocava num "PR" que estivesse fazendo um teste de seleção para um emprego ou para uma vaga numa escola. "Serei um dos eleitos como caminhante desse caminho?", poderia pensar o "propósito". Todos os juízes, delegados, magistrados passavam pelo exame do Sosp, e "os técnicos tinham o poder de vetar os concursados em qualquer nível", declara o professor Raimundo. Acrescenta que: "Eu mesmo tenho mais de 300 juízes e delegados que examinei, às vezes, ainda encontro com algum deles". Também conta que a primeira turma de seleção se fez com os candidatos para a Companhia de Água de Minas Gerais, que a Viação Cometa foi um laboratório de psicologia.

Em 1953, quando o professor Raimundo era diretor do Instituto de Educação, este pegou fogo e, no incêndio, quase toda a documentação do Sosp ficou comprometida. Como diretor do instituto, foi quem reconstruiu a nova ala-sede do Sosp e, nessa reforma, construiu-se uma sala para abrigar o arquivo nos "moldes científicos", com catalogação dos documentos referentes aos atendimentos e registros.

Infelizmente, em minha visita ao Sosp, em junho de 2004, não foi possível pesquisar os arquivos. Não encontrei um consenso sobre o paradeiro desses arquivos; somente foi possível ter acesso a uma pasta com algumas correspondências do ano de 1951, da qual será

---

16 Entrevista do professor Raimundo Nonato Fernandes concedida a Júlia M. C. Motta, em 9 de junho de 2004, em Belo Horizonte.

Júlia Maria Casulari Motta

examinado um único laudo encontrado, que descreve um diagnóstico infantil. Também uma lista de atendimentos dos primeiros sete anos, com poucos dados.

Encontrei, nessa pasta, um anteprojeto de lei (sem data definida), que propõe modificações na lei de criação do Sosp, após a regulamentação da profissão de psicólogo (1962), porque "há necessidade de atualizar a lei do Sosp em função daquela que regulamenta a profissão" passando o Sosp a ter os seguintes objetivos: "Atender, orientar e utilizar técnicas psicoterápicas apropriadas em crianças, adolescentes e adultos, selecionar pessoal para organizações públicas e particulares; fazer pesquisas de caráter psicológico e educacional". Define que:

> O cargo de chefia será exercido por um psicólogo com o mínimo de cinco anos de exercício no Sosp e terá um quadro de 22 psicólogos, 2 pedagogistas, 1 assistente social, 1 fonoaudióloga, 1 secretário, 2 assistentes técnico-educacionais, 1 agente administrativo, 2 mecanógrafos, 1 auxiliar de serviços e constará dos seguintes setores: diretoria, secretaria, setor de Orientação Familiar Psicoterápica; Setor de Orientação e Seleção Profissional; Setor de Psicologia Educacional e Assessoria Técnico-Psicológica e de Pesquisa.

Encontrei, nessa pasta, no Cenpa, antigo Sosp, uma lista dos atendimentos feitos em orientação profissional, entre 1949 e 1955, de que constavam nome, idade, sexo e cor dos PR (propósitos). Chamou-me atenção o fato de que todos os "propósitos" eram da "cor branca". Apesar de ser uma lista com o título de "Orientação profissional", a faixa etária estava entre 6 e 30 anos; portanto, provavelmente, na mesma lista estavam os nomes de diferentes tipos de atendimento. O total de atendimentos nesses sete anos é de 1704 "propósitos" atendidos, todos da "cor branca". Desnecessário comentar.

A psicologia e o mundo do trabalho no Brasil

Lá estava também um relatório para o secretário de Educação, dr. Odilon Behrens, dando notícias do Congresso Brasileiro de Organização Racional,[17] organizado e promovido pelo Idort, em São Paulo. Esse documento é importante para esta pesquisa, pois revela que as informações sobre o Sosp "constituíram grande surpresa para os técnicos e especialistas presentes, que ignoravam que Minas Gerais estivesse, por iniciativa oficial, liderando o movimento de aplicação da psicologia ao serviço público, bem como desconheciam todo o trabalho que se vem realizando aqui no Estado" (p. 2).[18] Quando iniciei a pesquisa que originou este livro, pensava que o Idort seria o iniciador do movimento de psicotécnica nos três estados, mas esse relatório comprova que as relações do Idort com o Sosp se concretizaram a partir desse congresso.

É de 1951 a carta-resposta do Sosp, ao *Diário de Minas* por uma reportagem sobre ele, em que aquele jornal afirma que "a psicotécnica não é de prática corrente entre nós". Em resposta à crítica do jornal ao Sosp, este analisa que o fato parece acontecer por "desconhecerem os nossos círculos industriais, comerciais e bancários a existência, em Belo Horizonte, e também as vantagens que podem advir para suas empresas da utilização dos serviços psicotécnicos". O Sosp, continuando a responder às críticas do jornal a seu trabalho, acrescenta que

---

17 Esse relatório é datado de 7 de dezembro de 1951, assinado por Symcha J. Schwarzstein e Pedro Parafita Bessa, que estiveram no referido congresso e têm, como ponto central, os relatórios elaborados durante o congresso pelos "coordenadores dos grupos que recolhem as contribuições dos participantes e elaboram um relatório que não pode ser modificado". Continuando, que "o defeito do relatório do coordenador estava na preocupação quase exclusiva com os problemas teóricos e com as investigações concernentes à perfeição dos instrumentos técnicos de trabalho dos psicotécnicos". Com tais preocupações, o relatório "esquecia-se das realizações práticas e do que já se tem obtido com os instrumentos atuais da psicologia. Poderia o relatório ser lido por leigos pouco afeitos às investigações da psicologia, dar-lhes impressão desfavorável, que não seria subscrita pelos participantes da mesa" (p. 1).

18 No final do Congresso os dois participantes do Sosp foram convidados a integrar a comissão organizadora do próximo congresso, em 1952 (p. 3).

173

> o *Diário de Minas* tem mostrado, em artigos e campanhas, que
> o soerguimento da economia e das finanças de Minas Gerais
> vai depender, em grande parte, do melhor aproveitamento da
> mão-de-obra. Nessa tarefa, tão atual e de grande importância,
> pode o Sosp prestar a Minas serviços relevantes. Pessoal bem
> escolhido, com aptidão para o trabalho a ser executado, melho-
> ra o rendimento e a qualidade da produção, diminui o núme-
> ro de acidentes, aumenta a satisfação dos empregados, que se
> sentem bem adaptados funcionalmente, e, portanto, dá às
> empresas maior lucro e maior estabilidade.[19]

O Sosp, como iniciativa do Estado e de um grupo de técnicos da psicologia, oferece ao mundo empresarial mineiro os recursos da psicotécnica que poderão dar "às empresas maior lucro e maior esta-bilidade", mostrando que os técnicos e a direção do Sosp conheciam as vantagens da psicotécnica, como recurso para o desenvolvimento industrial, porque pode "prestar a Minas serviços relevantes" selecio-nando com os princípios tayloristas "o homem certo para o lugar certo". Tais recursos trazem todas as vantagens da adaptação do homem ao trabalho e do trabalho ao homem, sem que se esqueces-sem de confirmar o objetivo final — que as empresas terão "maior lucro e maior estabilidade". Teoricamente os autores mais lidos pelos técnicos do Sosp, segundo o professor Raimundo N. Fernandes (2004)[20] foram: "os livros do Mira y López, em especial, *Quatro gigantes da alma*; os livros de Carl R. Rogers, que desapontaram por não serem diretivos; também Leon Walter; Iago Pimentel, com o *Teste de ABC*; e como supervisores tiveram Mira y López e Blay Neto,

---

19  A carta ainda pede ao jornal que divulgue os trabalhos do Sosp, e termina explicando que também estão participando da organização dos serviços de psicotécnica para sele-ção de motoristas para o Serviço Estadual de Trânsito.

20  Para o professor Raimundo a lembrança mais forte das supervisões de Blay Neto é seu dizer: "Quando for à mesa, lembre-se que você tem direito ao bife".

A psicologia e o mundo do trabalho no Brasil

um do Rio de Janeiro e o outro de São Paulo", também relembra o professor que: "para fazer um diagnóstico era exigência deontológica a psicologia de orientação vital". Quanto à direção dessa instituição, ele nos diz que: "Na década de 1950 Symcha J. Schwarzstein passa a direção do Sosp para Pedro Parafita Bessa, que permaneceu até sua cassação, não houve substituto. Os psicólogos que foram para fora, voltaram para as Universidades. O Sosp viveu 18 anos de grandeza".

Já a professora Marlene Batista (2004),[21] que foi a diretora do Sosp durante a terceira transformação ocorrida, quando da criação da Universidade Estadual de Minas Gerais, pela Lei 11.539, de 22 de julho de 1994,[22] sobre a incorporação do Sosp a essa Universidade, mudando seu nome para Cenpa (Centro de Psicologia Aplicada), diz que: "na época do Sosp havia uma grande florescência nos trabalhos, e a ética dos técnicos era inquestionável". Novamente aparecem os saberes e poderes dos técnicos quando se trata de seus laudos e o poder de veto de um "PR", mas não encontrei nenhuma referência a reflexões quanto a padrões éticos no uso político da psicologia produzida pelo Sosp.

Relata a professora que as mães gostavam de dizer: "Todos os meus filhos passaram pelo Sosp", denotando com essa fala que o Sosp era visto como prêmio para as boas mães. Mas, pela lista dos atendimentos apresentada, todas são mães de filhos "brancos".

Um mérito do Sosp, reconhecido por todos os entrevistados, foi a grande participação de seus profissionais na criação e desenvolvimento das Faculdades de Psicologia da Universidade Federal e da PUC-MG.[23] Também a participação dos técnicos do Sosp no proces-

---

21 Entrevista concedida pela professora Marlene Batista a Júlia M. C. Motta, em 8 de junho de 2004, em Belo Horizonte.
22 Segundo o professor Raimundo Nonato Fernandes (2004), "para criar a Universidade Estadual de Minas Gerais desmancharam o Instituto de Educação".
23 "Os alunos, candidatos ao vestibular para Psicologia, precisavam passar por uma bateria de testes para terem autorização para se inscreverem no vestibular." (FERNANDES, 2004).

so de aprovação da lei de regulamentação da profissão, em especial, do professor Pedro Parafita Bessa, idealizador e diretor dos dois primeiros cursos de Psicologia, em Belo Horizonte.

Hoje, em junho de 2004, encontrei no Cenpa uma psicóloga diretora e uma estagiária de psicologia. Essa diretora tem a sua disposição toda uma ala de salas para atendimentos, mas tem somente uma estagiária como auxiliar. Conta a professora Marlene Batista (2004): "A partir da década de 1970, os técnicos antigos foram se aposentando e não foram substituídos, esvaziando o Sosp, que *havia se tornado uma referência nacional*".

## OS SABERES E PODERES DO TESTE DE QI[24]

Foi aplicada a Escala Binet-Terman a uma criança do sexo masculino, de 8 anos e 3 meses que obteve uma idade mental de 12 anos, com QI de 145.[25]

Escreve o dr. Symcha:

> Este desenvolvimento intelectual tão precoce faz com que ele despreza (*sic*) completamente a companhia de crianças de sua idade, e que procure sempre a companhia de adultos, além disso, só se sente bem quando consegue, pelo comportamento mais ou menos extravagante e desproporcionado à idade cronológica, tornar-se o centro das atenções dos adultos que o cercam.
>
> Parece-nos, de acordo com os indícios por nós recolhidos, que O., excessivamente mimado e vaidoso, não encontra em casa influência e direção que possam corrigir os desvios de caráter já apontados.

---

24 Relatório de atendimento do menor O., de 8 anos e 3 meses. (Pesquisado nos arquivos do Cenpa. Esse relatório está endereçado ao Instituto Gamon, em Lavras, Minas Gerais, e está assinado somente pelo dr. Symcha Jerzy Schwarzstein, primeiro diretor do Sosp.)

25 Além da Escala Binet-Ternan, não constam outros procedimentos.

A psicologia e o mundo do trabalho no Brasil

Aconselhamos, por isso, que fosse entregue a educadores profissionais num bom internato, tendo sugerido a instituição dirigida por V. S., de acordo com as referências que nos foram dadas e que muito a recomendam. De acordo com o que expusemos acima, parecem-nos essenciais os pontos seguintes: 1º) que o menino seja confinado estritamente à companhia de crianças de sua idade, ou pouco mais velhas; 2º) que seja tratado de modo idêntico aos demais; 3º) que só se lhe permita brilhar perante os companheiros nas atividades próprias da sua idade.

Estamos persuadidos de que, sem dúvida, a primeira fase de adaptação será muito difícil, tanto para O. quanto para os educadores. Para que se possa corrigir e retificar o caráter dele, porém, parece-nos que esta será a única possibilidade.

Sem mais para o momento, certo de que estas ponderações merecerão a atenção de V. S. valho-me da oportunidade para expressar a minha consideração e apreço.

Essa carta-relatório, infelizmente o único documento do gênero encontrado no antigo Sosp, hoje Cenpa,[26] será aqui foco de reflexão parcial de um atendimento desenvolvido naquela instituição. O primeiro ponto a observar é que, mesmo que tenham sido feitos outros procedimentos de avaliação, como, por exemplo, entrevistas com os pais, para efeito de validação do diagnóstico, do encaminhamento e do aconselhamento escolar, todo o processo aparece justificado e baseado no teste de Escala Binet-Terman, que "*por si só dispensa outros procedimentos*". No contexto do relatório, há memória e esquecimento, tomando como esquecimento aquilo que a história oficial excluiu, mas que, (re)visitado, nos aponta para o contexto da história do vencedor e do vencido. Penso ser importante iniciar a

---

26 Pesquisa realizada em 8 de junho de 2004, na rua Paraíba, 232, 3º andar, bairro Funcionários, Belo Horizonte, MG, sede do Cenpa, antigo Sosp.

Júlia Maria Casulari Motta

análise do texto com estas considerações, visto que, ainda sob o impacto desse relatório, que põe em evidência que aquilo que nos parece "mais estranho é o melhor material para compreender uma verdade" (GAGNEBIN, 1982, p. 60); por isso, tomar as alegorias mais que os símbolos é possibilitar "escovar a história a contrapelo" (Tese VII, de Walter Benjamin). Também fiquei pensando nas palavras de Foucault (1999, p. 129) quando escreve que: "o que erige a palavra como palavra e a ergue acima dos gritos e dos ruídos é a proposição nela oculta" e percebemos que a linguagem dessa criança de 8 anos foi aqui tomada como "gritos e ruídos" *sem* "proposição nela aculta", portanto, não teve o *status* de linguagem, sendo esse *status* reservado ao Sosp. Os psicotécnicos-psicologistas viram na criança uma história contínua, feita pelas travessuras e mimos e os "comportamentos mais ou menos extravagantes e desproporcionados à idade cronológica", sem rupturas possíveis por onde a leitura dessa criança e sua família pudesse ser vista por outros olhares, portanto, outros saberes, outros poderes. O relatório descreve uma criança prepotente, desejosa de ser estrela nas atenções, mimada e vaidosa, bem distante da descrição foucaultiana na qual a "alma, a psique recebeu primitivamente a figura de uma borboleta" (FOUCAULT, 1999, p. 161). O "PR"[27] tem QI de 145, fato que o torna, e a seus pais, desviantes, portanto, necessita de "educadores profissionais num bom internato" que sejam capazes de "influência e direção que possam corrigir os desvios de caráter". Mas nem mesmo o colégio escolhido é confiável, necessitando que o Sosp lhe dê explícita orientação de como proceder, pois "parece-nos que esta será a única possibilidade". Para os técnicos do Sosp, seu diagnóstico é determinista e seu prognóstico necessariamente acontecerá, porque estão "persuadidos de que, sem dúvida, a primeira fase de adaptação será muito difícil", não deixando nenhuma abertura para outra visão nascida dos próprios educadores. Tal certeza é explicitada ainda na afirmação de

---

27 Lembrando que o cliente no Sosp era chamado de "PR", isto é, propósito.

que essa adaptação difícil para O. e para os educadores será recompensada com a correção e retificação do "caráter da criança". A verdade encontrada na Escala Binet-Terman torna-se um julgamento final, porque "o que define o ato do conhecimento médico em sua forma concreta não é o encontro do médico com o paciente, mas o cruzamento sistemático de dados [...]" (FOUCAULT, 2001, p. 33). Aqui, a escola escolhida para confinamento da criança rebelde recebeu o resultado "do cruzamento sistemático de dados" da Escala Binet-Terman, recurso do conhecimento psicológico que obedece a uma medicina do século XIX, normativa, que deu origem à Sociedade Real da Medicina, que passou a não agrupar só médicos, mas tornou-se "órgão oficial de uma consciência coletiva dos fenômenos patológicos". Uma polícia dos conhecimentos imediatos; do controle de sua validade. Ao lado do judiciário, um executivo — "alta e grande polícia de todos os setores da salubridade" — "prescreverá os livros a serem lidos e as obras a serem redigidas, os cuidados a serem prestados nas doenças [...]" (FOUCAULT, 2001, p. 30-33). Nesse cenário revivido do século XIX, a psicologia tornou-se uma ciência racional, a ciência do comportamento, da redução "da alma de borboleta" da criança, pelo desejo de comportamentos domesticados que corrijam "os desvios do caráter já apontados", que, em sua fidelidade em descobrir recebe a virtude do destruir, porque "*o olhar que vê é o olhar que domina*" (FOUCAULT, 2001, p. 42). A psicologia dos testes sozinha é, aqui, o recurso apontado como conclusivo, porque "[...] da experiência da Desrazão nasceram todas as psicologias" (FOUCAULT, 2001, p. 227). Mas a psicologia desenvolvida no Sosp, que "se tornou referência nacional", que ultrapassou as fronteiras da própria instituição, definiu o destino de uma criança e de seus pais, que deverão ser punidos com a separação, pois "[...] punimos, mas é um modo de dizer que queremos obter a cura" (FOUCAULT, 2002, p. 23). O diagnóstico da criança é também o dos pais. São eles que geraram uma criança que aos oito anos tem quociente intelectual de 12 anos, mas também são pais que fizeram uma criança que "despreza completamente a companhia de crianças da sua idade" merecendo por isso ser "confinado estritamente à companhia das crianças de sua idade, ou pouco mais velhas", porque é preciso suspender o direito, traduzindo uma disciplina de contradireito, em que as assimetrias insuperáveis excluem reciprocidades. Tudo isso torna o processo educacional uma forma de moral, um feixe de técnicas físico-políticas, que controla o tempo, organiza os espaços, cria controle pela vigilância, promove poder mais rápido, para "fazer parar o mal".

A escola escolhida para acompanhar aquela psicologia recomendada pelo Sosp precisará desenvolver um processo panóptico. Neste, a visibilidade tornar-se-á uma armadilha, pois promoverá na criança um estado consciente e permanente de visibilidade que assegurará o funcionamento automático do poder. A escola — uma prisão vigiada — formará saberes sobre a criança para só permitir que ela possa "brilhar perante os companheiros nas atividades próprias da sua idade". A meta já não é mais o corpo, mas "a alma de borboleta" porque "a genealogia restabelece os diversos sistemas de submissão: não a potência antecipadora de um sentido, mas o jogo casual das dominações" (FOUCAULT, 2000, p. 23).

## CONCLUSÕES PARCIAIS BASEADAS NA PSICOLOGIA DO SOSP

Relembrando que o Sosp (1949) foi criado *no* e não *do* Instituto de Educação, com o objetivo de "orientar vocações no meio escolar e estabelecer critérios para a seleção de pessoal destinado à administração pública e a organizações particulares", é possível ver que, pelo relatório examinado anteriormente, também pelos autores lidos e usados, bem como a filiação ao Isop, a psicologia desenvolvida aqui esteve baseada nos testes, e está, portanto, comprometida intimamente com a psicometria. A meta dessa **psicologia** é estabelecer critérios comparativos que produzam padrões de normalidade,

A psicologia e o mundo do trabalho no Brasil

de excelência, de **produtividade**, seja escolar, seja no trabalho. O objetivo de "orientar vocações no meio escolar" aqui representado por aquele relatório examinado, confirma que os testes são soberanos na orientação, definindo a orientação vocacional, escolar e do trabalho para um caminho de modelagem de comportamento. O objetivo do uso do teste de inteligência nesse relatório, foi "normatizar" a criança e sua família, mesmo que seja preciso o exílio. Quanto a "estabelecer critérios para seleção de pessoal", também apontam para a psicotécnica como procedimento básico. Confirmado pelo professor Parafita Bessa,[28] "a psicologia é uma ciência e o que estudamos é comportamento", portanto é uma psicologia que reduz o conhecimento sobre o homem ao seu comportamento, e sua técnica, ao exercício de treinamento comportamental — portanto uma **psicologia comportamental.**

Apesar de não ter sido possível a análise de outros relatórios, mas por todo o material apresentado até aqui, é possível compreender que o **trabalho** foi tomado como um papel humano central. A importância central do trabalho faz que seja antecipada uma seleção darwinista, trazendo-a para a escola. Os testes de inteligência funcionavam "como o vestibular", primeiro para os cursos técnicos, depois antecipados para o primeiro grau escolar. Dos 1704 casos de "orientação profissional" — entre 1949-1955 — a que tive acesso aos registros sumários, todos eram da "cor branca" e, quanto à idade, a cada ano mais novos.[29] Chama atenção o fato que de constavam nessa listagem registros de crianças de até 6 anos.[30] O fato, já relatado, das mães que gostavam de dizer: "Meus filhos todos passaram pelo Sosp", era como um atestado de inteligência dos filhos. Reunin-

---

28  Entrevista em 24 de fevereiro de 2000, fita do CRP-04.

29  Esse procedimento foi usado no Isop-RJ e no Sosp-BH na seleção de alunos para o ensino público; no DOT-BH, na seleção de menores para treinamento no DOT. Segundo Pierre Weil, esse trabalho com menores foi o melhor projeto desenvolvido pelo DOT.

30  Registros de idade precoce na Orientação Profissional também apareceram no Isop.

181

do esses dados podemos concluir que trabalho é disputa, é competição, é forma de ganhar prestígio, enfim: **trabalho é produtividade**, é ritmo da máquina. A psicologia pautada na psicometria pode ser tomada como "a normalidade traduzida nas curvas dos extremos".[31] Exemplificando com o relatório da criança O.: o "PR" (propósito) do relatório examinado, como fruto do resultado acima da média, na Escala de Binet-Terman, foi considerado com "desvio de caráter", aos 8 anos e 3 meses. **Saúde**, portanto, aqui, é estar na curva da normalidade, é ser igual, **não é uma ciência da saúde**.

Concluo este capítulo referente ao Sosp (1949) relembrando o texto de Walter Benjamin (1987) "Infância em Berlim por volta de 1900", em que o conceito benjaminiano de infância é tomado como potencialidade; o autor *"que faz teoria sem teorizar"* reconhece a criança como sujeito da história, portanto, contendo dimensão política, produtora de transformações, de conhecimento, de memória. Essa visão de infância se distancia do significado latino de infância como *in-fans*, que significa sem linguagem. E, como explica Galzerani (2002, p. 57), não ter linguagem "é não ter pensamento, nem conhecimento, enfim, não ter racionalidade, ficando, nesse sentido, a criança como alguém menor, alguém a ser adestrado, a ser moralizado, a ser educado". Refletindo a autora mais adiante que, "assim como a criança somos também, em muitos momentos incapazes, que nem sempre damos conta da completude de uma racionalidade total"; porque "somos de fato seres históricos e, portanto, seres atravessados pela dimensão da consciência e da inconsciência. A criança benjaminiana sabe disso. Será que nós sabemos disso?" (GALZERANI, 2002, p. 65).[32]

---

31 Essa definição foi dada pelo professor Raimundo Nonato Fernandes em entrevista em 9 de junho de 2004.

32 GALZERANI, M. C. B. "Imagens entrecruzadas de infância e de produção de conhecimento histórico em Walter Benjamin". In: FARIA, A. L. G., DEMARTINI, Z. B. F. F., PRADO, P. D. (orgs.). *Por uma cultura da infância: metodologias de pesquisa com crianças.* Campinas: Autores Associados, 2002.

Do presente é que se constrói a retomada, a recuperação dos significados do passado para poder construir o futuro, então, nesse processo de escavação, chegamos ao último dos Institutos propostos para esta pesquisa; a partir de agora, passarei à história do DOT (1958).

CAPÍTULO 6

# PSICOLOGIA E HUMANISMO: O DOT (1958) E OS TEMPOS DE DITADURA MILITAR

## FLEXIBILIZANDO SEM ROMPER O VELHO PARADIGMA

*A "pilotagem" de um grupo é algo de angustiante para quem a assume: requer uma auto-análise constante [...], uma adaptação permanente dos seus esquemas culturais pessoais a freqüentes mudanças de situações e de posições grupais.*

PIERRE WEIL (1967, p. 18)

Estamos na década de 1950, quando o segundo governo Vargas (1951-1954) mostra as contradições que o ameaçam com base em, por um lado, o propósito de satisfazer a demanda popular, por outro, a manutenção do ritmo acelerado da urbanização fruto da industrialização crescente, mantidos pelas contraditórias alianças de sustentabilidade do governo. O exagerado nacionalismo varguista, defendido por setores da classe média, pelo Exército, pela classe dos trabalhadores, por parte dos empresários, mostrava um quadro nacional cheio de ambivalências.

Enquanto isso, os industriais já discutiam a possibilidade de associações com o capital estrangeiro, mas, assustados com as concessões trabalhistas, ora faziam restrições à penetração de tecnologias estrangeiras, ora sucumbiam ao desejo de modernização que viabilizasse o desenvolvimento industrial. Relembrando que toda a crise resultante dessas forças conflituosas em ebulição, acrescida dos acontecimentos que determinaram o afastamento do presidente, faz que Getúlio, acuado sob suspeitas, reúna seus ministros para comunicar-lhes que do governo só sairia morto. Os ministros deliberaram escrever uma nota em que comunicavam um afastamento, por 90 dias, do Presidente Getúlio Vargas.[1] Horas depois, em sua casa, Getúlio desfechou um tiro no coração deixando uma carta-testamento. Seu suicídio evidenciou mais ainda sua popularidade, seu poder, o poder do "pai dos pobres", que é também, ao mesmo tempo, condutor do país moderno, econômica e socialmente. Como desdobramento de sua trágica morte, somado à força da carta-testamento houve um comprometimento da ação de seus "vários herdeiros políticos". Getúlio encarnava em si o grande objetivo do Estado — a humanização da sociedade, tornando-se o modelo como chefe de Estado, poderoso e respeitado, de forma bem brasileira. Sua presença, em especial após sua dramática morte, propiciou que se tornasse um mito, um referencial imortal para a memória nacional. A década de 1950 reacendeu o ideário da década de 1920 — o desejo de tornar a nação um Estado moderno.

Tamanha crise não nasceu do vazio, o desenvolvimento de um sentido de "nacionalismo" não serve somente como cenário político-econômico do governo, iniciado ao longo dos anos que precederam a morte de Vargas e, por alguns pontos, essa crise pode ser vista

---

1 Essa nota foi redigida por Tancredo Neves. O desfecho aconteceu em 24 de agosto de 1954.

A psicologia e o mundo do trabalho no Brasil

como deflagrada a partir da Revolução de 1930.[2] O sentido de "nacionalismo" serviu de eixo para um conceito de "cultura brasileira", que justificou a intervenção do Estado em todos os domínios da produção, difusão e preservação de bens culturais. Aqui, tomando o conceito de nacionalizar como unificar, homogeneizar a língua, os costumes, os comportamentos e as idéias. Pouco antes desse segundo período do governo Vargas, foram tempos conhecidos como "tempos de Capanema" como uma referência ao ministro da Educação e Saúde (1934-1945), Gustavo Capanema, que reuniu intelectuais das mais diversas correntes à classe dirigente.[3] A partir dos "tempos de Capanema", a inspiração americana e os princípios democráticos do pós-guerra penetraram no Brasil, que passou a buscar com mais determinação a renovação (ou substituição dos valores nacionais por valores "importados"), o cosmopolitismo, mudanças na linguagem radiofônica e na da imprensa, o cinema industrializado e a chegada da televisão. Nasceu no cinema brasileiro o gênero da chanchada, sátira do povo. O rádio,[4] com seus programas de auditório que produziam "rainhas e ídolos", ou programas humorísticos, como o do "primo rico e do primo pobre", o inesquecível *Balança mas não cai*, tornou-se a diversão nacional. Além desses,

---

2   No capítulo anterior, esse período também foi foco de reflexão, mas abordando outros movimentos.

3   Estiveram no governo com o ministro Capanema o modernista Mário de Andrade, ligado à Semana da Arte Moderna; Lúcio Costa, arquiteto e idealizador de Brasília (1960); Alceu Amoroso Lima (Tristão de Athaide), líder da ação católica no Brasil; Carlos Drummond de Andrade, considerado o maior poeta brasileiro; Heitor Villa-Lobos, o maestro; e Anísio Teixeira, um dos criadores da Escola Nova (1920). Como solução entre uma produção criativa e livre e a mera produção de serviço público associado a um regime autoritário, os modernistas buscaram desenvolver uma produção "nacionalista", voltada para o fortalecimento da "cultura brasileira".

4   Relembrando a participação do rádio na divulgação da psicologia educacional, nesse período, em Belo Horizonte, pelo professor Halley Bessa, como já descrito no capítulo anterior.

havia ainda as novelas radiofônicas seriadas, que paravam o movimento das famílias, determinando o horário das refeições para antes ou depois da novela, para que as donas-de-casa pudessem "torcer" pelo desenlace dos dramas, como *O direito de nascer*.

O populismo como forma de governo e como política de massas, é o produto de uma longa caminhada da sociedade brasileira e tem, na década de 1950, sua fase de ouro, seu apogeu. É época de líderes como Juscelino Kubitschek, que apesar de não ser um líder populista típico, é, como Getúlio, um nacionalista e um progressista. Juscelino ficou referendado na história como o presidente das metas, aquele que constrói Brasília em quatro anos, além de guardar o seu charme como bom dançarino, o que lhe valeu o apelido de presidente "bossa-nova". Sua popularidade se instalou e cresceu a partir da década de 1950, e, como em Vargas, seu papel de ídolo aumentou depois da cassação, do exílio político e da morte, ainda não bem explicada. Tal qual Vargas, é enterrado nos "braços do povo". Seu governo deixou um impulso inédito no processo de industrialização nacional, autorizando o mundo empresarial a perder o medo das tecnologias, a desenvolver alianças com o capital estrangeiro, a enfrentar novos desafios de competição com as grandes empresas que aceleraram a vinda para cá. Os trabalhadores, até então desenraizados e emigrantes do campo, desidentificados de suas raízes, buscavam, nas últimas décadas, principalmente a partir da Revolução de 1930, uma identidade urbana, "moderna" e adequada à nova realidade urbano-desenvolvimentista. Agora, com a transferência da nova capital para o interior brasileiro, o progresso, a modernidade é que saem da cidade e invadem o campo, mudando a paisagem, vencendo barreiras do tempo e espaço, mostrando que o ritmo humano pode ser acelerado, acompanhando o ritmo das máquinas. A imensa e moderna cidade de Brasília, "plantada" em tão poucos anos, desafia o movimento do campo, pois a cidade que chega à roça floresce antes de um pé de manga ou goiaba. Agora

A psicologia e o mundo do trabalho no Brasil

é o homem do cerrado, do planalto central, que tem sua história modernizada, desenraizada e desidentificada das "cadeiras na calçadas" no final de tarde, das relações tribais de "compadrismos", da missa no domingo. Nesse mesmo período, chegam ao Brasil os contraceptivos que revolucionam o conceito de família e do lugar da mulher na sociedade. A mulher, deixando de ser passiva para ser autora de sua fertilidade, liberta sua sexualidade, e as relações de gênero passam a ser revistas, o casamento, os códigos familiares. A mulher, até então trabalhando nos serviços domésticos, nos cuidados familiares e como auxiliar do marido nas lides rurais e comerciais, é chamada para compor a linha de frente no mundo do trabalho. Chega a profissionalização da mulher. A partir dessa época, os vínculos de casamento passam por uma nova revolução, relativizando o contrato que reza: "até que a morte nos separe", "na alegria e na dor", ou, é preciso "carregar a cruz do casamento", "menina pra casar tem que ser virgem", "mulher para casar e mulher para quê", e relativizando o papel social profissional da prostituta "como iniciadora dos garotos", que perde sua força, para serem revistos. A Igreja Católica, ao não aceitar o método contraceptivo da pílula, é vencida pela "modernidade" e começa a perder fiéis. O mesmo ocorre quando não aceita o divórcio e exclui dos lugares os divorciados, diminuindo seu poder predominante como religião nacional. O tripé de sustentabilidade do homem — religião, trabalho e família — está balançado fortemente entre nacionalismo e modernismo. Onde estará o novo ponto de equilíbrio da sociedade brasileira? A crise da modernidade atinge o público e o privado. Surgem vários líderes que encontram receptividade e correspondência social em camadas sociais ávidas de novos modelos. Destacaram-se no âmbito nacional Jânio Quadros e João Goulart, que marcaram a década e a forma de populismo nacional que caracterizou o processo de urbanização e do aceleramento do desenvolvimento da industrialização nacional. Jânio Quadros, estilo desalinhado, jeito desengonçado, forma discursiva peculiar, carregado de moralismo, portanto, salvacionista, conquista o governo através do apoio dos liberais. Eleito, surpreende a todos com um golpe — a renúncia — que lança o país numa crise sem precedentes. João Goulart, o Jango, foi um populista de outro estilo, era um dos herdeiros do trabalhismo de Getúlio Vargas e, como tal, teve sua carreira política apoiada por camadas de sindicalistas e temida pelos adversários. Seu sorriso sempre destacado nas fotos tornou-se sua marca.

A década de 1950, em especial no governo Juscelino, com a euforia do "Plano de Metas", opera radicais transformações, com ênfase na valorização de procedimentos técnicos em todas as áreas, mostrando a clara intencionalidade de recuperação do "atraso brasileiro", da internacionalização da economia, e a urgência urgentíssima de modernização do país. Os debates intelectuais expõem as contradições nacionais, a chegada da indústria estrangeira, em especial a automobilística, e o desejo nacionalista. É preciso uma saída que honre o projeto nacionalista e, ao mesmo tempo, garanta a modernização nacional; dessa (re)leitura do nacionalismo surge o movimento nacional-desenvolvimentista. Tal solução nasce patrocinada pelo Estado, através do Ministério da Educação e da criação do Iseb (julho de 1955).[5] Modernizar, buscar o novo, dinâmico, moderno, atualizar o Brasil alinhando-o às tendências do capitalismo internacional. Nas eleições de outubro de 1955 é eleito Juscelino Kubitschek. Uma boataria sobre a preparação de um golpe para impedir sua posse faz que vários partidos reunidos apresentem um manifesto à Câmara, solicitando respeito à Constituição.

Em janeiro de 1956, toma posse o novo presidente e em fevereiro é criado o Conselho de Desenvolvimento, espaço institucional para o lançamento do Plano de Metas. Em setembro é sancionada a

---

5 Iseb – Instituto Superior de Estudos Brasileiros (1955), que passa a liderar um movimento de mobilização social em prol do progresso do Brasil.

lei de transferência da capital federal para Brasília. Em fevereiro de 1957, é iniciada a construção da nova capital, que será inaugurada em 21 de abril de 1960. Segundo o depoimento de Parafita Bessa (2000), "a explosão de Juscelino fez também uma explosão da psicologia, que é profissão de lugar desenvolvido". Continua mais adiante o professor: "aquilo que estudamos é comportamento individual ou coletivo. Alma não faz parte da ciência". Com essa declaração, o professor Parafita Bessa define aquela psicologia que chegava como ciência do comportamento, ciência propícia para relacionar-se com as necessidades do novo Brasil carregado de pressa, acelerado na busca do novo.

A arquitetura da nova capital, com mistura de traços simples e modernos, arrojada e fria, vence as barreiras de relevo, de condições, traz a utopia para o Planalto Central, mostra um presidente "despido de vaidades", morando num "palácio de madeira", fazendo os "mesmos sacrifícios" do "candango migrante", ambos buscando participar do acelerado processo de modernização nacional. Nesse momento, o novo teatro mistura a pobreza das favelas e o resgate nacional. A música que surge, a Bossa Nova, e que dá origem ao título "Presidente bossa-nova", é simples de harmonia; distanciando-se do erudito, canta o cotidiano em movimento.

Nesse palco, onde o tema é um projeto nacional-desenvolvimentista, o Banco da Lavoura de Minas Gerais, em 1957, compra o Banco Itajubá. Para promover a integração das duas instituições, o Banco da Lavoura, como anfitrião, promoveu uma série de palestras sobre "O Medo", convidando dois psicólogos para esse evento, sendo um deles Pierre Weil, que na época morava no Rio de Janeiro.[6] Conta Pierre Weil que proferiu a palestra sem saber que era um

---

6 Relembrando o que já foi dito no capítulo V, do Isop-RJ, Pierre Weil, que era recém-formado no Instituto Rousseau, em Genebra, veio para o Brasil, em 1948, acompanhando seu professor Leon Walter, a convite do Senac do Rio de Janeiro, onde ficou por dez anos, formando orientadores vocacionais por todo o Brasil.

Júlia Maria Casulari Motta

concurso, e que "ganhou uma competição sem nunca ter entrado nela".[7] Essa experiência é relatada por ele, como tendo sido cuidadosamente elaborada pelos dirigentes do banco, que convidaram todos os funcionários dos dois bancos para uma Convenção. Quando receberam a programação, havia o nome dos "dois banqueiros" e uma homenagem ao presidente do Banco Itajubá. Esse fato já visava a transmitir aos funcionários segurança quanto ao reconhecimento dos recém-chegados. Weil atribui a mudança dos funcionários, de um estado de medo para "alegria e camaradagem" porque "a diretoria compareceu pessoalmente e fez uma explanação sobre a tradição humanista e a preocupação do mais profundo respeito humano dos seus dirigentes", também "colocaram em relevo a segurança do banco e sua posição e o papel na economia do país"; foram entregues aos mais antigos funcionários do banco "distintivos de ouro e diamantes", demonstrando com esse gesto que havia a "tradição de recompensar o esforço dos que ficavam muito tempo no banco e que a preocupação dos dirigentes era o aproveitamento do elemento humano em função das suas aptidões e personalidade". A interpretação dos prêmios foi feita pela palestra de Pierre Weil, que considera que o resultado foi conseguido "sem que fosse necessário falar no problema central — o medo" (WEIL, 1983, p. 81-83).[8] Após essas palestras veio o convite para que fosse trabalhar no Banco da Lavoura na criação de um Departamento de Orientação ao Trabalho — o DOT (1958). Ainda nas palavras de Pierre Weil,

> trabalhei por dez anos no Senac no Rio de Janeiro, mas meu
> salário estava defasado e como surgiu o convite do Banco da

---

7   Pierre Weil conta que "O motivo da escolha desse tema 'medo' foi que os funcionários do Banco Itajubá estavam com medo de serem demitidos e o Banco da Lavoura queria lhes assegurar que não haveria demissões". Entrevista concedida em 10 de junho de 2004.

8   WEIL, P. *Relações humanas na família e no trabalho*, 37ª ed. Petrópolis: Vozes, 1983.

A psicologia e o mundo do trabalho no Brasil

Lavoura vim para cá [*Belo Horizonte*]. Pedi que pudesse viajar, antes, pesquisando o que estava sendo feito no mundo em termos de psicologia nos bancos. Fui aos Estados Unidos, França, Alemanha e Inglaterra. Também pedi que pudesse ir à Europa de dois em dois anos para me reciclar. E o ordenado foi interessante. Tudo isso foi aceito.

A história desse banco é contada como sendo pioneiro desde sua concepção, quando

> um homem de negócios de Belo Horizonte, dotado de espírito criador e inovador, tendo atraído um grupo de amigos igualmente empreendedores, resolveu fundar, nos idos de 1925, uma cooperativa bancária, sistema Luzatti, disposto a romper com certos cânones vigentes, que emperravam a função social mais ampla dos bancos da época.

Dessa cooperativa, nasceu o Banco da Lavoura de Minas Gerais (1925), que, três décadas e meia depois, se tornou o Banco Real (1971). A aproximação do grupo empreendedor que se propunha a "romper com certos cânones vigentes", que "emperravam a função social mais ampla dos bancos da época" com os princípios da psicologia é identificada nas inovações introduzidas no sistema financeiro, quando o idealizador desse banco "começou a ensinar a sua equipe a analisar o caráter dos seus pretendentes de empréstimo, antes de indagar sobre suas posses. Em novo estilo, uma nova filosofia, a do crédito pessoal, a solução social procurada por Clemente Faria" (BANCO ABN AMRO REAL SA, 1972, p. 225).[9]

---

9   ABN AMRO REAL SA. *História das instituições financeiras*. Série Pesquisa e Divulgação. Vol. I. São Paulo: Estrela Alfa Editora, 1972 (Acervo da Biblioteca do Grupo Real).
O crescimento desse banco, naquela época ainda restrito a Minas Gerais, além da operação de crédito pessoal também esteve baseado no processo de encampação de estabelecimentos menores, principalmente os do Sul de Minas: Banco Bom Sucesso; Banco

Júlia Maria Casulari Motta

A história do DOT pode ser contada a partir desse início, quando, em 1925, o fundador do banco "começou a ensinar a sua equipe a analisar o caráter de seus pretendentes de empréstimo, antes de indagar sobre suas posses", introduzindo o indivíduo como cliente do sistema bancário através do "crédito pessoal", definido pela "análise do caráter do pretendente". Mas o sr. Rubens Nunes,[10] diretor de Relações Públicas do Banco da Lavoura em 1958 e responsável pela contratação do professor Pierre Weil, descreveu assim o acontecimento:

> Fui eu que contratei o Pierre Weil. Nós estávamos querendo fazer uma coisa nova, moderna e eu havia assistido uma palestra do Pierre no Instituto Pestalozzi e gostado muito. O Aloysio também já tinha ouvido falar dele. Aí, eu fui convidá-lo e ele não queria, mas insisti. O DOT só aconteceu porque eu achei o Pierre Weil. O Pierre sofreu muito no banco porque uma coisa nova tem sempre resistências.

Interessante perceber essa expressão do diretor do banco, como representante da instituição empregadora, de que o psicólogo con-

---

Santarritense; Banco J. O. Resende & Cia.; Banco da Campanha; Banco de Uberlândia; Casa Bancária Aurélio Della Lucia e outros. Esse fenômeno de "encampação dos menores", como meta do grupo, é mais um ponto de justificativa das relações entre a psicologia e esse Banco. Em 1936 sai de Minas e cria uma agência no Rio de Janeiro, capital nacional, e dois anos depois já contava com 50 agências em vários estados. Em 1945, como quinto banco privado, chega a São Paulo. No ano seguinte, conquista o Nordeste (1946). Trabalha financiando a integração econômica do Amapá através do financiamento da exploração de manganês. Em 1948, morre o fundador, mas seu filho, dr. Aloysio de Andrade Faria, médico recém-chegado do exterior, só assume o cargo de diretor-presidente em 1953. Em 1956, financia a desapropriação das terras de Goiás para a construção do novo Distrito Federal, sendo o primeiro Banco a ter agência em Brasília. Nessa época já era o maior banco particular da América Latina. Em 1964 cria a primeira agência em Nova York. Em 1969 muda sua sede para São Paulo e amplia sua ação, tornando-se um conjunto de empresas.

10 Entrevista concedida, por telefone, em 28 de junho de 2004, com autorização verbal para divulgação.

194

A psicologia e o mundo do trabalho no Brasil

tratado "sofreu muito no banco porque uma coisa nova tem sempre resistências". Então, posso pensar que o banco "sabia" que seus funcionários "pensavam", tinham opinião sobre o que queriam e que uma iniciativa de treinamento do banco não seria aceita sem resistências. E que o psicólogo sofre porque está num embate, porque os conflitos reconhecidos deixam de ser latentes, mas tornam-se explícitos. O mesmo critério de explicitar os conflitos, dando-lhes encaminhamento, foi usado na convenção descrita anteriormente. Conta Leite (2003, p. 9)[11] que até 1964, o órgão que correspondia ao atual Banco Central era a Sumoc (Superintendência da Moeda e do Crédito) e que, nessa época, "a Sumoc incentivava os bancos a investirem em seus funcionários, reembolsando-os numa determinada porcentagem do que era depositado no Sumac, com a condição de que fosse empregada em benefício dos empregados. O Banco da Lavoura resolveu, dessa forma, criar o programa de Orientação e Treinamento para seus funcionários".

Para facilitar aos técnicos, o banco organizou uma biblioteca especializada e começou a fazer treinamento e seleção para promoção dos funcionários, através da Caderneta de Treinamento, na qual estava a análise do trabalho. Essa caderneta era composta de "60 e tantos itens de tarefas" que constavam das "funções dos funcionários". A cada tarefa da função que o funcionário aprendia o "gerente dava o visto". O controle do treinamento dos funcionários, por agência, por cidade, por região, por mês tornou-se eficiente. Com o aumento do lucro, o sucesso do DOT cresceu rapidamente.

O banco comprou uma grande área no bairro nobre da Pampulha e construiu uma Escola de Treinamento, com mais de mil metros quadrados, com hotelaria e equipamentos os mais modernos. Também incluía, nesse centro, um Departamento de Audiovi-

---

11 LEITE, Wilson Soares, em textos ainda não publicados, reunidos com o nome de: *Pequena história da psicologia em Minas Gerais* (2003, mimeo).

Júlia Maria Casulari Motta

sual, onde produziam seus filmes para treinamento. Esse departamento recebeu técnicos dos Estados Unidos, por intermédio da Unesco, para formar técnicos em filmagem. Um desses filmes é *Memórias do tempo* (1960), que consta do anexo. Esse filme foi produzido especialmente para ser depositado numa urna que foi enterrada, em 1960, no subsolo do Banco Real em São Paulo juntamente com outros documentos históricos, para ser aberta em 2000. Alguns documentos do DOT não puderam ser recuperados, incluindo a caderneta de treinamento dos titulados.

No DOT foi desenvolvida a "Escola de Titulados" para gerentes e contadores. Os gerentes eram treinados em cursos intensivos, quando ficavam de duas a três semanas hospedados no centro de treinamento. Além de fazerem treinamento para os titulados, faziam "orientação pessoal aos funcionários que ocupavam altos cargos no banco". A equipe técnica chegou a ter 120 pessoas, entre médicos, psicólogos, antropólogos, sociólogos, pedagogos etc. Entre eles estavam Djalma Teixeira de Oliveira, Ruy Flores, José Enes, Elba Duque, Nilza Feres, Letícia Barreto, Jarbas Portela, Carlos Pinto, entre outros. Para alguns, como Wilson Leite,[12] "esse pessoal começou a formar os novos profissionais, como a professora Melpomene Brandão, escolhida para integrar o pessoal da psicologia que prestaria serviços nessa escola. Os participantes do Programa passavam por dinâmicas de grupo e recebiam aulas sobre temáticas diversas, como problemas de comunicação em empresas, modos de chefiar, direção de reuniões etc.". Em seguida, relata:

> A escola adquiriu tanto prestígio que passou a receber, espontaneamente, pessoas de outros estados para conhecê-la, além de convidados estrangeiros, contribuindo assim para o aumento do intercâmbio na instituição e o desenvolvimento técnico-

---

12 LEITE, Wilson, p. 10.

teórico da psicologia. O DOT editou um livro, *Desenvolvimento em relações humanas*, produto do trabalho desenvolvido ali. O treinamento efetuado com o próprio pessoal do DOT, que incluía dinâmica de grupo e discussões de textos, acabou funcionando, podemos dizer, como a primeira Escola de Psicologia em Minas Gerais, seja pelo volume de profissionais nela envolvidos, seja pela qualidade e proficuidade de seus trabalhos.

Compreendo essa afirmativa de Leite, quando diz que o DOT foi a "primeira Escola de Psicologia em Minas Gerais", mas isso no que se refere a escola particular de psicologia aplicada ao mundo do trabalho, porque, em termos de psicologia aplicada à educação, o Iser (Instituto Superior de Educação Rural), na Fazenda do Rosário, já formava psicólogos educacionais e orientadores profissionais. Assim como o Instituto Pestalozzi,[13] que foi o pioneiro na criação de um consultório de pesquisas médico-pedagógicas, destinado a diagnóstico, orientação e reeducação de crianças excepcionais, e contou com a colaboração de Pierre Weil por dez anos. Mesmo tendo sido encampado pelo Estado, o Instituto Pestalozzi foi no início um movimento social. Em seu laboratório, desenvolviam-se pesquisas que eram publicadas nos *Boletins da Sociedade*.

Antes do DOT, como vimos no capítulo anterior, o Sosp, no Instituto de Educação, já formava psicólogos orientadores vocacionais e profissionais "nos moldes do Isop". Sem falar no pioneirismo

---

13 O Instituto Pestalozzi (1932) foi fundado, pela Sociedade Pestalozzi, com a liderança de Helena Antipoff e a colaboração de: Rotary Club de Belo Horizonte, sr. Henrique Marques Lisboa, sr. Otávio de Magalhães, professoras Imene Guimarães, Éster e Zilda Assunção, sr. Lincoln Continentino, sr. José Lourenço de Oliveira, sr. Guilhermino César, srs. Orville de Conti e Fernando Magalhães Gomes, sr. Artur de Oliveira e Álvaro Negromonte, sr. Mario Vilhena e sr. João de Deus Costa. A Fazenda do Rosário (1940) foi adquirida por diversos setores da sociedade e em especial pela equipe dos *Diários Associados*, de propriedade do sr. Assis Chateaubriand (LEITE, 2003, p. 5-6).

da Escola de Aperfeiçoamento de Professores, também no Instituto de Educação.

Para implementar a formação dos técnicos do DOT, Weil esteve na França selecionando um professor de dinâmica de grupo e, "depois de ter experimentado alguns modelos", escolheu Ana Ancelin Schutzenberger, aluna de Jacob Levy Moreno. Nessa ocasião, 1960, Weil fez algumas vivências dirigidas por Ancelin, que lhe provocaram o início de uma crise pessoal. Voltando ao Brasil, Weil convidou Ancelin para "vir dar continuidade a sua formação e iniciar a formação da equipe do DOT em psicodrama, já no ano de 1961". Conta ainda Pierre Weil (2004) que o "dr. Aloysio de Andrade Faria, como médico de formação, dirigia o banco como um hospital, que dessa vocação de profissional da saúde é que esse banqueiro desenvolveu o gosto por apoiar o DOT, criar seu centro de pesquisa e incentivar 'pesquisas puras' e publicações". O DOT chegou a ter um fichário com 2.500 "titulados", distribuídos em 650 agências. Diz Weil:

> Usávamos métodos muito adiantados para a época que ainda hoje são atuais, como jogo de negócios, teatro de psicodrama para administrar conflitos, para treinar vendedores. O treinamento de vendedores, com um curso de 120 horas, era feito baseado na escola de Chicago. Fazíamos pesquisas sobre o aumento do lucro nas agências que tinham gerentes treinados por nós. Os nossos titulados eram tão requisitados que, quando havia vaga em outros bancos, eles vinham buscar os já treinados, e isso continuou por 20 anos, mesmo depois de o DOT ter terminado. Desenvolvemos pesquisas sobre a eficiência dos treinamentos, a cargo de João Batista Oliveira, que já era autor de um livro sobre psicologia do comportamento.

O principal trabalho foi desenvolvido com menores selecionados através de anúncio nos jornais.

A seleção era feita por testes psicológicos de inteligência, de personalidade, biotipológico, exame médico, entrevista, assim por diante... Os menores selecionados tornavam-se aprendizes e recebiam assistência no centro de treinamento do DOT. Hoje são todos diretores, presidentes e altos funcionários de empresas. Considero que esse foi o melhor trabalho do DOT.

Mais adiante, na mesma entrevista, quando perguntado que auxílio trouxe para a saúde dos trabalhadores o treinamento do DOT, Weil respondeu que para o jovem trabalhador, "os menores selecionados, os preparou para o futuro, os preparou para serem dirigentes". Acrescentando que "não sei se isso os tornou felizes ou não. Isto é outra questão" (WEIL, 2004).

Em 1956, o Iser trouxe André Rey, psicólogo do Instituto Rousseau, de Genebra, para promover um curso de quatro meses que fundamentasse os princípios de seleção, treinamento e acompanhamento de pessoal, visando à qualificação do pessoal do Instituto (LEITE, 2003, p. 6). Conta também Halley Bessa[14] que, em 1953, deu curso de psicopatologia no Iser e que, na mesma ocasião, participou de um curso de fantoches. Relembra que "os professores eram os alunos nos outros cursos".

Pierre Weil esteve dando cursos e palestras no Iser, mas não me consta que Helena Antipoff tenha contribuído, como professora, para o DOT.

Foi nesse clima cheio de sonhos de modernidade, enquanto o DOT "preparava menores selecionados para serem dirigentes", que, em maio de 1960, o Brasil retomou o diálogo com o FMI, interrompido em julho de 1959, após denúncias do vice-presidente João Goulart de que os lucros abusivos das empresas estrangeiras eram responsáveis pelos graves problemas do país. Em dezembro de

---

14  Entrevista à Íris Barbosa Goulart (1985).

1959, inicia-se o movimento golpista da Aeronáutica em Aragarças, as Ligas Camponesas expandem sua ação por vários estados do Nordeste. No fim desse ano é criada a Sudene (Superintendência de Desenvolvimento do Nordeste). Em abril de 1960, vivemos a inauguração de Brasília, marco do desafio do Plano de Metas do "presidente bossa-nova". Em outubro, realizam-se as eleições presidenciais e ganha, com o apoio da UDN, Jânio Quadros, com João Goulart para vice. Em novembro, o Brasil vive a greve de Paridade, reunindo 700 mil trabalhadores em todo o país, reivindicando paridade de salários com os militares.

Em janeiro de 1961, Jânio Quadros recebe a faixa presidencial das mãos de Juscelino e, em 25 de agosto do mesmo ano, renuncia à Presidência, levando o Brasil a uma crise sem precedentes. Em 3 de setembro de 1961, o governo aprovou o ato institucional nº 4 à Constituição Federal de 1946, que instituiu o regime parlamentar no Brasil. Em 1º de outubro de 1961, por decreto assinado pelo primeiro-ministro Tancredo Neves, aprovou-se o Regimento Interno do Conselho de Ministros, com 21 artigos. O Brasil vive um período de convulsão e greves, e os que apoiavam Goulart na posse, quando da renúncia de Jânio, agora estão resistindo. Em 13 de março de 1964, mal havia terminado o comício da Central do Brasil, no qual João Goulart defendeu as reformas de base, o encampamento de refinarias de petróleo etc., a direita, em reação, articulou a Marcha da Família com Deus pela Liberdade, que levou multidões às ruas de São Paulo, em 19 de março. O medo do comunismo justifica as alianças entre Estado e Igreja Católica na luta contra o inimigo comum; a inflação — que pulara de 75%, em 1962, para projetados 140%, em 1964, a maior do século — irmana na luta contra o governo a classe média e os trabalhadores (GASPARI, 2002). O objetivo seria pressionar o presidente, mas, no dia 30 de março, ao visitar os marinheiros rebelados, no Automóvel Clube do Rio de Janeiro, Jango dá aos militares o motivo que buscavam. A crise vem desaguar no golpe militar de 1964, por alguns chamado de Revolução de Março de 1964, que, com o ato institucional nº 1, composto de 11 artigos, define o novo perfil do Brasil, que perdurará por 20 anos. O *New York Times* comenta, numa leitura superficial:

> O Exército está demonstrando que é árbitro da situação política brasileira. João Goulart é e foi sempre da esquerda. Poderia ser qualificado de socialista de salão. Sua maior desvantagem é a ineficácia sem remédio que demonstrou. Seus inimigos não podem provar que quis fazer passar o Brasil para o campo comunista, mas, sim, que levou o país ao caos. [CASTRO, 1968, p. 405]

Resumidamente, é assim a reportagem do jornal francês *Le Figaro* sobre a situação brasileira: o presidente Goulart contava com o apoio dos meios industriais nacionais, partidários da reforma agrária que, elevando o nível de vida do povo, aumentaria o número de consumidores. Mas os "antigoularistas" são os que detêm mais poder, portanto, mesmo convencidos da necessidade das reformas estruturais, temem que o governo esteja "demagogicamente" adotando tais medidas. Outros são abertamente contra tais reformas. Tanto o Exército quanto a sociedade civil têm dúvidas, e [esses setores] pensam que seja essa a pergunta do Exército: "É preferível sacrificar a unidade ou marchar em nome do que acreditamos ser o bem do País? — porque é o Exército, afinal, que deve decidir o conflito, e derramar sangue não é coisa que lhe agrada" (CASTRO, 1968, p. 406-407).

O sonho brasileiro da década de 1950, de que estávamos nos tornando rapidamente uma sociedade moderna e industrial, sem perder o "nosso jeitinho brasileiro" de cordialidade, criatividade e tolerância, estava agonizando. Freou-se o processo de industrialização de pós-Segunda Guerra até 1964, que havia proporcionado ao país um crescimento rápido, com a instalação de tecnologia pesada, com crescimento das cidades e do êxodo rural, com a mudança do perfil dos partidos políticos e seus setores de base. A mudança do regime político para ditadura, com a entrada dos militares no poder, trouxe o medo social; a presença das notícias dos "desaparecidos" e da desconfiança de quem seria "o próximo" mudou o cenário social.

A combinação de autoritarismo e crescimento econômico deixou a classe média num clima de ambivalência, e, na busca de uma expressão de oposição, setores da classe média viram na cultura a possibilidade de protesto e oposição ao governo e encontraram nas expressões das artes e do conhecimento o canal de comunicação entre as pessoas. Os jovens, buscando uma forma de expressão de suas insatisfações e como um canal de fuga para outros, criam um estilo musical, versão brasileira da tríade rebelde "sexo, drogas e *rock'n'roll*", surgindo o Movimento da Jovem Guarda, com a minissaia da insinuante cantora Wanderléia na TV.[15] Erasmo Carlos e Roberto Carlos se apresentam na Jovem Guarda e cantam "e que tudo mais vá pro inferno", "subi a rua Augusta a cento e vinte por hora..." Música aparentemente de protesto, mas que revela uma "ingenuidade" e um convite a uma sociedade de consumo e de vida agitada. Passam a ditar moda, cabelos compridos, anéis e colares, desmaios, choros e gritos acompanham os espetáculos. Para os da Jovem Guarda, "andar a 120 por hora" era uma "droga" que acelerava, enquanto para os roqueiros, como Os Mutantes de Rita Lee, o momento representou a chegada da droga, "o baseado, o ácido, o pó". A MPB e os "festivais" passaram a constituir um dos principais canais de expressão das insatisfações, de resistências do público jovem, ao mesmo tempo que se tornaram um lugar para os patroci-

---

15 A primeira transmissão de TV no Brasil deu-se no dia 18 de setembro de 1950, em São Paulo, através da TV Tupi, canal 3, de propriedade de Assis Chateaubriand, mas sua popularização se deu na década de 1960.

nadores exibirem seus produtos. De toda maneira, a nossa música, em especial a MPB, incomodava a ditadura, sem ter força de revolução. Especialmente representada pelas músicas do festival da Record, de 1966, com "A Banda" de Chico Buarque, interpretada pelo autor e Nara Leão, e "Disparada", de Geraldo Vandré e Téo de Barros, com Jair Rodrigues na interpretação. A ditadura brasileira vingou-se da criatividade musical e exilou muitos dos nossos gênios musicais, deixando lesado irremediavelmente, dentre outros, o criativo compositor Geraldo Vandré.

Entretanto, o processo de industrialização continuou em ritmo crescente, fabricamos "de um tudo", mudamos hábitos na vida privada e pública. Chegam os eletrodomésticos, os fogões a gás tornam-se populares, a TV em cores desbanca de vez o rádio, depois a TV com o controle remoto, os refrigerantes e as cervejas em lata, os chocolates passam a ser consumidos com constância e aparecem os cigarrinhos de chocolate para criança, o predomínio dos produtos industrializados, o arroz, o feijão, a farinha, o açúcar já empacotados de fábrica e não mais pesados na hora. Produtos e mais produtos novos concorrem nas prateleiras dos supermercados que acabam com as "vendas de caderneta" introduzindo novos sistemas de comercialização — os supermercados e os *shopping centers*.[16] As donas de casa contam agora com a panela de pressão, a máquina de lavar roupa, o aspirador de pó e o videocassete; os produtos de higiene pessoal passam a ser obrigatoriamente industrializados, o desodorante desbanca o bicarbonato de sódio, os *shampoos* passam a ser obrigatórios e, mais ainda, o *modess* substitui a toalhinha higiênica. Os tecidos sintéticos desbancaram o linho, o algodão puro, a seda. A calça comprida para as mulheres generalizou-se e os tênis

---

16 O primeiro supermercado, Disco, surgiu no Rio de Janeiro, e o primeiro shopping center foi o Iguatemi (1966), em São Paulo, que se transformou num templo de consumo. As grandes lojas de departamento, como Mesbla, Mappin começam a conquistar camadas mais populares e os ricos se deslocam para as butiques.

substituíram os sapatos, os jovens aderiram às calças *jeans*, antes chamadas rancheiras ou *far-west*, as sandálias havaianas desbancaram os tamancos. Aparecem os maiôs duas peças e depois o biquíni, precursores do fio-dental. Os homens passam a usar meias coloridas. Desenvolve-se o hábito de "comer fora", os ricos em restaurantes especiais e os remediados nas cantinas, pizzarias e churrascarias, além, é claro, dos *fast food*. Tendem a desaparecer o luto fechado, a cadeira na calçada nos finais de tarde, o hábito de visitar sem aviso as comadres. As indústrias farmacêuticas lançam as novidades desbancando os chás, salvando vidas e criando hábitos e doenças do progresso. Enfim: *todos passam a ter relógios e são cronometrados pela vida corrida da cidade, símbolo da modernidade.*

Dessa pequena rememoração podemos ver em que clima a psicologia se instalou como profissão, já que é, nas palavras de Parafita Bessa, uma "profissão de lugar adiantado".[17]

A velocidade do crescimento do DOT não somente acompanhou o que estava acontecendo na sociedade brasileira, mas trabalhou para que uma psicologia ganhasse espaço no mundo do trabalho e contribuísse para a construção de um Brasil industrializado, mais próximo do Primeiro Mundo.

Nessa sociedade em movimento, os que ficaram no campo olham com submissão os da cidade, porque estes têm olhos de gente moderna, "superior", que enxerga gente atrasada, "inferior". A vida na cidade atrai porque oferece oportunidades melhores para cada um, acenando com o progresso individual, por isso é vista como uma forma superior de vida. A vida no campo é feia, repele e expulsa. A vida social rural estava centrada na família, nos parentes, nos compadres e vizinhos. Os pais podiam controlar seus filhos com os olhos. A adolescência terminava quando o trabalho regular era ini-

---

17 "Lugar adiantado" pode ser lido de várias maneiras, sendo uma delas um comprometimento da psicologia com os valores da modernidade.

ciado, era preciso trabalhar logo, definindo o tempo da escola. A vida estava traçada e sem grandes esperanças. A modernidade dos tratores, dos insumos, das mudanças das fronteiras do campo e da cidade, das estradas de rodagem mudaram irremediavelmente o conceito de tempo e espaço. Nessa década, a TV ocupa os espaços nos bares das vilas e das cidades pequenas, e todos passaram, segundo os versos de Chico Buarque, "a ver o Brasil na TV". No âmbito internacional, grandes mudanças culturais e sociais, como o movimento *hippie*, os Beatles mudam o conceito de música, difunde-se o ecologismo, repercutem as grandes manifestações contra a Guerra do Vietnã, o naturalismo, as primeiras viagens espaciais, transmitidas pela TV para todo o Brasil, a contracultura, a descoberta do Oriente místico e filosófico pelo mundo ocidental, trazendo a revelação de outros eixos de conhecimento.[18] A cidade vai para o campo, expande-se o modelo urbano. A industrialização rápida e a urbanização acelerada, nos moldes de Brasília, vão criando novas oportunidades de trabalho e de investimentos. O salto industrializante do governo JK, o aço de Volta Redonda, a Petrobras e a campanha "O petróleo é nosso", o desejo de uma escola pública, acessível a todos, que preparasse o povo para a democracia, contracenavam com a resistência dos interesses dominantes. No âmbito internacional, merece destaque o governo dos Estados Unidos, que lidera "a caça às bruxas" representadas pelo comunismo ateu, o rastreamento para banir os "comunistas que comem criancinhas" (*sic*), justificando a intensificação das relações com os militares. Vende-se a ilusão de que as oportunidades são iguais, que todos vencerão, que triunfam os melhores, os mais trabalhadores, que "Deus ajuda a quem cedo madruga", mas, mercantilizada a sociedade, cada um vale o que esse mercado diz que vale. Dessa maneira, os capitalistas passam a ter dificuldades de definir quem vai expandir, que empresas serão as

---

18 Esse fato será retomado mais adiante, quando for abordado o fim do DOT.

vencedoras e as descartadas, assim também os trabalhadores terão dificuldades em definir sua vitória.

A escolha das profissões passa a intensificar relações cada vez mais valoradas no mercado de trabalho, deixando coadjuvantes as "vocações". O vestibular é um funil que separa as profissões "nobres" das de "segunda categoria". Criamos a cultura enlatada dos cursinhos, nosso *fast food* cultural. As qualidades intelectuais — como inteligência, compreensão, raciocínio, tirocínio; as de formação profissional — instrução, cultura, conhecimento técnico; as de caráter — constância no trabalho, responsabilidade, ambição, esperteza etc.; e as do trato pessoal — polidez, paciência — todas são criadas culturalmente e desenvolvidas em cada configuração social (MELLO E NOVAIS, 1998, p. 559-658).[19] A distribuição desigual desse conjunto de atributos traduz vantagens competitivas para cada classe, e para indivíduos. Sobre esse conjunto de características tomadas como qualidades importantes para o mundo do trabalho, Pierre Weil escreveu um livro — *Relações humanas na família e no trabalho* (1958). O autor conta que foi uma surpresa para ele tamanho sucesso, visto ser o "livro que menos trabalho me deu", e que "a imprensa logo o classificou como *best-seller*, já em 1958". No prefácio da 37ª edição, acrescenta ter observado que o título "Relações Humanas" exercia um poder de atração porque, na vida moderna, há "deteriorização tanto das Relações quanto dos valores Humanos". Afirma que cresce a solidão nas grandes cidades, motivo de sofrimento para muitos, por outro lado, "os grandes valores eternos da Humanidade: a Beleza, a Verdade e o Amor [...] estão sendo eliminados, oprimidos pela tecnologia e frieza de uma certa ciência fundamentada num cartesianismo já quase obsoleto" (WEIL, 1983, p. 13-14).

---

19 Para esse tema ver o excelente texto de Mello e Novais (1998, p. 558-658) quando, em linguagem leve e séria descrevem o processo de capitalismo tardio e a sociabilidade moderna no Brasil, centrando sua análise nesse período destacado neste livro.

A psicologia e o mundo do trabalho no Brasil

O livro é composto de duas partes em que trata, na primeira, dos principais problemas de relacionamentos entre pessoas nos diferentes contextos no mundo do trabalho, trazendo questões e propondo encaminhamento de soluções. Na segunda parte, dedica-se a tratar dos relacionamentos familiares, com a metodologia de perguntas e respostas e ilustrações caricatas dos problemas. No humor dos desenhos há possibilidade de leitura para os menos letrados. Pode ser visto como um livro simplificado de psicopatologia de cunho humanista, das relações de trabalho e familiares. Termina o livro com uma pequena psicologia do desenvolvimento centrada nos vínculos pais e filhos. Entretanto, na primeira parte, em que o autor se dedica a explicitar conflitos nas relações do trabalho, ele aborda "os erros" tanto das chefias quanto dos funcionários, evidenciando que nos "vínculos" no trabalho estão as questões humanas de sofrimento e também as soluções. Esse livro, nascido em 1958, no mesmo ano da criação do DOT, é fruto do trabalho de dez anos no Senac, no Rio de Janeiro, quando o autor viajou por todo o Brasil formando psicólogos orientadores vocacionais e profissionais. Como um livro de psicopatologia dos vínculos, provavelmente foi escrito a partir dos seminários de formação de psicólogos e também para ser instrumento de desenvolvimento em treinamento de trabalhadores.[20]

Vejo-me diante de uma mudança na psicologia do trabalho, com o enunciado que tem o poder de modificar o lugar da psicologia no mundo do trabalho:

*As pessoas adoecem no trabalho e por causa das relações ali travadas.*

---

20 Esse livro de Weil antecipa, no Brasil, a proposta do movimento francês de psicopatologia do trabalho para psicodinâmica do trabalho, que nos chegou, na década de 1980, pelo psicólogo C. Dejours e seu livro: *A loucura no trabalho*. Apesar de não ser o período do escolhido nesta tese como objeto de pesquisa, tal proposta será brevemente abordada nas conclusões.

Enquanto isso, o DOT, através de seu idealizador, convida, em 1960, a psicóloga francesa Ana Ancelin Schutzenberger, discípula de Jacob Levy Moreno, a vir ao Brasil dar um seminário para os técnicos e funcionários da Escola de Titulados, no DOT. Nessa ocasião, Ancelin ficou hospedada na Fazenda do Rosário, com Helena Antipoff. As idéias de Ancelin, como co-criadora do psicodrama triádico,[21] começaram a ser apresentadas aos profissionais do DOT e do Iser. Durante sete anos, veio ao Brasil várias vezes complementando a formação, tanto de Pierre Weil quanto do grupo de técnicos do Departamento de Desenvolvimento de Recursos Humanos (DRH) do DOT. Em seguida, o movimento expandiu-se para outros psicólogos que se interessaram pela abordagem.[22]

Na entrevista citada, Weil declara que:

> Meu sucesso no DOT foi o desencadeador da minha crise pessoal.[23] Hoje, não faria esse trabalho sem a participação efetiva

---

21 Psicodrama triádico é um nome criado, em 1963, por Jacob Levy Moreno, durante o Congresso Internacional de Psicoterapia de Grupo em Milão para nomear essa modalidade de psicodrama desenvolvida no Saint Elizabeth Hospital, em Washington, por James Enneis e Robert Haas na Universidade da Califórnia, por Ana Ancelin Schutzenberger em Paris e Pierre Weil no Brasil. "Trata-se de uma síntese ou da integração da psicoterapia analítica de grupo com o psicodrama e com a dinâmica dos grupos e sua sociometria. Síntese de três abordagens: grupo-análise mais psicodrama, mais dinâmica de grupo, onde o psicodrama emerge no seio da psicoterapia de grupo ou do grupo de sensibilização às relações humanas (*T-Group*)" (CUNHA, 1995, p. 57).

22 O movimento mais amplo de formação de psicodramatistas tornou-se, em 1971, Sociedade Brasileira de Psicoterapia, Dinâmica de Grupo e Psicodrama (Sobrap), congregando os profissionais que trabalhavam como psicodramatistas nas áreas clínica, educação e organização. Até essa data, o grupo de psicodramatistas organizava-se em grupos por áreas: Educação, Fazenda do Rosário, liderada por Helena Antipoff; Organizacional, no DOT e seus desdobramentos após seu fechamento; também no Senac, com a coordenação de Daniel Antipoff, discípulo de Pierre Weil; na área clínica, com a liderança de Lea Porto.

23 Ainda durante seu trabalho no DOT, Pierre Weil conta que teve uma crise pessoal que classificou de *falta de sentido*, iniciada em Paris, em 1960, quando fez as primeiras vivências com Ana Ancelin, em psicodrama de grupo. Tal crise existencial, nos idos de

A psicologia e o mundo do trabalho no Brasil

> da diretoria na formação, porque todo treinamento que abrange relações interpessoais e cultura organizacional, ele muda as pessoas. Se as pessoas mudam de paradigma e seus superiores ficam no antigo paradigma, é um conflito na certa. Ou eles vão se revoltar, ou vão sair, pedir demissão, ou vão se conformar. Nesse período de desemprego tem muitos conformistas que fizeram treinamento adequado, mas cujos dirigentes não fizeram. Então a gente fica ouvindo essa palavra: "Quem deveria fazer esse curso é meu gerente". Isso que procuraria evitar. É possível que eu não fizesse treinamento em organização nenhuma, hoje.

Com toda a vanguarda do DOT em termos de psicologia aplicada, Weil reconhece que são inesgotáveis os conflitos no mundo do trabalho, "porque todo treinamento que abrange relações interpessoais e cultura organizacional, ele muda as pessoas. Se as pessoas mudam de paradigma e seus superiores ficam no antigo paradigma, é um conflito na certa".

Ora, a psicologia no mundo do trabalho quer ser "um laboratório", como narra Helio Koscky (2004),[24] que trabalhou no DOT, tendo sido um dos psicólogos formados lá:

---

1968, trouxe um questionamento, que descreve assim: "Tinha dinheiro, fama, entrevista na TV, cargo de professor universitário, cargo dentro do banco, tinha, tinha, mas era infeliz. Um dia, indo para o cinema parei na rua e chorei de tédio, de falta de sentido. O que estou fazendo aqui?" Passa a criar o que denominou o Psicodrama da Esfinge, que se tornou o seu projeto de doutorado, defendido na Sorbonne, em 1972. Este resultou em uma psicologia transpessoal. De um lado o psicodrama, como conhecimento científico, e de outro as grandes tradições culturais da humanidade, a sabedoria oriental; da síntese desses dois conhecimentos surgiu o "Cosmodrama", que lhe valeu um prêmio da Unesco. "O Cosmodrama nasceu no banco", acrescenta Pierre Weil.

24 Entrevista com Helio Koscky ao dr. Ronaldo Pamplona, em 10 de junho de 2004 para o projeto Memória do Psicodrama, organizado por Carlos Borba, para a Febrap — Federação Brasileira de Psicodrama. Nessa mesma entrevista, Helio conta que depois que saiu do banco continuou, juntamente com Gislene Pena, a desenvolver trabalhos de

# Júlia Maria Casulari Motta

> A Escola de Administração Bancária Clemente de Faria[25] [...] marcou época para a psicologia aplicada no Brasil, porque todo o trabalho dirigido por Pierre Weil não deixava de ser um laboratório... a escola era um laboratório.

Também narra que, para os técnicos do DRH, a liberdade de criação estava presente e era estimulada pela coordenação, pois

> aprendi com o Pierre especialmente uma coisa muito importante, porque o Pierre nunca foi ortodoxo, então ele recriava, eu aprendi com ele a recriar as técnicas. E a gente sempre recriou muita coisa. Recriava muito de acordo com a empresa, com a demanda, com o grupo, então fazíamos uma coisa bem mais culturalista, bem ampla. Eu sempre tive muito essa preocupação de não seguir com muita rigidez, a gente teve suporte de que tínhamos a capacidade para alterar as coisas de acordo com aquilo que nos traziam.

Aprender a "(re)criar as técnicas", porque a "gente teve o suporte de que tínhamos a capacidade para alterar as coisas de acordo com aquilo que nos traziam", tornando a psicologia uma ciência fruto das relações dos grupos, dos indivíduos, mesmo que usassem testes, questionários e abordagens tradicionais da psicometria.

---

psicologia em empresas, usando o psicodrama. Trabalhou na África e no Iraque pela construtora mineira Mendes Júnior, quando desenvolveu o "psicodrama da antecipação", uma forma original de selecionar e treinar os trabalhadores brasileiros que iam para o exterior. Conta que com o "psicodrama da antecipação", um método nascido a partir da sua vivência de liberdade de recriação, no DOT, "a desistência baixou sensivelmente, quase zerou a desistência depois do treinamento". Antes, os trabalhadores selecionados aqui desistiam do trabalho no exterior, porque "acontece que o pessoal chegou lá, e o mesmo banzo que o africano sofrera na vinda de lá para cá, aquela mesma depressão, aquela mesma nostalgia, aquela mesma angústia, aconteceu também com os funcionários da Mendes lá. Fomos pesquisar e preparamos um treinamento", "para o expatriado, o que era expatriado..."

25 Esse nome, Escola de Administração Bancária, está se referindo ao DOT.

Por todos os depoimentos colhidos, o DOT trouxe uma alternativa à psicometria,[26] introduziu o trabalho de grupo na psicologia aplicada ao mundo do trabalho, modificou consideravelmente a metodologia de formação dos psicólogos do trabalho, fazendo que estes passassem pelas técnicas que iriam depois aplicar aos trabalhadores. Essa metodologia do aprender fazendo, da ação, irmana a formação dos psicólogos do trabalho com os educacionais formados na Fazenda do Rosário, no projeto Iser, como escrito no capítulo anterior.

O livro produzido pelos técnicos do DOT em 1967, *Dinâmica de grupo e desenvolvimento em relações humanas*,[27] traz um perfil teórico do trabalho, mostrando que: eram usadas diversas abordagens para compreensão da dinâmica dos microgrupos. Também traz constituição do DRH, as técnicas de grupo, aspectos educacionais, a psicologia individual e a antropologia cultural; a psicopatologia, os modelos matemáticos e cibernéticos; os vários controles experimentais.[28] O DRH esteve preocupado em encontrar a "fórmula de uma técnica de treinamento em Relações Humanas que atingisse o nível das atitudes e das condutas individuais, e não apenas das opiniões". Os autores

---

26 Relembrando que, segundo Pierre Weil (2004), foi ele quem sugeriu a mudança do nome de "Sociedade Brasileira de Psicotécnica para Sociedade Brasileira de Psicologia Aplicada, porque o nome Psicotécnica é muito duro, desumano, não podia colocar técnica na psique humana".

27 Os direitos autorais desse livro foram doados à Sociedade Pestalozzi (Fazenda do Rosário, Minas Gerais), em homenagem a Helena Antipoff.

28 São apresentadas como as mais importantes abordagens usadas: o método de Kurt Lewin de T Group, que consiste em um grupo em reunião que recebe informações de fora sobre a sua própria atuação, visa modificar a conduta individual através da transformação do comportamento do grupo. Nesse método, os psicólogos fazem intervenções tanto no plano individual quanto no plano grupal. O T Group foi chamado na França de Grupo de Sensibilização ou Grupo Diagnóstico. A socioanálise foi criada na França e tem como meta trabalhar grupos naturais, os que já existem antes da intervenção e que continuarão a existir depois, ficando, aqui, as intervenções dos psicólogos sempre em nível grupal, visando trabalhar as cibernoses do grupos, isto é, os maus funcionamentos nas comunicações dentro do grupo.

mostram que o DRH é a conjugação de várias técnicas com o projeto de desenvolvimento das relações humanas, e tem como objetivos:

> a reeducação terapêutica do indivíduo e de grupos, ser um laboratório de vivências de problemas análogos aos de relações de trabalho, para provocar transferência de aprendizagem, acreditando que a educação se faz através do grupo, vendo como "objetivo filosófico" um meio de revelação de um possível encontro existencial, para outros uma técnica de desalienação do homem.

O DOT, como "laboratório de vivências", reproduz em ação os conflitos explícitos e latentes do mundo do trabalho, possibilitando ao trabalhador "uma reeducação terapêutica dos indivíduos e dos grupos" que modifique, além das relações de trabalho, outros papéis dos participantes, podendo "filosoficamente" promover, para uns, "um encontro existencial" e, para outros, "um processo desalienante". São objetivos ousados e extensos de transformações pelo treinamento, propondo-se a ser mais do que um treinamento de comportamentos. Mas um instrumento tão poderoso é igualmente perigoso. Penso que *treinar comportamento pode ser incluir para excluir, quando usado como simples técnica de adestramento.*

O trabalho terapêutico nos treinamentos, isto é, de transferência de aprendizagem através dos grupos, necessita ser apoiado na formação de uma consciência crítica, de uma capacidade de autoavaliação e de avaliação do grupo. Esse processo ocorria na metodologia do DRH em três fases:

- "Primeiro a experiência de laboratório de grupo (socioanálise, psicodrama, grupo triádico)." A socioanálise[29] que, como já foi

---

29 A socioanálise foi criada por Van Bockstaele, na França, para grupos naturais, cujo objetivo é trabalhar as cibernoses (as doenças dos grupos), tendo como regras básicas que fora da experiência os participantes não tomam contato com os terapeutas socio-

A psicologia e o mundo do trabalho no Brasil

dito, se baseia nas interpretações do grupo somente, não possui nenhuma proposta de trabalhar individualmente os participantes. O psicodrama,[30] que possui recursos tanto pelo trabalho grupal verbal quanto pela ação dramática dos problemas dos grupos e dos indivíduos, é ponto referencial central do DOT. O grupo triádico[31] reúne a psicanálise de grupo, a dinâmica de grupo e o psicodrama.

- A segunda fase, "a análise didática dos fenômemos em que se tenta transferir a apredizagem para a vida de cada participante", é um propósito metodológico que mostra a amplitude da abrangência a que se propunha o trabalho do DOT: sair das relações de trabalho e atingir a vida de cada participante. A proposta de transformação é terapêutica, é mudança de olhar, de modo de estar na vida. É preciso atentar para: *quando cresce a abrangência da*

---

analistas nem por um bom-dia e durante as sessões de socioanálise os participantes devem dizer tudo o que imaginam sobre os terapeutas socioanalistas. É proibida toda verbalização fora desse assunto e também comportamentos não-verbais. O grupo é dividido em dois subgrupos, um é observador e o outro de verbalização, e eles trocam de posição.

30 Psicodrama é o nome com o qual ficou conhecida a obra de Jacob Levy Moreno (1889-1974), um judeu hassídico romeno, criado em Viena, que, pelo estudo terapêutico do teatro, chegou a formular um projeto socionômico que inclui a sociometria, a sociodinâmica e o psicodrama. Trabalhou em Viena, no começo do século XX, com prostitutas nas ruas, com crianças nas praças públicas, com refugiados de Guerra etc. A partir do período pós-guerra, pesquisou a função terapêutica do teatro chegando a formulação do princípio de cura da ação do teatro. Após sua imigração para os Estados Unidos desenvolveu a sociometria, como ciência quantitativa, e a arte do psicodrama, ambos valorosas contribuições para a psicologia social e a psicoterapia. Para mais, dentre outros, ver MARINEAU, René F. *Jacob Levy Moreno, 1889-1974: Pai do psicodrama, da sociometria e da psicoterapia de grupo*. São Paulo: Ágora, 1992.

31 O grupo triádico, também conhecido como psicodrama triádico, é a síntese integrativa da psicoterapia analítica de grupo, o psicodrama e as dinâmicas de grupo. Explicando melhor, o termo triádico se refere a um esquema de relações entre três propostas teóricas, tal qual a triangulação familiar de três pessoas, quando cada uma é indicativo das outras duas. As três abordagens guardam suas especificações, mas se complementam, como em uma caixa de ferramentas.

*psicologia na vida dos trabalhadores, crescem os riscos de docilização do trabalhador.*

- E, por fim, "entrevistas não-diretivas e individuais acrescidas de uma bateria de testes de personalidade com o objetivo de trazer soluções para problemas de ajustamento pessoal, familiar e profissional" (WEIL *et al.*, 1967, p. 13-21). As entrevistas individuais não-diretivas complementam os testes de personalidade que aparecem como um recurso a mais na seleção e treinamento dos funcionários. Visam a trabalhar os problemas de ajustamento pessoal, familiar e profissional.

Estamos diante de saberes e poderes de transformação — a potencialidade dessa psicologia é tanto de "domesticar" o trabalhador em nível abrangente de ajustamento pessoal, familiar e profissional quanto criar e possibilitar um espaço de (re)visitação, de (re)conhecimento dos limites e potencialidades do indivíduo e dos grupos; clareando a percepção de que *a possibilidade revolucionária nas relações de trabalho está nos grupos, na protagonização da representação da intersubjetividade grupal.*

Essa psicologia humanista chega quando o Brasil explode num movimento de modernização. Num momento de aceleramento da industrialização, da urbanização que seduz a população rural promovendo uma onda de êxodo rural, num cenário de disputa de modelos do capitalismo a ser implantado. Esse fluxo social teve no "golpe de 64" uma (re)definição, favorecendo uma sociedade desigual e regida pelos que detinham riqueza e poder. A década de 1960 calou os sindicatos, facilitou demissões, rotatividade de mão-de-obra. Ao calar os sindicatos, modificou-se o lugar da psicologia do trabalho.

Entretanto, grande contingente de brasileiros vindos da zona rural conseguiram "se ajeitar" na cidade, muitas vezes aumentando as favelas, trabalhando na construção civil, nas casas de famílias, nas ocupações secundárias, rotineiras, mecânicas, frutos da industrialização acelerada. Para o brasileiro que não conhecia nada de direitos trabalhistas, recém-chegado da roça, pôr os filhos na escola pública, conseguir uma consulta no Inamps, mesmo enfrentando filas de quarteirões, passou a ser uma conquista. Em boa medida, "os empregos criados pela industrialização acelerada e pela urbanização rápida eram 'com carteira assinada': o número de segurados contribuintes da Previdência Social passa de 3 milhões, em 1960, para 9,5 milhões, em 1970, e chega aos 23,8 milhões em 1980. O que quer dizer, inclusive, aposentadoria garantida, mesmo que os valores fossem baixos" (MELLO E NOVAIS, 1998, p. 621).

O rápido crescimento econômico, até 1980, consolidou um Brasil de desigualdades sociais. A grande conquista da "carteira assinada", mesmo que com baixos salários, numa economia acelerada e em expansão, revela maior produtividade e maiores lucros para todos os níveis de empresa. Desenvolve-se uma nova classe média em que os profissionais liberais, entre os quais estão os da recém-reconhecida psicologia, passam a ocupar um espaço social em expansão — o da valorização da busca de solução individual para os conflitos com a ditadura.

Os psicólogos clínicos "desbancam" os psicologistas da psicometria e os psicólogos da psicologia aplicada. Eles ganham espaço a partir do reconhecimento da profissão, em 1962.[32] Os cursos de formação dedicam maior atenção ao tema clínico, gerando um campo de idealização para os alunos, alimentado pelos currículos acadêmicos e por boa parte do professorado. Passamos a formar psicólogos de "primeira categoria" — os clínicos, os outros que são vistos como missionários e "menos dotados". A luta pela autonomização da pro-

---

32  A psicologia foi reconhecida no Brasil como profissão, pela Lei 4.119, de 27 de agosto de 1962, e Lei 5.766, de 20 de dezembro de 1971, quando foram criados o Conselho Federal de Psicologia e os Conselhos Regionais de Psicologia; tendo o Código de Ética Profissional dos Psicólogos do Brasil sido publicado no *Diário Oficial da União*, seção I, parte II, p. 5.143-5.146, do dia 14 de setembro de 1979.

fissão desenvolvida pelos psicologistas da psicometria e pelos psicólogos da psicologia aplicada, que resultou no reconhecimento da profissão, foi rapidamente esquecida para ceder lugar à psicologia clínica. É um momento de expansão "capitalista" acelerada da psicologia, somos profissionais de "alta qualificação", que cuidamos do comportamento de alguns menos favorecidos, e da alma de outros mais endinheirados.

O regime de ditadura militar, com a repressão aos direitos humanos e à liberdade de ir e vir; a introdução do culto do corpo e da "nova vida do ter", alimentada pelas novidades que seduzem, pelo crescimento acelerado da industrialização e do consumo, a repressão aos Sindicatos, isto é, aos trabalhadores, tudo isso autoriza um clima ambivalente, opressor, repleto de conflitos — cenário propício para um movimento de interioridade, no qual o que vale é o autoconhecimento. Acelera-se o processo de subjetivação da sociedade. O brasileiro descobre as "psicoterapias", alguns pelo modismo, outros como recurso de resistência à ditadura, como espaço de liberdade. A possibilidade dessa leitura clareia um pouco mais as vertentes do crescimento da psicologia clínica em detrimento da aplicada, nos tempos de ditadura.

Surpreendentemente, o Brasil é um dos primeiros países do mundo que aprovaram a regulamentação da profissão do psicólogo. A Lei 4.119, de 27 de agosto de 1962, sancionada pelo presidente da República, João Goulart, foi publicada no *Diário Oficial da União* em 5 de setembro daquele ano. A partir daí, a psicologia passou a existir, de direito, como profissão.

Em obra publicada pelo CRP-06 de São Paulo (1982, p. 19-23), em comemoração aos 20 anos da profissão, está registrado que, em julho de 1962, um mês antes da promulgação da Lei 4.119, realizou-se, na França, uma Conferência Internacional promovida por American Psychological Association e International Union of Scentific Psychology, em que o Brasil se fez representar. Na ocasião, constatou-

A psicologia e o mundo do trabalho no Brasil

se que apenas três países — Canadá, Egito e Estados Unidos — de um total de 20, já possuíam algum tipo de legislação que regulamentasse a atividade do psicólogo. Essas leis, no entanto, eram parciais. No Canadá, a legislação a respeito abrangia apenas as províncias de Ontário e Quebec. No Egito, a regulamentação referia-se somente à prática da psicoterapia por psicólogos não-médicos e sob supervisão do Ministério da Saúde. Nos Estados Unidos, apenas 17 estados possuíam legislação estabelecendo critérios para o exercício da profissão.

*O Brasil tornou-se o primeiro país a adotar uma legislação reguladora da profissão de psicólogo em todo o território nacional.*

Era preciso, porém, regulamentar a lei. Uma comissão de psicólogos foi nomeada e, em colaboração com o Conselho Federal de Educação, trabalhou para fixar o currículo mínimo e a duração do curso de psicologia, resultando no parecer do relator Valmir Chagas, e na resolução sobre a matéria, ainda em 1962. A regulamentação da Lei 4.119 só viria em 21 de janeiro de 1964, com o Decreto 53.464. A organização formal da profissão estabeleceu as fronteiras entre a atividade do médico e a do psicólogo, seus respectivos domínios. Essa legislação diz respeito à competência profissional no mercado de trabalho.

Um exemplo, apontado por Azzi (1966, p. 48, in CRP, 1982, p. 21-24), "destes limites de reserva de mercado foi a psicanálise, a forma de psicoterapia que é objeto de luta mais acirrada entre psicólogos e médicos [a que mais cresceu]". Em oposição à clínica elitizante psicanalítica, diante da ditadura militar algumas abordagens "alternativas" passaram a ganhar espaço tanto no cenário clínico quanto no aplicado. De maneira mais acentuada, a partir de 1970, o psicodrama,[33] a abordagem rogeriana centrada no cliente e outras conquistaram espaço no cenário nacional.

---

33 O V Congresso Internacional de Psicodrama, realizado no Masp, em São Paulo, reuniu cerca de 2 mil pessoas. Sobre esse evento, ver Revista da Febrap, Federação Brasileira de Psicodrama. Ano I, número I, 1971.

Júlia Maria Casulari Motta

O documento citado recomenda que é preciso uma organização dos psicólogos "à semelhança do CRM, para os médicos, ou da OAB, para os advogados". Mas foi preciso ainda alguns anos de empenho desse grupo pioneiro para que o Conselho Federal de Psicologia (CFP) e os Conselhos Regionais de Psicologia (CRP) fossem criados pela Lei 5.766, de 20 de dezembro de 1971. A Lei 5.766 definiu "o conjunto formado pelo CFP e pelos CRP como uma autarquia dotada de personalidade jurídica de direito público, com autonomia administrativa e financeira, mas vinculada ao Ministério do Trabalho" (CRP-06, idem, p. 23-24; 90-106).

Era tempo bastante conturbado no cenário brasileiro, com imposição da ditadura militar. A oposição havia crescido em 1966-1968, mas o Ato Institucional nº 5, de 13 de dezembro de 1968, consumou o fechamento do chamado "sistema". Nesta publicação do CRP (1982) encontramos nas palavras de seu primeiro presidente, Arrigo Angelini:

> não acredito que sejam procedentes as críticas ao CFP, de que ele foi criado como um mecanismo do governo militar para controlar a categoria, e como primeiro presidente do Conselho Federal de Psicologia nunca sofri qualquer tipo de constrangimento ou influência do governo federal. (CRP-06, idem, p. 90)

Mas tal opinião não é compartilhada por muitos. Em outro olhar, o psicólogo Tozoni Reis, um dos primeiros atuante na área de organizações, após a regulamentação da profissão, diz que

> o Conselho foi criado pelo Ministério do Trabalho e era muito atrelado. A própria forma da criação do Conselho, acho que foi um movimento restrito de psicólogos, tinha mais uma concepção, mais uma intenção corporativa, de fiscalização, do controle mesmo. Na época, estava-se percebendo, pela criação do

número de faculdades de psicologia, que ia haver problemas de mercado, então acho que era uma tentativa de resolver, de controlar. Então, o Conselho foi criado meio amarrado no aparelho do Estado. Tanto é que o Conselho Federal deu diploma de psicólogo honorário para o Médici e para o Geisel e os respectivos ministros do Trabalho. E o Sindicato dos Psicólogos também era atrelado. Eu me lembro que a gente brincava que o presidente do Conselho, o Saulo Monte Serrat, era um major e o presidente do Sindicato era um coronel, eram da reserva. (CRP-06, idem, p. 90).

Tamanha clareza dos "partidos de direita e esquerda" nos depoimentos prescinde de comentários, mas não resisto a compartilhar meu espanto ao descobrir que sou colega honorária de profissão de Geisel e Médici, dentre outros homenageados. Mas não encontrei referências a igual homenagem ao presidente João Goulart, que assinou a lei de regulamentação da profissão. Nossas escolhas revelam nossas primeiras tendências como profissão.

No capítulo que trata da defesa do mercado de trabalho encontrei a seguinte declaração: "Subemprego e até mesmo desemprego já faziam parte do dia-a-dia do psicólogo". Acrescenta, em seguida, que analisando o problema da "demissão em massa dos psicólogos das Faculdades Metropolitanas Unidas (FMU) vimos que não era propriamente de ordem profissional e sim trabalhista — e, portanto sindical" (CRP-06, idem, p. 98).

O reconhecimento de uma profissão é fruto histórico. História essa em que o Estado detém seu quinhão de poder ao regulamentar e fiscalizar. Um grupo de profissionais quer delimitar seu território, definir o dentro e o fora, seu corpo teórico e sua prática — seu poder de mercado, seu Campo. O profissional da psicologia e a psicologia como corpo científico definidor da profissão faz uma triangulação com o usuário da clínica e das instituições que o contratam. No sistema em que vivemos, a psicologia cria profissionais e é criada por eles. Nesse embate, nem sempre é claro de qual conceito de homem se está falando em cada psicologia. Às vezes são tão distintos e distantes entre si que se pode pensar: por que será que conservam o mesmo nome a práticas tão distintas?

No campo das ciências, a psicologia passa desde então a ser objeto de pesquisas em diversos trabalhos nas últimas quatro décadas. Essas investigações vêm crescendo à medida que aumenta o número de psicólogos atuando nas diferentes áreas. Quando se verifica o panorama geral desses trabalhos, incluindo teses e dissertações de mestrado, o que se constata é que a área da psicologia aplicada tem sido relegada se comparada à psicologia clínica (SIMÕES, 2000; GUANAIS, 1995; ZANELLI, 1992; CROCHIK, 1985; GIL, 1982).

Ainda no depoimento de Tozzoni para o CRP (1982, p. 98) está:

> O modelo dominante da psicologia, que aparece para a sociedade, no qual ela é identificada, é o modelo médico. Então, no momento em que surgiu, ela veio disputando um espaço que era dos médicos. O conflito também persiste não mais em termos da disputa da exclusividade no mercado, mas da disputa de poder [...]. Os administradores de empresas também quiseram passar uma lei estabelecendo que qualquer cargo de gerência, de gerenciamento, de chefia tinha que ser ocupado por administrador.

As fronteiras profissionais da psicologia como ciência reduzem e ampliam a história. Reduzem ao definir parâmetros e ampliam ao estimular pesquisas e estudos. Permitem que a psicologia se desenvolva empiricamente, portanto se aprisione e se liberte "no olhar do que vê e do que se diz", relembrando as palavras foucaultianas. O conceito de homem somente recortado cabe nesse olhar científico.

A psicologia e o mundo do trabalho no Brasil

Nesses fragmentos da história e da memória das relações entre a psicologia e a história do Brasil, o DOT desenvolveu-se, fez pesquisas "puras" e aplicadas, criou modelo, formou psicólogos, pesquisadores e chegou ao ano de 1968. Ano de convulsão mundial, do movimento dos estudantes na França, do endurecimento da ditadura de forma cruel no Brasil. Ano em que Pierre Weil, ainda no DOT, reconhece sua crise pessoal e decide abandonar a psicologia aplicada ao mundo do trabalho. Ele passa a dedicar-se a desenvolver um novo conceito de psicologia, em que reúne a ciência do Ocidente, através do psicodrama, à sabedoria oriental, recebendo por isso o Prêmio da Paz da Unesco.

No cenário do Brasil fechado pelo AI-5, Weil (2004) nos conta como o DOT, que florescia tanto, fechou suas portas:

> O DOT acabou porque o banco foi para São Paulo. Dr. Aloysio não queria continuar a direção aqui porque o dinheiro estava em São Paulo. Ele disse que Belo Horizonte tinha ficado cheia de buracos da mineração, fruto do crescimento desordenado. Ele tinha razão, porque, depois da partida do banco, a serra foi diminuindo, diminuindo. Tiraram as árvores da avenida Afonso Pena. Eu não quis ir para São Paulo, então ele mandou fechar o DOT. Era mesmo um plano para dez anos — passei três meses planejando para dez anos.

O fim do DOT é tão revelador quanto sua história: o banco "não queria continuar a direção aqui porque o dinheiro estava em São Paulo" e seu psicólogo idealizador não queria ir para São Paulo onde estava o dinheiro, porque no DOT teve uma "crise de falta de sentido". E Belo Horizonte? Esta "tinha ficado cheia de buracos da mineração, fruto do crescimento desordenado", e a sua bela "serra foi diminuindo, diminuindo". E a psicologia humanista que sonhou quebrar o velho paradigma das relações entre o trabalhador e o capital, que foi feito dela? E o trabalhador?

Júlia Maria Casulari Motta

## DA PSICOMETRIA À SOCIOMETRIA:[34]
## RELATÓRIO DE PESQUISA DESENVOLVIDA NO DOT

A pesquisa foi fruto da observação dos psicólogos que trabalhavam com os grupos e notaram que o "grupo funcionava como uma 'rede', na qual cada participante era percebido e influenciado de maneira específica pelo resto do grupo"; e que, em certos grupos, alguns participantes não eram integrados nem durante todo o tempo de vida grupal, outros desde o início se evidenciavam como possíveis líderes ou estabeleciam uma competição pelo poder e alguns formavam subgrupos. Enfim, notaram que fenômenos diversos aconteciam e que era preciso, além de explicitar tais fenômenos, procurar mostrar as causas. A escolha foi pelo método da sociometria moreniana, que está assim definida: "Sociometria é o estudo da evolução e organização dos grupos e da posição que neles ocupam os indivíduos, prescindindo-se do problema da estrutura interna de cada indivíduo" (MORENO, *apud* PAIXÃO *et al.*, 1967, p. 165). Mais adiante, é apresentado um conceito moreniano de grupo como uma metáfora, mostrando que os grupos são compostos das pessoas em inter-relações de dependência, formando seu conteúdo real, não como indivíduos particulares, mas como membros da mesma cultura.

## Descrição do instrumento de medida: o teste sociométrico

Usou-se um questionário intitulado "Quem escolhe quem", com três perguntas, relacionadas com as seguintes situações:

---

34 PAIXÃO, L. E. S., MUCHON, D. e SALOMON, D. V. "Evolução das relações interpessoais e do sistema de valores através do questionário sociométrico". In: WEIL, P. et al. *Dinâmica de grupo e desenvolvimento em relações humanas*. Belo Horizonte: Itatiaia, 1967, p. 164-189.

- *situação afetiva* (quem eu escolheria para meu companheiro de diversões);[35]
- *situação intelectual e cultural* (a quem eu recorreria para ajudar-me nos estudos);[36]
- *situação funcional* (a quem eu recorreria para ser o meu chefe).[37]

O teste foi feito antes e depois de um período de vivências num treinamento, no qual se usaram dinâmicas de grupo. O tempo de treinamento foi de 20 horas, distribuídas em torno de nove dias. A pesquisa foi feita somente levando em consideração a situação de *atração*, isto é, as escolhas positivas, desprezando as negativas e neutras. O quadro da estrutura do grupo foi obtido "relacionando as eleições positivas dos participantes, que nos indica (*sic*) as relações existentes no interior do grupo". Montou-se um *sociograma* de cada grupo, "que é o meio pelo qual se expressam graficamente os resultados obtidos através das perguntas propostas no teste". Revela "a posição de cada participante no grupo, com relação aos colegas, o número de escolhas que recebe e as que faz". A nomenclatura moreniana usada para indicar as diferentes posições dos indivíduos no grupo foi:

- *estrela* (ou *líder*), o mais votado ou com grande número de escolhas;
- *periférico*, o que escolhe e não é escolhido;
- *solitário*, não escolhe e não é escolhido;
- *isolado*, é escolhido mas não escolhe nenhum colega.

---

35  Busca a liderança afetiva, revela a estrutura do *psicogrupo*.

36  Busca a liderança intelectual ou cultural, portanto um *sociogrupo*.

37  Busca pesquisar as relações funcionais de hierarquia, corresponde à liderança funcional, às relações funcionais, portanto a um *sociogrupo*.

## Objetivos

- Verificar se o grupo evoluía.
- Verificar se havia mudança de percepção no relacionamento humano e conseqüente resolução de estereótipos, conscientização de projeções e identificações, e outras barreiras que impedem o bom relacionamento.
- Verificar os motivos das escolhas.
- Verificar se havia alguma dependência entre as diferentes situações focalizadas.

## Características das amostras

As características em comum eram: "titulados" de uma mesma empresa, ou ocupantes de um degrau idêntico na pirâmide hierárquica, ou todos do sexo masculino. As diferenças eram: procedência de moradia e trabalho, estado civil e idade, nível cultural.

Após as aplicações do teste antes do início e depois do treinamento, os membros do grupo eram entrevistados individualmente para levantamento dos motivos das escolhas e dos motivos das mudanças das escolhas entre a primeira e a segunda aplicação.

## Resultados analisados

- Sociogramas de antes e depois para facilitar as comparações.
- Quadro dos átomos sociais com a participação dos periféricos, dos estrelas, dos solitários e dos isolados. Índice de mudanças.
- Quadro com os motivos das escolhas de antes e depois, para a análise dos efeitos do treinamento.

## Análise dos resultados e conclusões

Além das análises comparativas dos sociogramas do grupo foi feita a leitura comparando a rede das inter-relações de "antes" e "depois" e as posições dos participantes nos diferentes sociogramas, além das configurações dos participantes nos quadros grupais.

O teste é um instrumento precioso na pesquisa da rede de comunicações entre os participantes no interior de um grupo. A rede formal do grupo nem sempre se sobrepõe à rede do sociograma pesquisado.

Embora não seja fácil conceituar o que é evolução de um grupo, as modificações das posições dos indivíduos no grupo, a redução no número de átomos (subgrupo) após a experiência e a redução dos solitários indicam que o grupo sofre maior estruturação.

A evolução do grupo é atestada pelo índice de mudanças nas escolhas (52%).

Esse índice de mudança permaneceu nas diferentes situações estudadas: afetiva, funcional e intelectual-cultural.

A experiência nos grupos DRH com o teste sociométrico mostrou que os participantes se perceberam e se escolheram de modo mais objetivo.

Não houve "rigor científico no teste", mas a riqueza dos resultados fez os psicólogos quererem divulgar os resultados.

Aqui, o foco de atenção do DOT esteve claramente centrado nas inter-relações entre os trabalhadores, buscando estudar as tensões entre o singular e o coletivo. A escolha desse relatório, entre outros, deve-se ao fato de que o considero representativo da abordagem predominante do DOT, isto é, o psicodrama, tanto no grupo triádico quanto no grupo psicodramático e sociodramático. O primeiro fato interessante é a declaração dos pesquisadores de que "Não houve rigor científico no teste, mas a riqueza dos resultados fez os psicólogos quererem divulgar os resultados". O que confirma a declaração de Helio Koscky (2004), já apresentada, de que os "psicólogos tinham liberdade de criação, de que tinham a capacidade para fazer de acordo com aquilo estava acontecendo nos grupos". Essa psicologia trouxe o saber-fazer dos psicólogos para um plano grupal em que o psicólogo, como membro do grupo, necessita trabalhar também sua flexibilização, o abrir mão de verdades universais, inquestionáveis, o ser dono da "ciência neutra", para reconhecer-se como sujeito político, em que todo saber é também poder, porque o poder está em todo lugar (FOUCAULT, 2000b).

Isso me recorda Walter Benjamin, em "Infância em Berlim", por volta de 1900, quando esse filósofo-historiador aponta para o conceito de "despertar", como uma noção de vontade política de querer ultrapassar a dimensão dos sonhos, de buscar a verdade não como adequação, acomodação, mas como "contemplação", como "atenção". *O psicólogo é convidado a se fazer sujeito nas relações com outros sujeitos, é participante do grupo.* Nesse cenário, como sujeito que faz história, é produtor de memórias que "é obra secreta de lembrança que, de fato, é a capacidade de infinitas interpolações naquilo que foi"; mas é, ao mesmo tempo e por construção de saberes e poderes, a "precaução do sujeito que pode exigir que o seu eu o represente e não o venda" (BENJAMIN, 1986, p. 40-41).

O teste sociométrico assim tomado é mais arte que ciência, é benjaminianamente uma possibilidade que o trabalhador passa a ter de se representar e não se vender. É instrumento de (re)criação de relações, possibilita que os participantes escolham e narrem suas escolhas a um ouvinte, passando a ouvir também sua narrativa, porque "as massas procuram na obra de arte distração, enquanto o conhecedor a aborda com recolhimento", vendo que a arte é mais eficaz "quanto menos coloca no seu centro a obra original" (BENJAMIN, 1986, p. 180-192). Reconhecendo que o corpo que fala e age "é uma realidade biopolítica", o psicólogo e o grupo sabem e sabem dizer, não precisam do intelectual para dizer por ele.

Nesse campo, a teoria torna-se uma "caixa de ferramentas", porque a "prática é um conjunto de revezamentos de uma teoria a outra, e a teoria um revezamento de uma prática a outra", concordando com Foucault, um dos primeiros a se indignar por alguém falar pelos outros (FOUCAULT, 2000b, p. 69-80).

A tensão flutuante entre o indivíduo, suas escolhas e o grupo, ou, em outras palavras, entre o singular e o coletivo, permanece em toda a descrição do teste. Ao ser aplicado antes e depois do treinamento, evidencia as transformações que o grupo sofre com o processo; mostra que a rede formal do grupo nem sempre se sobrepõe à rede do sociograma pesquisado. Amplia o campo incluindo as inter-relações que levam em consideração o *habitus* dos participantes.

## CONCLUSÕES PARCIAIS BASEADAS NO PSICODRAMA DO DOT

A **psicologia humanista** desse instituto se dedica a estudar os fenômenos das inter-relações entre pessoas, entre pessoas e grupos e entre grupos. Baseia-se no pressuposto de que "o homem só existe em relação" (MORENO, 1975).[38] O grupo é "tomado como uma metáfora", composto por pessoas em inter-relações de dependência, que formam seu conteúdo real, não como indivíduos particulares, mas como membros da mesma cultura. Nessa pesquisa, há uma delimitação do sentido do indivíduo, que é tomado somente como "membro da mesma cultura", limitando seus saberes e poderes, sua ação, pois o indivíduo é mais que sua cultura grupal.

O grupo tende a se organizar, a se desorganizar..., sucessivamente; não permanecendo estável e linear, construindo a história através de lutas e conflitos, rupturas e contínuos. Tal psicologia é, portanto, uma **psicologia fenomenológica**, do aqui e agora, da

---

38 MORENO, Jacob Levy. *Psicodrama*. São Paulo: Cultrix, 1975.

Júlia Maria Casulari Motta

construção em grupo, de uma verdade protagônica, representante das intersubjetividades. O **trabalho** é o agir do homem, mas é também o seu vir a ser e, alimentado por sua subjetividade e suas inter-relações grupais, é capaz de manter a esperança. Para adaptar-se de um modo adequado e criativo, o homem necessita ser livre para inventar novas maneiras de andar na vida. Assim, podendo ser capaz de perceber bem a realidade, entretanto, sem colonizar o imaginário. O **trabalho é visto como vivo**, porque vivo está o trabalhador capaz de resistências, lutas, construção e desconstruções, mesmo nos momentos de repressão.

O projeto é de uma psicossociologia da ação e da intervenção. A proposta moreniana está calcada nas relações entre treinados e treinadores, educandos e educadores, salientando a responsabilidade de cada um pelo seu destino, em inter-relações. "O monitor (o líder) só pode representar seu papel de especialista se for aceito pelo grupo e por cada indivíduo como tal, e se tornar membro do grupo", num trabalho de construção da **saúde grupal**, dos trabalhadores em relações de dependência (SCHUTZENBERGER, 1967, p. 23-61).[39] É uma psicologia do trabalho que tem um projeto de ser instrumento vivo de **construção da saúde**. Reconhece os conflitos, as rupturas, as brechas, os contínuos, como prática política geradora de conhecimento, participação. Aqui, o projeto do psicólogo é passar do conceito de saúde ocupacional para o de saúde do trabalhador, isto é, deixar de cuidar dos cargos e funções profissionais para atentar para o homem, o trabalhador. Eles, psicólogo e trabalhadores, se vêem diante da problemática psicologia-saúde-trabalho, querem deixar apenas de dizer **não**, isto é, resistir, para indicar soluções para os problemas sociais, políticos, econômicos. Paramos de esperar a Revolução para fazermos várias pequenas revoluções.

---

39 SCHUTZENBERGER, A. A. "Diversas abordagens para compreensão da dinâmica dos microgrupos". In: WEIL, P. *Dinâmica de grupo e desenvolvimento em relações humanas.* Belo Horizonte: Itatiaia, 1967, p. 23-61.

*O grupo autoriza a construção de pequenas revoluções nascidas de uma "leitura a contrapelo".*

Mas toda essa "esperança" tem final igual ao da psicologia racional. O destino da psicologia humanista no mundo do trabalho é o mesmo do velho paradigma: os que pensam e os que fazem. Quanto mais pensamos que somos livres como psicólogos no mundo do trabalho mais riscos corremos, já que as decisões principais não dependem do psicólogo. O psicólogo diretor, Pierre Weil (2004), declara que hoje só faria um treinamento em empresa se todos os diretores participassem, porque não bastaria trabalhar os trabalhadores. Acho que, ao pensarmos que "sem liberdade" são os outros — aqueles da psicologia racional —, corremos o risco de idealizar certa conquista de flexibilização do espaço da psicologia como mudança de paradigma. O fim do DOT (1958-1968), aqui narrado, fala mais do que as minhas palavras.

# COMPARTILHANDO ALGUMAS REFLEXÕES FINAIS

## QUEM SABE FAZ A HORA...

> *O homem criou um mundo de coisas, tesouros culturais, com a finalidade de tornar a si mesmo uma semelhança de Deus. Quando o homem encontrou a si mesmo fraquejado em suas lutas por uma criatividade máxima, ele tirou de seu "desejo de criar" a sua "vontade de poder", porém usou essa última como um meio insidioso por meio do qual poderia obter os objetivos de um deus.*
>
> JACOB LEVY MORENO (1992, p. 156)

Estou chegando à conclusão desta obra e, além de pretendê-la inovadora, aspiro a um caráter de cientificidade, portanto, parece-me que é indispensável ouvir a avaliação. Ao desenvolvê-la, dividi-me em ator e platéia, e agora me posiciono como crítico do espetáculo, para analisar com olhos de avaliador o caminho percorrido pelas trilhas abertas e (re)ver os sentimentos que me acompanharam neste processo de construção, desconstrução, construção, desconstrução quando, ao (re)visitar o passado, busquei o futuro.

Ser autor é ser pessoa em relação e não uma função, considerando que ser autor é deixar as marcas na construção da realidade, que é feita a partir do presente. Então, volto para mim mesma, busco me reconhecer nos meus referenciais para retornar às relações com o outro.

Penso que, ao finalizar um espetáculo, anunciam-se outros tantos, abrem-se novas cortinas, anunciam-se novas luzes que se inter-relacionarão com a luz que está em cena. Parafraseando uma máxima moreniana, digo que "maior que a obra criada é a transformação do criador" (MORENO, 1984), por isso vejo-me identificando o que mudei em mim, aquilo que me permitirá (re)ler este trabalho com novos olhos, para depois fazer a retómada do presente com o objetivo de construir a recuperação dos significados do passado em busca de poder construir o futuro, mais criativamente.

Uma pesquisa, seja ela qual for, cria vínculos com o presente em busca de um futuro melhor, seja pela possibilidade de continuidade, seja por refutação, ou adoção de um caminho por ela percorrido. Busco agora (re)conhecer o caminho trilhado, as rupturas e continuidades que trouxe comigo deste trabalho. Para tanto, preciso de um olhar avaliador que me sinalize a estrada percorrida e, em boa linguagem mineira, mostre-me a "estrada e as estações percorridas pelo trem".

Trabalhei por construir uma pesquisa de "fragmentos da história e da memória da psicologia no mundo do trabalho, relações entre a psicologia e a industrialização". *Fragmentos* porque não acredito em história contínua e universal, vejo a história além do contínuo, pontilhada por brechas em que se pode ler o não-dito no que está dito, além da própria leitura do dito.

Pretendo ter construído em mim certa intimidade com os principais autores da metodologia escolhida: Michel Foucault (1926-1984), Pierre Bourdieu (1930-2002) e Walter Benjamin (1892-1940). Com eles aprendi que o valor da pesquisa histórica

A psicologia e o mundo do trabalho no Brasil

está em trabalhar uma leitura no dito e no não-dito, nos contínuos e nas rupturas, nas relações entre o *habitus* dos atores e o campo, pelo valor da narrativa histórica e da memória. Com esses autores, que me serviram de suporte, construí uma caixa de ferramentas para chegar a minha meta. Com base no que aprendi, a pesquisa que deu origem a este livro é *história* porque, nas palavras foucaultianas, "documento é monumento", porque é escavação e esquadrinhamento da história oficial, do dito sobre o não-dito da historiografia que, ao esconder, revela, da busca de ver na história do vencedor a história do vencido. É *memória* enquanto é infância, é a presença do homem singular com suas subjetividades, seu *habitus,* participando da construção da nossa própria história, com o direito a narrativas.

*História* e *memória* formam o entrelaçamento do instituído com o vir a ser, através da leitura dos vencedores e dos vencidos, dos que poderiam ter feito a nossa história diferente. O meu objeto de estudo é a *psicologia* porque é a minha profissão, em que me incluo ao incluir o "outro", é o caminho que escolhi como modo de construção da minha cidadania. E, por fim, algumas *relações* entre a *industrialização* e a *psicologia* porque, como disse na introdução, são pontos de conflitos, inquietações que acompanham os trabalhadores da psicologia, entre os quais me incluo. Compreender um pouco mais o processo de construção da modernidade brasileira, da nossa psicologia, desses saberes e poderes chamados por uns de "ciência de lugar adiantado". Entretanto, essa afirmativa foi bravamente contradita a partir do capítulo "Aspectos históricos", em que ficou evidenciado que a psicologia só é "ciência de lugar adiantado"[1] quando reduz o homem ao seu comportamento, para isso necessitando também se reduzir à ciência do comportamento. Com os índios, o Brasil-colônia "conheceu" uma psicologia huma-

---

1  Rever o capítulo 4.

nista, que foi descartada pelo desejo de modernidade, estimulado pela meta de aceleramento da industrialização. Em nome da "evolução", a psicologia criou espaços abrindo mão de conceitos, desenvolvendo conhecimentos, técnicas, mudando prioridades e fazendo casamentos com os que acenavam com mais poder. *Esqueceu-se de que nem o homem nem a ciência da psicologia nasceram pequenos – estamos pequenos.* Entre a "nova" ciência e o homem-comportamento, criaram-se relações hierarquizadas, que inicialmente estavam fundamentadas nos saberes, mas que se fortaleceram com as práticas dos poderes, gerando homens e mulheres dóceis. O molde arraigou-se de tal maneira na cultura que muitas vezes deixa de nos causar perplexidade, e passamos a ver como "natural" treinar, docilizar trabalhadores, que, por sua vez, desenvolvem expectativas e oferendas de submissão. Tal processo de mão dupla constitui as complementaridades capazes de viabilizar a manutenção do modelo vencedor; *tristemente, essa psicologia participa da criação do nosso panóptico do trabalhador.* Daí para a dependência, é um curto passo. E a saúde da psicologia e do trabalhador se torna mercadoria, objeto de lucrativas transações comerciais vendidas no varejo, mas de olho no atacado. Ao mesmo tempo, esse mesmo par dialético é capaz de resistências, de subversões, de rebeldias, de recriações da vida e das verdades estabelecidas como dogmas, de (re)capacitar-se para (re)criar modos novos de andar na vida. *Mantemos a saúde ao mantermos a esperança, esperança que não é ufanismo otimista.*

Na introdução, compartilhei com o leitor as agruras de uma pesquisadora que não conhecia o campo escolhido, que mudou de tema e de área de pesquisa, já transcorridos dois anos do prazo regulamentar, é minha contribuição aos que também querem pesquisar. A tese, que deu origem a este livro, precisou ser gestada em 20 meses. Ao levar a termo esta jornada, reconheço que estava certa ao mudar. Provavelmente, se tivesse permanecido com o tema anterior,

A psicologia e o mundo do trabalho no Brasil

teria sofrido menos, poderia ter terminado antes e teria construído uma tese rica em detalhes, com ampla e elaborada argumentação, mas teria hoje para apresentar uma tese racional, escrita a distância, quase como uma observadora. Meu lugar no campo não teria sido construído nas fronteiras, mas me alojaria fora do campo falando do outro, aquele "meu vizinho".

Optei pelo caminho difícil do desconhecido que me chamava interiormente, precisei encarar muita luta, tive um grande trabalho para desenvolver argumentos de convencimento para mim e alguns outros que me desencorajavam na empreitada. Ouvi que não iria dar tempo, que não conseguiria novo orientador no "meio do caminho", que a coordenação da pós-graduação não aceitaria a mudança, que provavelmente haveria novo "abandono" da minha parte. Não estava abandonando um tema; via-me diante da redefinição do projeto de pesquisa. Esse trajeto prova que a academia, ao flexibilizar seu processo educacional, está se revendo na dureza para a qual a modernidade da produção seriada a empurrou.

Encontrei acolhida, respeito e confiança, o que me comprometeu mais ainda com o trabalho. Precisava recuperar o tempo, ultrapassar as dificuldades, descobrir onde estavam as informações que queria. Sonhei alto, pensei Brasil, confiei na Internet, "perdi" meses fundamentais insistindo com as universidades por *e-mail*. Tive sorte, agucei os sentidos, esquadrinhei lugares, viajei, conversei e li, como nunca havia lido na vida. Descobri talentos em mim, o gosto pela leitura, a freqüência às bibliotecas, o prazer de fazer uma pesquisa de campo. Vivi dificuldades desconhecidas, procurei pessoas pouco disponíveis, conheci muitas outras encantadoramente generosas no compartilhar seus saberes, suas memórias, seus documentos.

Desenvolvi um pequeno método de entrevistar. Guiei-me pela minha vontade de saber, (re)conheci um trunfo no meu treino profissional para ouvir, o que me deixava disponível enquanto meu convidado estivesse narrando. Fiz de um gravador e um caderno meus companheiros de viagem. Anotava, anteriormente, as perguntas básicas classificadas pela importância para o tema. Depois de começada a entrevista, nem sempre as questões que inicialmente me pareceram as mais importantes eram confirmadas, às vezes uma nova informação abria estrada, mostrava paisagens essenciais que mudavam o roteiro. Mesmo assim, antes de desistir das perguntas, submetia-as à opinião do narrador. O fato de demonstrar que havia me preparado para a entrevista, mas que não estava tentando convencê-lo da "minha versão" foi bom. Não pretendi "inventar a roda", mas ser capaz de argumentar foi um procedimento que deu certo. Procurei estar o mais inteira possível ao ouvir a narrativa, mantendo-me interessada nas memórias de quem estava comigo. Em todas as entrevistas, trabalhei para a *construção de um vínculo inicial*, atenta à tendência intimista que causa dificuldades de relacionamento entre as pessoas e com o objeto, que podem gerar monólogos, que não estabelecem relações na hora de produzir conhecimento, de falar com o outro. Quis contemplar, no sentido benjaminiano, a linguagem que é prenhe de história, de evidências e não só a linguagem-máscara, que leva o pesquisador a procurar a verdade fora, portanto os dados empíricos nasceram das e nas relações entre sujeito e objeto, fruto da contemplação que toca. Para tanto, estudava anteriormente algo sobre meu entrevistado. Levava comigo uma pergunta, um interesse especial da pessoa pelo tema da pesquisa, demonstrava, como aquecimento para a entrevista, com que critério eu a havia escolhido. E, ao mesmo tempo, compartilhava algo meu, não pretendia ser uma pretensa pesquisadora "tábula rasa". Estava cuidando de *construir um convite ao vínculo*, vendo que duas pessoas que têm um vínculo conversam em campo construído em comum, menos defendido, permitindo a narrativa livre, que traz as lembranças daquilo que faz sentido. Trabalhei a recuperação de fragmentos do passado, porque o passado não volta na sua inteireza; (re)conhecendo que não se ensina o passado, não se impõe o passado, mas se estimula o (re)conhecimento. Cada vez que o passado é (re)visitado, está atualizado. Busquei um lugar nas fronteiras do campo, onde pudesse conhecer a memória de meus entrevistados; ansiei por trazer a visão do singular ao coletivo.

Com essas motivações, construí uma pequena metodologia de entrevista, para dar vida aos relatos, abrir brechas para o tempo. Tomei memória como trabalho, sonho, luta, (re)memoração, racionalidade, esquecimento, corpo, mas sensibilidade, porque memória não é só ir atrás do tempo perdido, *(re)memorar é uma viagem que traz à tona um compromisso político.* Esta experiência me foi tão rica que quis compartilhar com o leitor fragmentos do que chamei de **entrevista dialogal**, esperando que esse fato estimule outras pessoas a contribuir para a idéia.

Penso que mais acertei que errei. Somente numa entrevista insisti por um momento a mais; mas meu entrevistado, mais lúcido do que eu, encerrou a conversa sem me responder, sinalizando minha insistência. Felizmente essa cena está gravada em vídeo e poderá ser utilizada como exemplo aos meus futuros alunos. Contar esse fato, para mim, é importante, pois me mantém coerente com minha caixa de ferramentas.

Quanto aos documentos, arquivos e teses, as dificuldades a vencer foram grandes. Descobri que nós, os psicólogos, não guardamos nossa memória, trabalhamos pouco nossa história e, em nome de "preservar o sigilo", queimamos documentos, destruímos arquivos, impedimos que outros saibam o que fizemos, tornamo-nos "donos" dos projetos e, por isso, algumas vezes, eles acabam quando nós saímos dos lugares. Com essa prática, impedimos que o patrimônio histórico cultural da psicologia seja instrumento de construção de outros lugares de memória. Os motivos apontados pelos quais a psicologia tem ausência de patrimônio histórico revela que nós, os profissionais, temos uma imagem unidimensional, narcísica, não de singularidade tridimensional que rompe com idéias triunfantes, revelando um lugar de sujeitos, de imagens dissonantes, de participação social. Quem define o que vai ser destruído está definindo o que vai ser preservado. Será que o conhecimento pode ser posto em escaninhos? Quem é dono do patrimônio se ele é transdisciplinar, portanto sem dono? A socialização dos saberes e poderes de uma experiência fica interrompida, e o conhecimento construído no social e pelo social torna-se subjetividade. Os valores do *setting* clínico ditam a "moda", e por serem normas do "campo nobre" da psicologia não são questionados, mas imitados. Expande-se para outras áreas o *habitus* de um campo específico fazendo que a parte se torne o todo. São mecanismos de microfísicas do poder que chegam, instalam-se e se perpetuam sem que perguntemos o porquê. Nosso desejo de mudar a sociedade fica subordinado às mudanças desses mecanismos de poder que se localizam ao derredor do aparelho do Estado, ocupando níveis elementares do cotidiano, e que, por essa condição de subliminares, penetram o *habitus* tornando-se pontos cegos na percepção individual e grupal, contaminando o campo da profissão.

Do ponto de vista de uma "leitura" histórica, nessas sete décadas, contando a partir da fundação do primeiro instituto, o Idort (1931), ainda é vivida uma crise de identidade nesse campo. Os próprios espaços institucionais de produção de conhecimento e ensino — a Academia — assumem denominações que ora dicotomizam os termos, como Departamento de Psicologia Organizacional e do Trabalho, ora anulam um deles como nos Departamentos de Psicologia Ocupacional, Organizacional, Industrial, do Trabalho, Psicopatologia do Trabalho, Psicodinâmica do Trabalho. Ao lado disso, os cursos oferecidos englobam aspectos que transitam por muitas e várias teorias misturando autores, propostas filosóficas de visão de homem, dando roupas novas para olhares velhos,

A psicologia e o mundo do trabalho no Brasil

sem que se mudem os paradigmas dos alunos, futuros trabalhadores da psicologia no mundo do trabalho. Ouvi e li autores que são também professores, preocupados em "modernizar" seus cursos, em acabar com essa "psicologia taylorista", mas que estudam e se declaram interessados nos processos "darwinistas do trabalho". Ou aqueles que "abandonam" a velha psicotécnica porque ela representa a psicologia da organização racional do trabalho, mas estudam como "moderno" o sistema japonês do toyotismo e seus derivados. Encontrei os que querem reunir numa só abordagem a psicologia organizacional e a psicopatologia do trabalho, que nos chegou através das pesquisas do psicólogo francês Christophe Dejours.[2] Ao lado desses olhares, encontrei os que declaram ser irreconciliável o processo dos profissionais "psicodinamistas do trabalho" e os psicólogos organizacionais. Nas teses e dissertações que li, as quais abordam o tema currículo de graduação, e em algumas entrevistas, constatei que os psicólogos do trabalho se formam em cursos de pós-graduação ou em especializações, porque a graduação trata essa psicologia como secundária. Escutei de uma coordenadora de pós-graduação em psicologia que naquela universidade pública a procura pela orientação de um professor tradicional de psicologia organizacional estava muito maior do que a de um professor que pesquisa na linha de Psicopatologia do Trabalho. Ela me explicou que considera "muito atrasada" a psicologia que é praticada no mundo do trabalho. Os cursos de pós-graduação, algumas vezes,

---

2 Brevemente registro a chegada desta abordagem, "Psicopatologia do trabalho", nascida na França entre as duas grandes guerras do século XX, tendo como iniciadores Claude Veil, Le Guillant, Bengoin e Pariente, Paul Silvadon, Roger Amiel, Adolfo Fernandez Zoila, Tosquelles e Verbezier e mais recentemente, considerada a segunda fase da disciplina, as pesquisas do psicólogo clínico Dejours. Este esteve pela primeira vez no Brasil em 1980, apresentando seu livro *A loucura no trabalho*. Seus adeptos brasileiros consideram que "Dejours fez sucesso primeiro no Brasil para depois ser reconhecido na França". (Para ver breve histórico dessa disciplina, pesquisar: KARAM, 2003; SELIGMANN-SILVA, 1994; ANTUNES LIMA, 1996.)

Júlia Maria Casulari Motta

acompanham as preferências do momento, outras vezes lutam por desenvolver um campo de pesquisa que proponha um novo olhar. Enquanto escrevo estas conclusões, recebo o *Jornal do Conselho Federal de Psicologia* (ano XVIII, nº 79 — agosto de 2004, p. 3), trazendo os resultados da pesquisa encomendada ao Ibope, que aponta: "A psicologia clínica mantém-se como a principal área de atuação: 45% fizeram ou estão fazendo pós-graduação nessa área. A psicologia organizacional vem em segundo lugar, concentrando 10% dos psicólogos". Tais estatísticas confirmam que os resultados desta tese continuam atuais apesar de o período pesquisado ter sido anterior. Também merece registro o primeiro Congresso Brasileiro de Psicologia Organizacional (21-24 julho de 2004, Bahia) organizado pela Sociedade Brasileira de Psicologia Organizacional e do Trabalho (SBPOT) com o título: "Organização e Trabalho: novos desafios à produção de conhecimento e atuação profissional". Durante o congresso, esse tema foi desenvolvido em nove áreas, e somente uma era dedicada a saúde psíquica e trabalho (SPT), "contra" oito operacionais. A psicologia organizacional e a psicologia do trabalho continuam caminhando para o mar, como o rio Negro e o Amazonas. Entretanto, por esses dois referenciais apresentados, a psicologia organizacional encontrou roupas novas para temas antigos, continuando a ocupar maior espaço entre os psicólogos.

Enquanto isso, a Ciesp-Fiesp define os critérios para que uma empresa de consultoria em psicologia conquiste seu "certificado", seu "diploma" que lhe garantirá mais facilidades de contratos, para "traduzir a racionalidade de uma profissão com o objetivo de gerir resultados para os negócios". Esse procedimento de institucionalização do "certificado" torna-se uma escola de seleção e treinamento dos psicólogos do trabalho nos critérios do patrão. Para progredir, ganhar mais, vencer concorrências, estamos regredindo, passamos por um processo prévio de docilização, voltamos ao panóptico. Tudo em nome de "gerir resultados para os negócios", ao sermos incluídos estamos excluídos. Já não é possível deixar de ver o que "salta aos olhos" porque é óbvio demais.

Esse panorama indica que há *urgência na explicitação de nossa identidade nesse campo*, ao lado da necessidade de conceituação mais clara sobre suas diferenças/semelhanças, seus conceitos, enunciados, metodologias e verdades, para que não pareça tratar-se apenas de mera questão semântica ou de menor importância, ficando como uma cortina à possibilidade de reconhecimento das diferenças, dos conflitos e para que não se confundam pressupostos, objetivos e possibilidades de superação dos limites.

Quanto à preocupação com o estudo da determinação social do processo de doença/saúde tendo como objetivo privilegiado o trabalho, surgiu de forma mais estruturada e orgânica a partir dos anos de 1970, quando a medicina social latino-americana passou a produzir estudos, pesquisas e propor cursos que ressaltavam o campo teórico-conceitual da saúde e trabalho. Mas, paradoxalmente a esse movimento, a psicologia no mundo do trabalho passara a encolher, a partir de 1964, e essa tendência acentuou-se na década iniciada em 1968, com a repressão e o endurecimento do regime de ditadura, especialmente com os trabalhadores. Tal tendência está representada no enfraquecimento dos sindicatos livres e na intensificação das relações entre o Estado e as determinações do Consenso de Washington. Esse acordo dos "grandes" aumenta o poder liberal e autoriza as mudanças mundiais nas relações de trabalho, acelerando o processo de globalização. O capital é evolucionista, mas esse acordo representa um retrocesso nas relações de trabalho, criando novas doenças no trabalho e do trabalho, o que pode representar no futuro diminuição dos lucros. Será que os grandes sabem disso? É quando a psicologia passa a perder espaço nas empresas, com o enxugamento dos departamentos de RH, tornando a psicologia terceirizada, ou autônoma, para ser contratada pelas empresas por projetos. Nascem as consultorias. *O psicólogo deixa de ser um trabalhador para se tornar uma empresa*, que vende sua própria força de trabalho, outras vezes, passa a empregar como terceirizados outros psicólogos recém-formados, estagiários etc. *Sua mercadoria é seu saber*. Como consultor, é contratado por dia tendo a ilusão de ser livre, sem cartão de ponto, sem chefe, mas está irremediavelmente vinculado ao "patrão", que poderá não chamá-lo novamente, caso não agrade. As mesmas angústias do desemprego, da falta de vínculo do trabalhador-psicólogo-terceirizado ou de consultoria, irmanam-nos com os trabalhadores "clientes" nas empresas. Sofrem todos dos mesmos medos e lutam pela saúde no trabalho representada pela (re)conquista da esperança, que não é ufanismo otimista. Será que (re)vivemos a história do tempo moderno de antanho, quando viver, para o trabalhador, é não morrer?

O que pude reunir gerou este livro, esta narrativa de fragmentos da nossa história e da nossa memória. Como ficou claro na exposição, cada capítulo trouxe conclusões parciais que facilitaram a compreensão dos institutos analisados. O que posso fazer neste momento são considerações gerais.

O período temporal desde a fundação do primeiro instituto, o Idort (1931), em São Paulo, que nasceu patrocinado pelo jornal *O Estado de S. Paulo* em conjunto com um expressivo grupo de industriais, tem poucos anos de vida independente, pois sua aceitação social não correspondeu às expectativas da 1ª divisão, isto é, dos empresários da diretoria. O Idort desenvolveu pesquisas, produziu conhecimento e criou espaço de publicação. Logo que seu presidente, sr. Armando Salles de Oliveira, foi nomeado governador constitucional do estado, decretou o Idort de utilidade pública e rapidamente o nacionalizou através da Rage (Reorganização Administrativa do Governo do Estado), permanecendo ainda hoje assim. Relembro esses pontos com o objetivo de mostrar que a amizade estreita entre o Estado, as idéias liberais e a psicologia está aí contemplada.

O Isop nasceu da FGV, no Rio de Janeiro, como realização de um plano antigo do estado, datado de 1938, do então ministro do Trabalho, dr. João Carlos Vital. A tentativa frustrada de criação do Insop veio a florescer nove anos depois no Isop (1947), quando o mesmo dr. Vital era presidente da FGV. O Isop desenvolveu pesquisas, criou uma consistente revista, *Arquivos Brasileiros de Psicologia*, e mobilizou a criação da Associação Nacional de Psicotécnica, posteriormente Associação Nacional de Psicologia Aplicada. Em 1967, com a mesma sigla, mas com significado diferente, o Isop (que passou a Instituto Superior de Estudos e Pesquisas Psicossociais) tornou-se o primeiro centro de pós-graduação em psicologia, começando com mestrado e, em 1977, com o doutorado. Em 1992, o Isop é transferido para a Universidade Federal do Rio de Janeiro, com seus cursos e professores. Novamente a intimidade entre o Estado, a iniciativa privada de cunho liberal e a psicologia está presente. Relembro que o PUC-RJ criou o principal antagonista do Isop, o IPA (1953), Instituto de Psicologia Aplicada, com a "preocupação central de apresentar uma densidade teórica suprimindo as deficiências existentes no Isop".

Já o Sosp (1949), "nascido à semelhança do Isop", é a primeira das instituições pesquisadas a ser criada já dentro do Estado, associada ao Instituto de Educação, e prestando serviços ao empresariado mineiro. Não publicou, não fez pesquisa, porque "trabalhávamos muito, não tínhamos tempo para escrever", mas formou os futuros idealizadores e professores dos cursos de psicologia que surgiram depois. Não guarda história, não tem arquivos, não publicou, ficando seu registro em citações secundárias de outras pesquisas e na narrativa de meus entrevistados. Desde 1994, é parte da Universidade Estadual de Minas Gerais, quando passou a se chamar Cenpa. Hoje, conta com uma psicóloga e uma estagiária. Nasceu grande e foi se esvaziando...

Até aqui, os institutos pesquisados – Idort, Isop e Sosp-Cenpa – baseiam-se numa psicologia psicométrica, comportamentalista, que tem um compromisso com os valores liberais, que trabalhou para adaptar o homem ao trabalho e o trabalho ao homem, e tratou a saúde como um apêndice do trabalho, um pré-requisito de seleção dos mais capazes de competir, de melhores resultados em produção.

O DOT (1958-1968), formado por uma instituição bancária, paradoxalmente chega com a força da inovação, traz uma psicologia humanista e desenvolve um grande centro de pesquisa pura e aplicada, "forma psicólogos humanistas". Patrocinada por um banqueiro, a psicometria é renovada com a chegada da sociometria e do trabalho de grupo. *Essa nova psicologia anuncia que o trabalhador adoece no trabalho e do trabalho*, quebrando o silêncio da psicologia racional sobre o assunto. Em 1967, o DOT produz um livro, somente com suas pesquisas.

Nenhuma instituição financeira é inocente, todas vivem da compra e da venda de dinheiro, produzindo lucro. Mas esse banco, presidido por um "médico que o dirige como um hospital", vê valor em investir no trabalhador através de uma psicologia humanista. Patrocinou o trabalho por dez anos, até a mudança da sede do banco, "porque o dinheiro estava em São Paulo", quando então o DOT é fechado, seus arquivos queimados, seus registros de pesquisas "salvos" somente no livro publicado. Mas essa psicologia humanista não ficou esquecida em Minas Gerais, porque o DOT havia formado muitos psicólogos, que continuaram em outros contextos. Um dos seus produtos foi "uma crise existencial" no idealizador do DOT, que resultou em mais pesquisas pessoais e na criação de uma nova abordagem em psicologia. Foi do DOT que saiu a proposta de mudança do nome da Associação Brasileira de Psicotécnica para Associação Brasileira de Psicologia Aplicada, porque "era muito dura, desumana, não podia colocar técnica na psique humana". Do DOT saíram os psicólogos que desenvolveram o departamento de Orientação

A psicologia e o mundo do trabalho no Brasil

Vocacional e Profissional do Sesc-MG, e a linha de trabalho da Clínica de Psicologia do Instituto Pestalozzi, também a Sociedade Brasileira de Dinâmica de Grupo, Psicoterapia de Grupo e Psicodrama. Teve dez anos de vida e acabou em 1968. Coincidentemente, no mesmo ano do AI-5, que concretizou mais duramente a ditadura brasileira. A psicologia humanista leva em consideração as escolhas humanas, a visão de homem como um ser em relação, o trabalho como uma construção, que inclui o lucro, mas não desconsidera a contribuição do trabalhador. E a saúde como a manutenção da esperança do trabalhador, a possibilidade de ser mais que um reprodutor de treinamentos. Entretando, *as novas relações entre a psicologia e o capital, apesar de flexibilizadas pela visão humanista, não rompem com o velho paradigma.*

Espero ter mostrado as singularidades dos quatro institutos estudados. Penso que um ponto central em comum é a intimidade das relações de interdependência entre a psicologia no mundo do trabalho e o capital. Tal fato fica evidenciado na trajetória do DOT (1958-1968), seu patrocínio, seu nascimento, seu desenvolvimento e seu destino atrelado ao banco. O fechamento foi definido com a mudança do centro do capital bancário para São Paulo, quando então "as serras foram diminuindo, diminuindo, e Belo Horizonte ficou cheia de buracos da mineração, fruto de um crescimento desordenado. Tiraram as árvores da avenida Afonso Pena...".[3] É a urgência da modernidade brasileira definindo o tempo, a disciplina de trabalho e o capital, forjando dominação do tempo que é dinheiro, mas revelando resistências do tempo que é vida. Nessas inter-relações, a psicologia e o homem tornaram-se assujeitados no processo de modernidade, mas, no interior dos espaços e do tempo, antevejo as resistências, contemplo os homens e as mulheres trabalhadores que, vinculados em grupos criam, na intersubjetividade,

---

3  Rever o capítulo sobre DOT (1958-1968).

245

saídas novas para situações antigas. *A possibilidade do olhar dialético das relações entre dominação e sujeito traz a possibilidade de saída.*

Como ponto de relevância, quero situar o significado desta investigação para o campo da psicologia como um todo, e, particularmente, para o campo da psicologia do trabalho. Mais do que isso, é como historicamente detectar as trajetórias teóricas para a própria compreensão das relações entre psicologia e trabalho. Esta pesquisa também mostra que para a psicologia do trabalho as vertentes podem ser as mesmas da psicologia da educação, ponto este evidenciado no capítulo referente a Minas Gerais, em especial. Ver as mesmas vertentes na psicologia do trabalho e na psicologia da educação me (re)aponta o primeiro tema de pesquisa, quando planejei estudar "o trabalhador que se mantém saudável, como brincou na infância?". As tensões entre o singular e o coletivo, entre o trabalhador e o grupo, entre a psicologia e a sociologia da saúde sinalizam que meus estudos não terminaram.

O trabalho, como ele se apresenta em diferentes formas de acordo com o contexto, fábricas, escolas etc., põe em pauta as questões dos fundamentos, de readaptação dos conceitos ou a necessidade de criação de novos referenciais da psicologia do e para o mundo do trabalho. Será que o mundo do trabalho necessita de conhecimentos específicos da psicologia? São pontos a pesquisar.

Encerro lembrando que fiz este estudo pensando em resolver minhas questões e preocupações com as relações entre a psicologia e o mundo do trabalho, mas, concluída a viagem, penso que, sem pretensão, essas idéias podem transcender o mundo acadêmico e chegar ao mundo do trabalho, em especial, aos atores no mundo do trabalho e aos estudantes, futuros trabalhadores.

# REFERÊNCIAS BIBLIOGRÁFICAS

ABDOUCHELI, E., JAYET, C. *Psicodinâmica do trabalho: contribuições da escola dejouriana à análise da relação prazer, sofrimento e trabalho.* São Paulo: Atlas, 1994.

ABN AMRO BANCO REAL. *Jornal Real,* 1925-1995. Ano XXVI, n. 6, junho/1995 (edição especial).

ABN AMRO REAL SA. *História das instituições financeiras e sua contribuição ao progresso econômico dos povos.* São Paulo: Estrela Alfa Editora, 1972.

_____. *História das instituições financeiras.* Série Pesquisa e Divulgação. São Paulo: Estrela Alfa Editora, 1972.

ABN AMRO REAL. *Valores humanos e econômicos juntos.* Revista de circulação interna, 2002.

AGATTI, A. P. R. "Arquivos brasileiros de psicologia". *Arq. Bras. Psic.* 42 (2), p. 129-139, 1990.

ALENCAR, R. (org.). *História da sociedade brasileira.* São Paulo: Ao Livro Técnico, 1979, p. 231.

ALGRAS, M., PENNA, A. G. "História e psicologia". *Arq. Bras. Psic.* 2, p. 83-85, 1988.

ALMEIDA, C. M. H. C. de, CARDOSO, A., GOMES, R. "Representações sociais e história: referenciais teórico-metodológicos para o campo da saúde coletiva". *Cadernos de Saúde Pública.* n$^{\circ}$ 2, 2000.

ALVES, I. C. B. "Revisão histórica sobre o boletim de psicologia". *Bol. de Psic.* 1, 2000.

Júlia Maria Casulari Motta

AMERICANO, Jorge. *São Paulo naquele tempo (1895-1915)*. São Paulo: Saraiva, 1957.

ANTONACCI, M. A. M. "Institucionalizar ciência e tecnologia: em torno da fundação do Idort (São Paulo, 1918/1931)". *Rev. Bras. Hist.*, 7 (14), p. 59-78, 1987.

_____. *A vitória da razão: o Instituto de Organização Racional do Trabalho de 1931 a 1945*. 1985. Tese (Doutorado) — Universidade Estadual de São Paulo, São Paulo (Mimeo).

ANTUNES, M. A. M. *O processo de autonomização da psicologia no Brasil 1890-1930*. 1991. Tese (Doutorado) — Pontifícia Universidade Católica de São Paulo, São Paulo (Mimeo).

_____. (colab.). "Quadro de referências sobre a história da psicologia no Brasil: 1930-1962". *Psic. Rev.*, 8, p. 97-132, 1999.

ANTUNES, R. *Os sentidos do trabalho: ensaio sobre a afirmação e a negação do trabalho*. 5ª ed. São Paulo: Boitempo Editorial, 2002.

ARAÚJO, M. C. (org.). *Fundação Getúlio Vargas: concretização de um ideal*. Rio de Janeiro: Editora FGV, 1999.

ARIES, P., DUBY, G. *História da vida privada: da Primeira Guerra aos nossos dias*. 5ª ed. São Paulo: Companhia das Letras, 1992.

AROUCA, A. S. da S. *O dilema preventivista: contribuição para a compreensão e crítica da medicina preventiva*. 1975. Tese (Doutorado) — Universidade Estadual de Campinas, Campinas (Mimeo).

ARQUIVO BRASILEIRO DE PSICOLOGIA. "O Instituto de Seleção e Orientação Profissional da Fundação Getúlio Vargas. Vol. I, n. 1, 1949.

ARQUIVO SOSP-CENPA. Correspondências do primeiro presidente do Sosp, Sr. Syncha Jerzy Schwarzstein.

BAPTISTA, M. T. D. da S. "As relações entre identidade, memória e a pesquisa da história da psicologia". 2003. Disponível em http://www.fafich.ufmh. br/^memorandum/artigos04/baptista02.html//.

BENJAMIN, W. *Haschisch*. 2ª ed. Madri: Taurus Ediciones, 1980.

_____. *A modernidade e os modernos*. Rio de Janeiro: Tempo Brasileiro, 1975.

_____. *Documentos de cultura, documentos de barbárie* (*Escritos escolhidos*). São Paulo: Cultrix, 1986.

_____. *Obras escolhidas*, volume I (*Magia e técnica, arte e política. ensaios sobre literatura e história da cultura*). 2ª ed. São Paulo: Brasiliense, 1996.

_____. *Obras escolhidas*, volume II (*Rua de mão única*). São Paulo: Brasiliense, 1987.

_____. *Obras escolhidas*, volume III: (*Charles Baudelaire, um lírico no auge do capitalismo*). São Paulo: Brasiliense, 1989.

BENJAMIN, W. *Haschisch. Sociologia*. São Paulo: Ática, 1985.

BERMAN, M. *Tudo o que é sólido se desmancha no ar*. 4ª ed. São Paulo: Companhia das Letras, 1987.

BERTOLLI FILHO, C. "Medicina e trabalho: as 'ciências do comportamento' na década de 1940". *Rev. Hist.* São Paulo, nº 127-128, p. 37-51, ago.-dez./1992 a jan.-jul./1993.

BIHR, A. *Da grande noite à alternativa: o movimento operário europeu em crise*. Trad. Wanda C. Brant. 2ª ed. São Paulo: Boitempo Editorial, 1999.

BOCCATO ALVES, I. C. "Revisão histórica sobre o boletim de psicologia". *Boletim de Psicologia*, nº 112, p. 1-36, 2000.

BOLOGNA, I. *Roberto Mange e sua obra*: São Paulo: Unigraf, 1980.

BONNEWITZ, P. *Primeiras lições sobre a sociologia de P. Bourdieu*. Petrópolis: Vozes, 2003.

BOURDIEU, P. *Coisas ditas*. Trad. Cássia da Silveira e Denise Pegorim. São Paulo: Brasiliense, 1990.

_____. *A economia das trocas simbólicas*. São Paulo: Perspectiva, 2001.

BOVÉRIO G. M. C. "Imagens entrecruzadas de infância e de produção de conhecimento histórico em Walter Benjamin". In: FARIA, A. L. G., DERMATINI, Z., PRADO, P. *Por uma cultura da infância: metodologias de pesquisa com crianças*. Campinas: Editores Associados, 2002.

BRAGA, L. A., NOVAES, M. H. da S., ALMEIDA, M. da G. M. A. "Resumo da participação do Brasil no V Congresso Interamericano de Psicologia". *Arq. Bras. Psic.*, nº 0, p. 153-160, 1958.

CAETANO, Coraly Cará. Centro Ferroviário de Ensino e Seleção Profissional (1934-1945). In: CONVÊNIO Finep/Unicamp/IFCH/DH. *Formação do trabalhador assalariado urbano (1900-1945)*, 1995.

CAMPOS, R. F. *A abordagem centrada na pessoa na história da psicologia no Brasil*. 2003. Tese (Doutorado) — Pontifícia Universidade Católica de São Paulo, São Paulo (Mimeo).

CAMPOS, R. H. de F. *História da psicologia: pesquisa, formação, ensino*. São Paulo: Educ, 1996.

_____. *Psicologia e ideologia: um estudo da formação da psicologia educacional em Minas Gerais*. 1980. Dissertação (Mestrado) — Universidade Federal de Minas Gerais, Belo Horizonte (Mimeo).

CANESTRELLI, L. "XIII Congresso Internacional de Psicologia Aplicada". *Arq. Bras. Psic.*, nº 1, 1958.

CARELL, A. "O serviço de ensino e seleção profissional da estrada de ferro Sorocabana e seu papel na introdução e desenvolvimento da psicologia aplicada ao trabalho no Brasil". *Bol. Psic.*, nº 69, 1975.

CARVALHO, A. M. T. de C. "Trabalho e higiene mental: processo de produção discursiva do campo no Brasil". *Hist. Cien. Saúde*, nº 1(6), 1999.

CASTEL, R. "A psicanálise no campo das técnicas". In: KATZ, C. S. *Psicanálise e sociedade.* Belo Horizonte: Interlivros, 1977.

_____. *As metamorfoses da questão social.* Petrópolis: Vozes, 1998.

CASTRO, T. de. *História documental do Brasil.* São Paulo: Distribuidora Record, 1968.

CHALHOUB, S. *Trabalho, lar e botequim: o cotidiano dos trabalhadores no Rio de Janeiro da belle époque.* São Paulo: Brasiliense, 1986.

CHIAVENATO, I. *Introdução à teoria geral da administração.* 3ª ed. São Paulo: McGraw-Hill do Brasil, 1983.

CONSELHO FEDERAL DE PSICOLOGIA — CÂMARA DE EDUCAÇÃO E FORMAÇÃO PROFISSIONAL. *Psicólogo brasileiro: construção de um novo espaço.* Campinas: Átomo, 1992.

CONSELHO FEDERAL DE PSICOLOGIA. *Quem é o psicólogo brasileiro?* São Paulo: Edicon, 1988.

CONSELHO REGIONAL DE PSICOLOGIA 6ª REGIÃO. *Uma profissão chamada psicologia (CRP-06, 20 anos),* São Paulo: Edicon, 1994.

CORIAT, B. *Pensar pelo avesso: o modelo japonês de trabalho e organização.* Trad. Emerson S. da Silva. Rio de Janeiro: Revan/UFRJ, 1994.

CUNHA, D. F. "O jogo no psicodrama triádico". In: MOTTA, M. C. J. *O jogo no psicodrama,* 2ª ed. São Paulo: Ágora, 1995, p. 57-64.

CUNHA, M. C. P. *O espelho do mundo: Juquery, a história de um asilo.* Rio de Janeiro: Paz e Terra, 1986.

D'ARAUJO, F. H. (org.). *Na periferia da história.* 2ª ed. Rio de Janeiro: FGV, 2000.

DE DECCA, E. *1930: o silêncio dos vencidos.* São Paulo: Brasiliense, 1981.

DEJOURS, C. *A loucura do trabalho: estudo de psicopatologia do trabalho.* Trad. Ana Isabel Paraguay. São Paulo: Oboré, 1987.

DEL BARRIO, M. A. N. A. "Resolução de conflitos inter e intragrupais nas organizações, através da técnica de grupo operativo". *Arq. Bras. Psic.,* 32 (1), p. 307-321, 1980.

DUBAR, C. "El trabajo y las identidades profesionales y personales". *Rev. Latinoam. Est. Trab.,* nº 13, 2001.

ELKONIM, D. B. *Psicologia do jogo.* São Paulo: Martins Fontes, 1998.

FARR, R. M. *As raízes da psicologia social moderna.* 4ª ed. Petrópolis: Vozes, 2001.

FEDERAÇÃO BRASILEIRA DE PSICODRAMA. "Editorial". *Revista da Febrap.* 1 (1), 1971.

FENELON, D. R. (coord.). *Industrialização do Brasil (1889-1945).* Campinas: Convênio Finep/Unicamp/IFCH/DH, 1981 (Mimeo).

FERRAZ DO AMARAL, P. "Trinta anos de atividades no campo da organização científica". *Rev. Org. Cien.*, vol. XXX, 1961.

FIGUEIREDO, L. C. M., SANTI, P. L. R. *Psicologia uma (nova) introdução: uma visão histórica da psicologia como ciência.* São Paulo: Educ, 2003.

FIÚZA DE MELO, A. *Marx e a globalização.* São Paulo: Boitempo Editorial, 2000.

FLORES, F. *Creando organizaciones para el futuro.* 2ª ed. Santiago: Dólmen Ediciones, 1995, p. 37-41.

FLORES, F., GRAVES, Michel. *El carater linguístico de las organizaciones.* San Francisco: California, 1986 (Mimeo).

FLORES, J. O. M. "A visão de um empresário sobre a psicologia aplicada ao desenvolvimento de recursos humanos". *Arq. Bras. Psic.*, 4, p. 136-140, 1987.

FONTAINE, M. "Sete perguntas a Walter Benjamin". *Revista USP.* São Paulo, 1992.

FOUCAULT, M. *Arqueologia do saber.* 6ª ed. Rio de Janeiro: Forense Universitária, 2002a.

_____. *História da sexualidade 1: a vontade de saber.* 14ª ed. Rio de Janeiro: Graal, 1988.

_____. *História da sexualidade 2: o uso dos prazeres.* 9ª ed. Rio de Janeiro: Graal, 1984.

_____. *História da sexualidade 3: o cuidado de si.* 7ª ed. Rio de Janeiro: Graal, 1985.

_____. *Microfísica do poder.* 15ª ed. Rio de Janeiro: Graal, 2000.

_____. *O nascimento da clínica.* 5ª ed. Rio de Janeiro: Forense Universitária, 2001.

_____. *A ordem do discurso.* São Paulo: Edições Loyola, 1996.

_____. *As palavras e as coisas: uma arqueologia das ciências humanas.* 8ª ed. São Paulo: Martins Fontes, 1999.

_____. *Vigiar e punir — história da violência nas prisões.* 26ª ed. Petrópolis: Vozes, 2002b.

FRAGOSO, J. L., TEIXEIRA DA SILVA, F. C. "A política no Império e no início da República Velha: dos barões aos coronéis". In: LINHARES, Y. M. (org.). *História geral do Brasil.* Rio de Janeiro: Campus, 1990, p. 177-272.

Júlia Maria Casulari Motta

FRANCO, E. M. *Desvendando o campo da psicologia da saúde: revisão de artigos selecionados.* 2000. Dissertação (Mestrado) — Universidade Estadual de Campinas, Campinas (Mimeo).

FRIGOTTO, G. (org.). *Educação e crise do trabalho: perspectivas de final de século.* Petrópolis: Vozes, 1998.

FUNDAÇÃO GETÚLIO VARGAS. "O instituto de seleção e orientação profissional da Fundação Getúlio Vargas: criação e histórico". *Arq. Bras. Psic.* 1, p. 7-16, 1949.

FURTADO, C. *Formação econômica do Brasil.* Rio de Janeiro: Fundo da Cultura, 1959, p. 217-226.

GABASSI, P. G. *Psicologia del lavoro: concetti e problemi.* Milão: Cluet, 1979.

GAGNEBIN, J. M. *Walter Benjamin.* São Paulo: Brasiliense, 1982.

GALZERANI, M. C. B. "Imagens entrecruzadas de infância e de produção de conhecimento histórico em Walter Benjamin". In: FARIA, A. L. G., DEMARTINI, Z. B. F., PRADO, P. D. (org.). *Por uma cultura da infância: metodologias de pesquisa com crianças.* Campinas: Autores Associados, 2002.

GARETH, M. *Imagens da organização.* São Paulo: Atlas, 1996.

GASPARI, E. *A ditadura envergonhada.* São Paulo: Companhia das Letras, 2002.

GENTA, G. "Relatório: Trabalhos de racionalização na fábrica de louças Ceramus". *Idort,* 4, 1932.

GIL, A. C. *Métodos e técnicas de pesquisa social.* São Paulo: Atlas, 1995.

_____. *O psicólogo e sua ideologia.* 1982. Tese (Doutorado) — Universidade Estadual de São Paulo, São Paulo (Mimeo).

GINSBERG, A. M. "Os primeiros Congressos Brasileiros de Psicologia e a participação de psicólogos brasileiros nos Congressos Internacionais". *Bol. Psic.,* 69, p. 81-83, 1975.

GITAHY, Maria Lúcia. "Liceu de Artes e Ofícios (1873/1933)". In: CONVÊNIO Finep/Unicamp/IFCH/DH. *Formação do trabalhador assalariado urbano (1900-1945),* 1995.

GOMIDE, P. I. C. "A formação acadêmica: onde residem suas deficiências". In: *Conselho Federal de Psicologia: Quem é o psicólogo brasileiro?* São Paulo/ Curitiba: Edicon/Educ/Scientia et labor, 1988.

GOULART, I. B. *Psicologia da educação em Minas Gerais: histórias do vivido.* 1985. Tese (Doutorado) — Pontifícia Universidade Católica de São Paulo, São Paulo (Mimeo).

GUANAIS, M. A. B. *O trabalho e a qualidade total: contribuições do psicólogo organizacional.* 1995. Dissertação (Mestrado) — Universidade Estadual de Campinas, Campinas (Mimeo).

A psicologia e o mundo do trabalho no Brasil

GUEDES, M. do C. *História e historiografia da psicologia: revisões e novas pesquisas*. São Paulo: Educ, 1998.

HARVEY, D. *Condição pós-moderna*. 7ª ed. São Paulo: Editora Loyola, 1998.

IANNI, O. *O colapso do populismo no Brasil*. Rio de Janeiro: Civilização Brasileira, 1978.

_____. *O príncipe eletrônico*. São Paulo: Perspectiva, 1999.

_____. *Teoria da globalização*. 2ª ed. Rio de Janeiro: Civilização Brasileira, 1996.

INSTITUTO SUPERIOR DE ESTUDOS E PESQUISAS PSICOSSOCIAIS (Isop). "Sumário das atividades de 1986". *Arq. Bras. Psic.*, 39 (1), p. 109-140, 1987.

_____. "Sumário das atividades de 1989". *Arq. Bras. Psic.* 42 (2), p. 141-172, 1990.

JACÓ-VILELA, A. M., JABUR, F., RODRIGUES, H. de B. C. (orgs.). *Clio-Psyché: histórias da psicologia no Brasil*. Rio de Janeiro: Uerj, 1999.

LABORATÓRIO DE PSICOLOGIA EXPERIMENTAL. *Psicologia e psicotécnica*. São Paulo: Siqueira, 1927.

LACAZ, F. A. de C. *Saúde do trabalhador: um estudo sobre as formações discursivas da academia, dos serviços e do movimento sindical*. 1996. Tese (Doutorado) — Universidade Estadual de Campinas, Campinas (Mimeo).

LANGENBACH, M. *A psicologia aplicada no Rio de Janeiro: início de uma profissão (1938-1962)*. 1982. Dissertação (Mestrado) — Pontifícia Universidade Católica do Rio de Janeiro, Rio de Janeiro (Mimeo).

LEAL, C. F. B. *Anarquismo em verso e prosa: literatura e propaganda na imprensa libertária em São Paulo (1900-1916)*. 1999. Dissertação (Mestrado) — Universidade Estadual de Campinas, Campinas (Mimeo).

LEITE, W. S. "Pequena história da psicologia em Minas Gerais", 2003 (Mimeo). Artigo não publicado.

LEÓN, R., BROZEK, J., PENNA, A. G. "Una nota acerca de los *Psychological abstracts* y la psicología en idioma portugués". *Arq. Bras. Psic.*, nº 41(4), p. 114-6, 1989.

LESER DE MELLO, S. *Psicologia e profissão em São Paulo*. São Paulo: Ática, 1978.

LOBATO, M. *América: os Estados Unidos em 1929*. São Paulo: Brasiliense, 1948.

LOPES, L. S. "Editorial". *Arq. Bras. de Psic.*, 1 (1), p. 5-6, 1949.

LOURENÇO FILHO, M. B. "A psicologia no Brasil". In: AZEVEDO, F. *As ciências no Brasil*. São Paulo: Melhoramentos, 1954.

_____. "Prefácio". In: WALTER, L. *Tecno-psyc do trabalho industrial*. São Paulo: Melhoramentos, 1929.

LOURENÇO FILHO. M. B. "Como surgiu o Idort". *Rev. de Organ. Cient.*, 15 (175), p. 140, 1946.

_____. Editorial. *Arq. Bras. de Psic.* 6 (1), 1966.

LOWY, M. *As aventuras de Karl Marx contra o Barão de Munchausen: marxismo e positivismo na sociologia do conhecimento.* 7ª ed. São Paulo: Cortez, 2000.

LUKES, S. *O poder: uma visão radical.* Brasília: Editora Universidade de Brasília, 1980.

MACHADO, R. "Por uma genealogia do poder". In: FOUCAULT, M. *Microfísica do poder.* Rio de Janeiro: Graal, 1996.

MALVEZZI, S. *O papel dos psicólogos profissionais de recursos humanos: um estudo na grande São Paulo.* 1979. Dissertação (Mestrado) — Pontifícia Universidade Católica de São Paulo, São Paulo (Mimeo).

MANCEBO, D. "Formação em psicologia: gênese e primeiros desenvolvimentos". In: JACÓ-VILELA, A. (org.). *Clio-Psyché: histórias da psicologia no Brasil.* Rio de Janeiro: Uerj, 1999, p. 93-147.

MANGE, R. "Evolução da psicotécnica em São Paulo". *Arq. Bras. Psic.*, 1(8), p. 5-51, 1956.

_____. "Escolas profissionais mecânicas". *Rev. da Politéc.*, v. 77, p. 7-8, 1925.

MARTINS, H. V. "Uma revolução e um revolucionário: a psicologia na época de Mira y López". In: JACÓ-VILELA, A. (org.). *Clio-Psyché: história da psicologia no Brasil.* Rio de Janeiro: Uerj, 1999.

MASSINI, M. "As origens da psicologia brasileira em obras do período colonial". *Cadernos PUCC*, 23, p. 95-117, 1987.

_____. "Origens da psicologia em São Paulo". *Arq. Bras. Psic.*, 3(41), p. 118-124, 1989.

_____. *História da psicologia brasileira: da época colonial até 1934.* São Paulo: EPU, 1990.

_____. *História das idéias psicológicas no Brasil: em obras do período colonial.* 1985. Dissertação (Mestrado) — Universidade Estadual de São Paulo, São Paulo. (Mimeo)

_____. *A psicologia em instituições de ensino brasileiras do século XIX.* 1989. Tese (Doutorado) — Universidade Estadual de São Paulo, São Paulo (Mimeo).

MATURANA, H., VARELA, F. *A árvore do conhecimento.* Campinas: Psy, 1995.

MELLO FLÔRES, J. O. de. *Na periferia da história — depoimento prestado ao CPDOC.* Rio de Janeiro: Editora FGV, 2000.

MELLO, J. M. C. de, NOVAIS, F. A. "Capitalismo tardio e sociabilidade moderna". In: SCHWARCZ, L. M. *História da vida privada no Brasil: contrastes de intimidade contemporânea*. São Paulo: Companhia das Letras, 1998.

MEMÓRIAS DO TEMPO. Acervo Banco Real. (vídeo, 1960)

MIRA Y LÓPEZ, E. *Quatro gigantes da alma: o medo — a ira — o amor — o dever*. 10ª ed. Rio de Janeiro: José Olympio Editora, 1966.

MONTAGNER, Miguel. *A teoria da prática de Bourdieu e a sociologia da saúde: revisitando as Actes de La Recherche en Sciences*. 2003. Dissertação (Mestrado) — Universidade Estadual de Campinas, Campinas.

MONTEIRO, C. "Psicotécnica: tentativa de seleção profissional". *Bol. Inst. Hig.*, 28, p. 3-4, 1928.

MONTEIRO, H. de M. "Da República Velha ao Estado Novo". In: LINHARES, M. Y. (org.). *História geral do Brasil*. Rio de Janeiro: Campus, 1990.

MONTEIRO, J. B. "Condensação da 'Revue de Psychologie Appliquée'". *Arq. Bras. de Psic.*, 3 (7), p. 161-163, 1958.

MORENO, J. L. *As palavras do pai*. Campinas: Editorial Psy, 1992.

_____. *Psicodrama: foundations of psycotherapy*. Nova York: Beacon House, 1975.

_____. *Psicoterapia de grupo e psicodrama*. Campinas: Editorial Psy, 1993.

_____. *Psicodrama*. São Paulo: Cultrix, 1984.

MOTTA, J. M. C. *Jogos: repetição ou criação*, 2ª ed. São Paulo: Ágora, 2002.

MUCHAIL, S. T. "A trajetória de Michel Foulcault". *Extensão*, 2, p. 7-14, 1992.

_____. Foulcault: uma introdução. *Trans/Form/Ação*, 3, p. 127-140, 1980.

NETTO, M. C. de A. "A produção do conhecimento psicológico fora do espaço acadêmico". In: CONSELHO FEDERAL DE PSICOLOGIA. *Quem é o psicólogo brasileiro?* São Paulo/Curitiba: Edicon/Educ, 1988.

NORA, P. "Entre memória e história: problemática dos lugares". Trad. Yara Aun Khoury. *Projeto História*. São Paulo, 10 dez. 1993.

NUNES, E. D. "A questão da interdisciplinaridade no estudo da saúde coletiva e o papel das ciências sociais". In: CANESQUI, A. M. (org.). *Desafios e dilemas das ciências sociais na saúde coletiva*. São Paulo: Hucitec, 1995.

_____. "As ciências sociais em saúde e reflexões sobre as origens e a constituição de um campo de conhecimento", *Saúde e Sociedade*, 1 (1), p. 59-84, 1992.

_____. "Pequeno guia vocabulário para utilização da história arqueológica como instrumento de pesquisa qualitativa", 1999 (Mimeo). Artigo não publicado.

_____. *Sobre a sociologia da saúde*. São Paulo: Hucitec, 1999.

OFFERMANN, L. R. "Organizations of the future". *American Psychologist*, 45, p. 95-108, 1990.

Júlia Maria Casulari Motta

OLIVEIRA, Juscelino K. *A marcha do amanhecer.* São Paulo: Best-Seller, 1962.

PAGES, M. *et al. O poder das organizações: a dominação das multinacionais sobre os indivíduos.* São Paulo: Atlas, 1987.

PAIXÃO, L. E. S., MUCHON, D., SALOMON, D. V. "Evolução das relações interpessoais e do sistema de valores através do questionário sociométrico". In: WEIL, P. *Dinâmica de grupo e desenvolvimento em relações humanas.* Belo Horizonte: Itatiaia, 1967, p. 164-189.

PENNA, A. G. "Breve contribuição à história da psicologia aplicada no Rio de Janeiro", 2003 (Mimeo). Obra não publicada.

_____. *História da psicologia no Rio de Janeiro.* Rio de Janeiro: Imago, 1992.

_____. "Manual de psicologia aplicada às forças armadas". Rio de Janeiro, 1970 (Mimeo). Obra não publicada.

_____. "Minha caminhada na psicologia". In: JACÓ-VILELA, A. (org.). *Clio-Psyché: histórias da psicologia no Brasil.* Rio de Janeiro: Uerj, Nape, 1999.

_____. *Percepção e aprendizagem.* Portugal/Brasil: Fundo de Cultura, 1966.

_____. "Por que história da psicologia? Por que história latino-americana da psicologia?" *Arq. Bras. Psic.*, 42(1), p. 131-56, 1989.

PESSOTTI, I. "Notas para uma história da psicologia brasileira". In: CONSELHO FEDERAL DE PSICOLOGIA. *Quem é o psicólogo brasileiro?* São Paulo: Edicon, 1988.

PFROMM NETO, S. "A psicologia no Brasil". In: FERRI, M. G., MOTOYAMA, S. (org.). *História das ciências no Brasil.* São Paulo: EPU/Edusp, 1979.

PRIMEIRO SEMINÁRIO DE HISTÓRIA LATINO-AMERICANA DE PSICOLOGIA. *Arq. Bras. Psic.* 42(1), p. 149-61, 1990.

RAGO, M. "O efeito Foucault na historiografia brasileira". In: *Tempo social: Revista de Sociologia da USP,* São Paulo, 1995.

_____. *Do cabaré ao lar: a utopia da cidade disciplinar — Brasil 1890-1930.* Rio de Janeiro: Paz e Terra, 1985.

RAMOS DE AZEVEDO. "Apresentação de 'Escolas Profissionais Mecânicas'". *Rev. Polit,.* v. 77, p. 4, 1925.

_____. "Escolas Profissionais Mecânicas". *Rev. Polit.,* v. 77, p. 439-464, 1929.

REUCHLIM, M. *História da psicologia.* São Paulo: Difel, 1965.

RIBEIRO, Maria Alice. "Escolas profissionais estaduais (1911-1943)". In: CONVÊNIO Finep/Unicamp/IFCH/DH. *Formação do trabalhador assalariado urbano (1900-1945),* 1995.

ROPÉ, F., TANGUY, L. (org.). *Saberes e competências: o uso de tais noções na escola e na empresa.* 2ª ed. Trad. Patrícia Ramos. Campinas: Papirus, 1997.

SALDANHA, A. de M. *Código de ética profissional dos psicólogos*. Ministério do Trabalho/Conselho Federal de Psicologia/ Conselho Regional de Psicologia — 6ª Região, 1979.

SALLES, C. A. C. *Individuação: o homem e suas relações com o trabalho, o amor e o conhecimento*. Rio de Janeiro: Imago, 1992.

SANTOS, M. *Técnica, espaço, tempo: globalização e meio técnico-científico informacional*. São Paulo: Hucitec, 1994.

SANTOS, O. de B. "A evolução da psicologia aplicada a partir de Roberto Mange". *Arq. Bras. Psic. Apl.*, 59-60, p. 7-12, 1970.

_____. "Psicologia aplicada e psicologia em São Paulo". *Bol. Psic.*, XXVI, p. 101-104, 1975.

SANTOS, R. M. R. dos. *Emilio Mira y López e o PMK: cronologia das realizações*. 1998. Dissertação (Mestrado) — Universidade São Marcos, São Paulo (Mimeo).

SARAMAGO, J. *O evangelho segundo Jesus Cristo*. São Paulo: Companhia das Letras, 1998.

SCHUTZENBERGER, A. A. "Diversas abordagens para compreensão da dinâmica dos microgrupos". In: WEIL, P. *Dinâmica de grupo e desenvolvimento em relações humanas*. Belo Horizonte: Itatiaia, 1967.

SEIXAS, J. A. de. "Os tempos da memória: (des)continuidade e projeção. Uma reflexão (in)atual para a história?" *Projeto História*, 24, 2002.

SEMINÉRIO, F. P. "A psicologia na Argentina". *Arq. Bras. Psic.*, 41(3), p. 111-24, 1980.

SENNETT, R. *A corrosão do caráter: as consequências pessoais do trabalho no novo capitalismo*. Trad. Marcos Santarrita. Rio de Janeiro: Record, 2000.

SILVA, M. A. *Trabalho no Brasil: fundamentos para uma interpretação histórica*. 1992. Tese (Doutorado) — Pontifícia Universidade Católica de São Paulo, São Paulo (Mimeo).

SILVA, S. B., ROSAS, P. *Mira y López e a psicologia aplicada no Brasil*. Rio de Janeiro: FGV, 1997.

SILVERMAN, D. *Teoría de las organizaciones*. Buenos Aires: Nueva Visión, 1975.

SIMÕES, L. G. *Reestruturação produtiva e recursos humanos: tendências e impactos*. 2001. Dissertação (Mestrado) — Universidade Estadual de Campinas, Campinas (Mimeo).

SOSP-CENPA. Relatório de atendimento do menor O., de 8 anos. Arquivo Cenpa.

_____. Relatório dos atendimentos entre 1949-1955. Arquivo Cenpa.

SOUSA SANTOS, B. de. *Um discurso sobre as ciências*. 7ª ed. Porto: Edições Afrontamento, 1995.

Júlia Maria Casulari Motta

STROILI, M. H. M. *Saúde mental no Brasil: uma análise da estruturação e do desenvolvimento do campo*. 2001. Tese (Doutorado) — Universidade Estadual de Campinas, Campinas (Mimeo).

STUBBE, H., LANGENBACH, M. (org.). *História da psicologia no Brasil*. Rio de Janeiro: Editora PUCRJ, 1988.

TANGUY, L. (org.). *Saberes e competências: o uso de tais noções na escola e na empresa*. 2ª ed. Campinas: Papirus, 1997.

THOMPSON, E. P. *A miséria da teoria ou um planetário de erros: uma crítica ao pensamento de Althusser*. Rio de Janeiro: Zahar Editores, 1981.

_____. *Costumes em comum: estudos sobre a cultura popular tradicional*. São Paulo: Companhia das Letras, 1998.

VELLOSO, E. "25 anos de regulamentação da profissão no Brasil: um balanço crítico". In: LANGENBACH, M.; STUBBE, H. *Seminário nacional: história da psicologia no Brasil*. Rio de Janeiro: PUC, 1988.

VON BUETTNER, G. E. B. P. *Diretrizes curriculares em psicologia: discursos de resistência*. 2000. Tese (Doutorado) — Pontifícia Universidade Católica de Campinas, Campinas (Mimeo).

VOSS, A. M. C. "A psicologia industrial — um aspecto humano". *Arq. Bras. Psic.* 32(1), p. 295-298, 1980.

WEFFORT, F. C. *O populismo na política brasileira*. Rio de Janeiro: Paz e Terra, 1980.

WEIL, P. (org.). *Dinâmica de grupo e desenvolvimento em relações humanas*. Belo Horizonte: Itatiaia, 1967.

_____. *Relações humanas na família e no trabalho*. 37ª ed. Petrópolis: Vozes, 1983.

_____. "Primeiro Congresso de Organização Científica em São Paulo — 1950". *Arq. Bras. Psic.*, 1, p. 69-70, 1951.

WERTHEIMER, M. *Pequena história da psicologia*. Trad. Lourenço de Oliveira. São Paulo: Nacional, 1972.

YAMAMOTO, O. H., GOUVEIA, V. (org.). *Construindo a psicologia brasileira: desafios da ciência e prática psicológica*. São Paulo: Casa do Psicólogo, 2003.

ZANELLI, J. C. "Formação e atuação em psicologia organizacional". *Psicologia: ciência e formação*, 6(1), p. 31-32, 1986.

_____. *Formação profissional e atividades de trabalho: análise das necessidades identificadas por psicólogos organizacionais*. 1992. Tese (Doutorado) — Universidade Estadual de Campinas, Campinas (Mimeo).

# ANEXOS

## Entrevistas básicas

BATISTA, M. Entrevista sobre o Sosp a Júlia M. Casulari Motta. (BH, 8/6/2004).

BESSA, H. Entrevista sobre a psicologia em Minas Gerais a Íris Barbosa Goulart. (BH, 1985).

DAPIESI, E. Entrevista sobre o Isop a Júlia M. Casulari Motta. (FGV-RJ, RJ, 30/8/2003).

FERNANDES, R. N. Entrevista sobre o Sosp a Júlia M. Casulari Motta. (BH, 9/6/2004).

GARCIA, C. Entrevista sobre o DOT a Júlia M. Casulari Motta. (BH, 4/8/2003).

KOSCKY, H. Entrevista sobre o DOT a Ronaldo Pamplona (BH, 10/6/2004, vídeo).

KUSSAMA, R. Entrevista sobre a psicologia no mundo do trabalho atual a Júlia M. Casulari Motta. (Ciesp-Fiesp, 10/8/2004).

MOURA, W. Entrevista sobre o Isop a Júlia M. Casulari Motta. (Uerj, RJ, 29/7/2003).

NUNES, R. Entrevista sobre o DOT a Júlia M. Casulari Motta. (SP, 18/6/2004, por telefone).

OLIVEIRA, D. T. Entrevista sobre o DOT a Júlia M. Casulari Motta. (BH, 4/8/2003).

PARAFITA BESSA, P. Entrevista sobre a psicologia em Minas Gerais, e também sobre o Sosp a Íris Barbosa Goulart. (BH, 1985).

_____. Entrevista sobre a psicologia em Minas Gerais e sobre o Sosp a Wilson Soares Leite. (BH, CRP-04, 24/2/2000, vídeo).

PENNA, A. G. Entrevista sobre a psicologia no Rio de Janeiro e sobre o Isop a Júlia M. Casulari Motta. (FGV/UFRJ, RJ, 30/7/2003).

RIBEIRO, M. de L. C. Entrevista sobre o Sosp a Júlia M. Casulari Motta. (BH, 8/6/2004).

Júlia Maria Casulari Motta

WEIL, P. Entrevista sobre o DOT a Júlia M. Casulari Motta. (BH, 10/6/2004, vídeo).

## Outras entrevistas e fitas

ANTUNES LIMA, M. E. Entrevista sobre a história da psicologia a Júlia M. Casulari Motta. (UFMG, Belo Horizonte, 3/8/2003).

BITENCOURT, V. Entrevista sobre a atual psicologia organizacional a Júlia M. Casulari Motta. (UFBA, Salvador 30/9/2003).

CRP-06 (CONSELHO REGIONAL DE PSICOLOGIA). A psicologia no mundo do trabalho: o psicólogo atuante em RH, papel profissional e comportamento social. Vídeo gravado em 4/5/2000.

CRP-06 (CONSELHO REGIONAL DE PSICOLOGIA). A psicologia no mundo do trabalho: diversidade cultural e gestão por competência. Vídeo gravado em 23/2/2000.

CRP-06 (CONSELHO REGIONAL DE PSICOLOGIA). A psicologia no mundo do trabalho: o mundo do trabalho e os caminhos de RH. Vídeo gravado em 21/3/2000.

CRP-06 (CONSELHO REGIONAL DE PSICOLOGIA). A psicologia no mundo do trabalho: qualidade de vida e sofrimento psíquico. Vídeo gravado em 30/3/2000.

JACÓ VILELA, A. M. Entrevista sobre a história da psicologia a Júlia M. Casulari Motta. (UERJ, Rio de Janeiro, 30/7/2003).

MACEDO, L. Entrevista sobre a ANPPEP e a história da psicologia a Júlia M. Casulari Motta. (USP, São Paulo, 8/8/2003).

ROCHA, N. Entrevista sobre a história da psicologia a Júlia M. Casulari Motta. (UFBA, Salvador, 30/9/2003).

## Fontes do Idort

ARQUIVO EDGARD LEUENROTH — CENTRO DE PESQUISA E DOCUMENTAÇÃO SOCIAL IFCH-UNICAMP

Ata da fundação do Idort, 23/6/1931.

Discurso de fundação do Idort, 23/6/1931.

Relatórios Anuais de Diretoria do Idort, 1931-1935.

Relatórios de trabalho do Idort em setores da administração pública e em firmas particulares realizados pela 2ª divisão — técnicos "psicologistas".

*Revista Idort.*

*Revista de Organização Científica,* Idort.

*Biografia de Roberto Mange.* Publicação do Arquivo Edgard Leuenroth.

## Fontes do Isop

BIBLIOTECA DA FGV — RIO DE JANEIRO
*Arquivos Brasileiros de Psicotécnica.*
*Arquivos Brasileiros de Psicologia.*
Ata da Fundação do Isop, 1947.
Ata de transformação do Isop em Instituto Superior de Estudos e Pesquisas Psicossociais (Isop).

BIBLIOTECA DE PSICOLOGIA DA USP
*Arquivos Brasileiros de Psicotécnica.*
*Arquivos Brasileiro de Psicologia.*

PUBLICAÇÕES DA FGV-ISOP
D'ARAÚJO FARIAS, H. (org.). *Na periferia da História/Jorge Oscar de Mello Flores,* 2ª ed. Rio de Janeiro: Editora FGV, 2000.
ARAUJO, M. C. (org.). *Fundação Getúlio Vargas: concretização de um ideal.* Rio de Janeiro: Editora FGV, 1999.

## Entrevistas

ACERVO DO BANCO REAL (ANTIGO BANCO DA LAVOURA DE MINAS GERAIS)
ABN AMRO REAL. *Valores humanos e econômicos, juntos.* Revista de circulação interna, 2002.
AMRO REAL SA. *História das instituições financeiras.* Série Pesquisa e Divulgação. V. I, São Paulo: Estrela Alfa Editora, 1972.
BANCO REAL. Memórias do tempo. Vídeo produzido pelo DOT, 1960.
BANCO REAL. *Jornal Real, 1925-1995.* Ano XXVI, nº 6, junho/1995 (edição especial).

FONTES DO DOT
Publicação do DOT:
WEIL, P. *et al. Dinâmica de grupo e desenvolvimento em relações humanas.* Belo Horizonte: Itatiaia, 1967.

## Fontes do Sosp—Cenpa

Secretaria do Cenpa na Universidade Estadual de Minas Gerais.

Relatório de atendimento do menor O., de 8 anos. Arquivo Sosp-Cenpa.

Relatório dos atendimentos entre 1949-1955. Arquivo Sosp-Cenpa.

Correspondências do primeiro presidente do Sosp, Sr. Syncha Jerzy Schwarzstein. Arquivo Sosp-Cenpa.

JÚLIA MARIA CASULARI MOTTA nasceu na pequena cidade de São Geraldo, no estado de Minas Gerais. Vinda de uma família de sete irmãos, cresceu entre trabalhadores rurais, cortadores de cana, ferroviários, professoras primárias e alguns intelectuais. Seu primeiro trabalho voluntário na adolescência foi o de professora de alfabetização de adultos. Formou-se psicóloga pela Pontifícia Universidade Católica de Campinas, passando a trabalhar em psicologia social e clínica.

Na década de 1990 começou a se perguntar por que aumentava o número de pessoas que estavam adoecendo com queixas do trabalho. Com essa motivação, fez seu doutorado em Saúde Coletiva, na Unicamp, pesquisando a área de sociologia da saúde na interface entre psicologia, sociologia, história e economia.

Júlia é psicodramatista e professora supervisora pela Febrap no Instituto de Psicodrama e Psicoterapia de Grupo de Campinas (IPPGC). É autora do livro *Jogos: repetição ou criação?*, organizadora do livro *O jogo no psicodrama* e co-autora na coletânea *Laços amorosos*, todos da editora Ágora.

**IMPRESSO NA**
**sumago** gráfica editorial ltda
rua itauna, 789  vila maria
**02111-031**  são paulo  sp
telefax 11 **6955 5636**
**sumago**@terra.com.br